High School Mathematics Concept Teaching
Based on Mathematical Abstraction

基于数学抽象的高中数学概念教学

刘春艳　冯启磊　高丽娟
赵　昕　罗德建　牟柏林　著

中国科学技术大学出版社

内 容 简 介

本书包含三部分:第一部分梳理数学抽象和数学概念的相关理论,并结合教学实践提炼概括得到“基于数学抽象的概念形成模型”;第二部分从数学抽象的角度,对高中数学函数与几何内容的核心概念进行系统的梳理和分析;第三部分以“基于数学抽象的概念形成模型”为基础,对高中数学核心内容“函数概念及其性质”开展单元教学研究,对教学实施过程和效果进行实证和量化分析,以此得出相应的教学策略。本书旨在为教学研究人员和教师提供关于学科核心素养研究的路径、方法和案例,可作为师范院校数学教育专业的师生、中学数学教研员和教师等的参考用书,可以作为相应的学习和培训用书。

图书在版编目(CIP)数据

基于数学抽象的高中数学概念教学/刘春艳等著.—合肥:中国科学技术大学出版社,2022.6

ISBN 978-7-312-05448-8

Ⅰ.基… Ⅱ.刘… Ⅲ.中学数学课—教学研究—高中 Ⅳ.G633.602

中国版本图书馆CIP数据核字(2022)第099355号

基于数学抽象的高中数学概念教学

JIYU SHUXUE CHOUXIANG DE GAOZHONG SHUXUE GAINIAN JIAOXUE

出版 中国科学技术大学出版社
安徽省合肥市金寨路96号,230026
http://press.ustc.edu.cn
https://zgkxjsdxcbs.tmall.com

印刷 安徽国文彩印有限公司

发行 中国科学技术大学出版社

开本 710 mm×1000 mm 1/16

印张 14.75

字数 265千

版次 2022年6月第1版

印次 2022年6月第1次印刷

定价 60.00元

前　言

所谓学科核心素养并不是凭空而来，而是对基础知识、基本技能、基本思想和基本活动经验（简称“四基”）的继承与发展，与“四基”一脉相承；同时，“四基”又是培养学生学科核心素养的沃土，是发展学生学科核心素养的有效载体。目前，对于学科核心素养的理论研究已有一定的成果，未来更应关注的是在教学实践中如何让学科核心素养落地。也就是什么样的教学设计与课堂实施，更利于发展学生的学科核心素养。

最新发布的《普通高中数学课程标准（2017年版2020年修订）》（以下简称《课标》）指出，数学学科核心素养包括：数学抽象、逻辑推理、数学建模、直观想象、数学运算和数据分析。数学抽象位于六大核心素养之首，是数学的基本思想，是形成理性思维的重要基础。从数学内容来看，数学源于对现实世界的抽象，概念是数学的核心内容，因此，获得数学概念是数学抽象的主要表现之一，数学概念的形成也是发展学生数学抽象的重要载体。

在实际教学中，如何从情境中抽象出数学概念，既是重点也是难点。为此，很多学者进行了大量研究。如，关于概念学习，杜宾斯基（Ed Dubinsky）等人提出APOS理论；奥苏贝尔（D.P. Ausubel）提出与概念形成的最高发展形式有关的心理过程，结合此结论，曹才翰与章建跃两位学者提出了概念形成的过程模式；为了更精确地刻画数学领域中抽象性的含义，徐利治教授给出了弱抽象、强抽象和广义抽象的概念，并给出抽象过程依据的原则；对于具体数学概念的抽象过程，史宁中教授根据抽象程度的不同，分为简约阶段、符号阶段和普适阶段；李昌官老师按照学生学习时认知的先后顺序，把数学抽象分为5个阶段，等等。

上述相关理论和结论，对于一般意义上的数学概念的抽象过程具有指导意义。徐利治教授对每类抽象给出了工作原则；史宁中教授提出的三个阶段，指明了数学概念抽象过程的基本框架，在具体操作时都需要细化；曹才翰和章建跃等学者给出的认知过程具有一种等级结构或顺序结构。但是在学习具体概念时，由于数学概念的复杂性和不同阶段学生的差异性等原因，学生的认知过程是否一定按照线性发展？教学中如何更加清晰地引导学生经历数学抽象的过程，建构数学概念呢？以上问题都值得进一步探讨。

正如著名数学家托姆(R. Thom)和数学教育家赫尔胥(R. Hersh)所言："所有的数学教学法，尽管其未必自治，都建立在一定的数学哲学之上。""从而，问题就不在于什么是最好的教学方法，而是数学究竟是什么？如果我们不正视关于什么是数学的本质的问题，关于教学……的争论……就不可能得到解决。"[①]我们也认为数学教学应回归数学的学科本质，这是展开数学教学的基础。因此，本书以基于数学抽象的概念教学为主题，对于具体的核心概念的数学本质进行了深入的探讨，力求从理论和实践两个维度去研究"如何理解数学抽象素养"以及"如何在概念教学中落实数学抽象素养"这两个问题。

全书共分为三个部分：

第一部分是关于数学抽象与概念学习。主要是从理论角度，在梳理已有的国内外相关研究成果的基础上，提出"基于数学抽象的概念形成的模型"，并给出相应的教学案例。

第二部分是以高中数学核心内容——函数与几何内容为例，在对内容进行整体分析的基础上，从数学史、高等数学、课程标准和教科书等多个角度阐述核心概念。函数内容包括函数的概念、函数的性质和导数的概念；几何内容分为立体几何和解析几何两部分；立体几何包括点、直线、平面、长方体，以及空间中的平行关系与垂直关系；解析几何包括直线的倾斜角和斜率、直线的方程和椭圆的概念。

第三部分是在前面研究的基础上，以"基于数学抽象的概念形成的模型"为理论基础，充分利用单元教学的整体有序性，对"函数的概念与性质"单元进行教学设计与实践，并对教学实践的效果进行后测分析与反思。

本书涉及内容的研究依托于北京教育学院"卓越计划"，本书是北京教育学院卓越教师工作室的研究成果，也是北京市教育科学"十三五"规划2018年度一般课题"不同时代指导下的中学数学卓越教师的特征和成长路径的研究"的研究成果。工作室在刘春艳教授主持下，历时两年完成了学科核心素养导向的高中数学教学研究。在研究过程中，工作室所有成员全程参与，共同完成研究主题的确定、参考文献的整理、研究课的设计以及后测工具的开发与数据整理。其中，研究课的具体实施由罗德建老师完成。

本书各章撰写工作分工如下：北京教育学院刘春艳老师撰写第一、二、三、

① Ernest P. Mathematics, Education and Philosophy: An International Perspective[M]. The Falmar Press, 1994: 1-5.

七章，北京师范大学第二附属中学赵昕老师撰写第四章，北京交通大学附属中学牟柏林老师撰写第五章，北京昌平教师进修学校高丽娟老师撰写第六章，北京师范大学附属中学罗德建老师撰写第八章，北京教育学院冯启磊老师撰写第九章。每位老师对其他老师撰写的章节提出了宝贵意见，最后由刘春艳老师统稿、审定并作适当修改。

本书的出版得到北京教育学院数学学科创新平台的资助，得到中国科学技术大学出版社的支持，在此一并表示感谢！

由于作者水平有限，疏漏在所难免，不足之处诚恳希望数学教育界同仁批评指正。

作　者

2021年10月

目　录

前言 ……………………………………………………………………(ⅰ)

第一部分　数学抽象与概念学习

第一章　数学抽象的相关理论 ……………………………………………(2)
　第一节　抽象与数学抽象 ……………………………………………(2)
　第二节　数学抽象的特点 ……………………………………………(5)
　第三节　数学抽象的类型 ……………………………………………(9)
　第四节　数学抽象素养 ………………………………………………(16)
第二章　概念学习的相关理论 ……………………………………………(19)
　第一节　概念与数学概念 ……………………………………………(19)
　第二节　数学概念的特点 ……………………………………………(22)
　第三节　数学概念的学习 ……………………………………………(26)
　第四节　数学概念的教学 ……………………………………………(31)
第三章　基于数学抽象的概念形成模型 …………………………………(35)
　第一节　基于数学抽象的概念形成的模型 …………………………(35)
　第二节　基于数学抽象的概念形成模型的案例 ……………………(38)

第二部分　高中数学函数与几何核心概念分析

第四章　高中函数概念体系 ………………………………………………(48)
　第一节　函数内容概述 ………………………………………………(49)
　第二节　基于数学抽象的函数核心概念 ……………………………(57)
第五章　高中立体几何内容的概念体系 …………………………………(80)
　第一节　立体几何内容概述 …………………………………………(80)

第二节 基于数学抽象的立体几何核心概念 ……………………………(95)

第六章 高中平面解析几何内容的概念体系 ……………………………(115)

第一节 平面解析几何内容概述 ……………………………(115)

第二节 基于数学抽象的平面解析几何核心概念 ……………………………(125)

第三部分 基于数学抽象的单元教学案例

第七章 单元教学设计的基本理论 ……………………………(146)

第一节 单元教学设计的基本理论 ……………………………(146)

第二节 单元教学设计的基本结构 ……………………………(151)

第八章 “函数的概念与性质”单元教学 ……………………………(162)

第一节 “函数的概念与性质”内容分析 ……………………………(162)

第二节 “函数的概念与性质”教学过程 ……………………………(169)

第九章 “函数的概念与性质”单元教学效果分析 ……………………………(197)

第一节 “函数的概念与性质”单元教学实施过程反思 ……………………………(197)

第二节 “函数的概念与性质”单元教学实施效果分析 ……………………………(202)

附录 ……………………………(222)

附录一 测试题 ……………………………(222)

附录二 测评码流评分表 ……………………………(223)

参考文献 ……………………………(226)

第一部分
数学抽象与概念学习

第一章　数学抽象的相关理论

> 抽象并不是数学独有的属性，它是任何一门科学乃至全部人类思维都有的属性。因此，单是数学概念的抽象性还不能说尽数学的特点。数学在它的抽象方面的特点还在于：第一，在数学的抽象中首先保留量的关系和空间形式而舍弃了其他一切；第二，数学的抽象是经过一系列阶段而产生的，它们达到的抽象程度大大超过了自然科学中一般的抽象。最后，这也是惹人注意的——数学本身几乎完全周旋于抽象概念和它们的相互关系的圈子之中。如果自然科学家为了证明自己的论断常常求助于实验，那么数学家证明定理只需用推理和计算。
>
> ——A. D. 亚历山大洛夫，等《数学：它的内容，方法和意义》

《普通高中数学课程标准(2017年版2020年修订)》(以下简称《课标》)提出，数学学科核心素养是数学课程目标的集中体现。其中数学抽象位于六大学科核心素养之首，也是数学的基本思想，是形成理性思维的重要基础。数学抽象反映了数学的本质特征，贯穿在数学产生、发展与应用的过程中。数学抽象使得数学成为高度概括、表达准确、结论一般、有序多级的系统。

第一节　抽象与数学抽象

一、抽象

“抽象”一词源自拉丁文“abstractio”，原文含有“排除、抽取”的意思。对于抽象主要有两种不同的理解：一是作为认知过程，是指从众多事物中抽取出共同的和本质的属性(或特征)，同时舍弃个别的非本质属性(或特征)的思维过程和方法;二是作为认知结果,是指这种过程的产物偏离人们的具体生活和经验,表示对象不具体、太笼统,难以理解。本书所研究的抽象主要是第一种情况,作为认知过程来理解。

抽象是在对事物的属性做观察、分析、比较的基础上进行的,抽象的过程也是一个分离、概括的过程。经过抽象的过程,事物的本质属性和非本质属性的界限清楚了,我们对事物的认识也就上升到了理性阶段。抽象的意义在于透过事物的表面现象抓住事物的本质,并用概念、原理、规律等形式进行描述。例如,"圆"的概念就是从现实世界各种圆形物体中抽取出共同本质特征(平面内到定点的距离等于定长的点的集合),舍弃非本质特征(如物体由什么材料构成的、物体是什么颜色等)而得到的;牛顿运动定律、开普勒定律等也都是抽象的结果。

抽象与概括是两个紧密相连的思维活动。概括包括两种意义:一是指在思想上把具有相同本质特性的事物联合起来;二是把被研究对象的本质特性推广为范围更广的包含这个对象的同类事物的本质特性。概括的过程是从个别到一般的过程。

概括分为两种:一种是在直观基础上自发地进行的,根据事物的外部特征,对不同事物进行比较,得到共同特征,这是知觉表象阶段的感性概括。另一种是对感性经验进行加工改造,进而揭示事物一般的、本质的特征与联系的过程,是在头脑中进行的思维水平的概括,具有高度的抽象性。

抽象与概括是相互联系的,如果没有抽象,我们无法知道哪些是事物的本质属性,哪些是事物的非本质属性,也就无法将事物的本质属性推广到同类事物中,也就没有概括;同样,如果没有概括,我们无法形成对一类事物的本质属性的认识,也就失去抽出本质属性的基础,也就不能实现抽象。

二、数学抽象

抽象是数学的特点。数学的抽象性在简单的计算中就已经体现出来,如计算 $2+3=$? 如果已经掌握计算方法,那么在计算过程中就不会主动与具体的对象联系起来。同样地,对于学过平面几何的学生提到"直线",他考虑到的是"直""没有粗细""无限延伸"等抽象的数学特征。数学在本质上研究的是抽象的东西,数学的发展所依赖的最重要的基本思想也就是抽象。[①] 数学抽象是指在数学活动中,抽取出一般的基本概念、本质特征以及运算规律等数学属性的思维过程。

① 史宁中.数学的抽象[J].东北师大学报(哲学社会科学版),2008(9):1-13.

数学史中,哥尼斯堡七桥问题就是体现数学抽象的经典案例。

现今俄罗斯的加里宁格勒是一座历史名城,18世纪称为哥尼斯堡。普累格尔河穿城而过,河中心有个小岛叫克莱夫霍夫,岛上有一座教堂和一所大学,还有哲学家康德的墓地和塑像。普累格尔河及其支流将哥尼斯堡城分成四个区域,有七座桥把岛与河岸联系起来(如图1-1)。

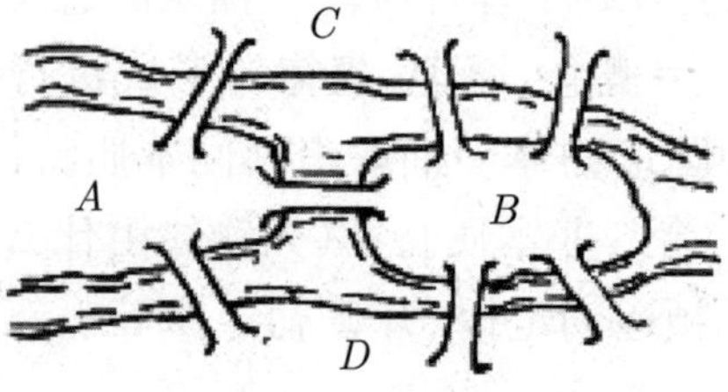

图1-1

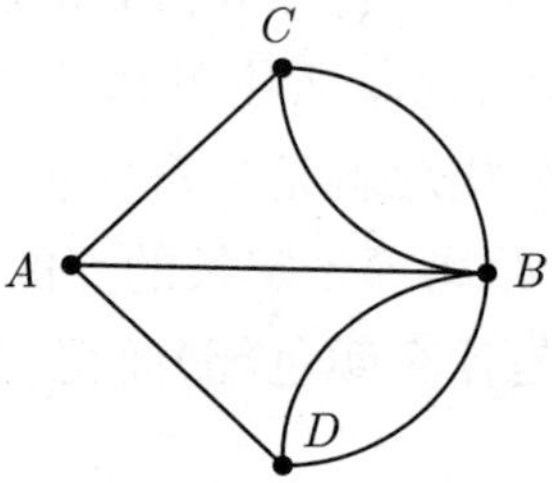

图1-2

有人提出一个有趣的问题:能不能找到一条路线,不重复、不遗漏地一次走完七座桥,最后回到出发点呢?

多次尝试失败后,有人求教于数学家欧拉。欧拉在解决问题的过程中抽象出问题的本质:七桥问题与岛的形状和大小、河岸的形状和长短、桥的形状与长短等都没有关系,只与桥、岸、岛之间的位置有关。欧拉将岸和岛抽象成"点",将桥抽象成"线"(如图1-2),原来的问题就抽象为:从一个点出发,不重复地走遍7条线,再回到出发点。再进一步抽象为"一笔画问题",即笔尖不离开纸,不重复地一笔画出给定的图形。

数学家欧拉不仅解决了此问题,而且给出了连通图可以一笔画的充要条件:奇点的个数只能是0或者2(从一点出发的曲线条数是奇数条,这样的点称为奇点,否则称为偶点)。更重要的,他向哥尼斯堡科学院递交的《哥尼斯堡的七座桥》论文中表示:"讨论长短、大小的几何学分支,莱布尼茨最先提到它,称之为'位置的几何学'。这个几何学分支讨论只与位置有关的关系,研究位置的形状。它不考虑长短、大小,也不牵涉量的计算。但至今未有过令人满意的定义,来刻画这门位置几何学的课题和方法。"这个几何学分支就是现代数学的"拓扑学"。

欧拉解决问题的过程,展现了数学抽象的过程。首先,舍弃非本质属性,保留本质的属性,也就是从实际问题中抽象出形式结构;其次,完全周旋于抽象的点与线的相互关系之中,也就是对形式结构进一步分析,得到可以一笔画的充分必要条件。欧拉完美的解决方案,充分显示了数学抽象的形式化和量化的特征,充分体现了数学抽象的强大威力。

第二节 数学抽象的特点

对于数学抽象的特点，郑毓信[①]教授从抽象的内容、方法和度量几个方面进行分析：数学是从量的方面反映客观实在的；数学抽象的特殊性又表现在数学抽象所达到的特殊高度上；数学抽象的特殊性还在于特殊的抽象方法。“数学对象与真实的脱离”具有理想化、精确化、模式化、与真实的分离等特点。

吕林海[②]认为，数学抽象从背景上看具有客观性，数学以抽象的形式反映着客观世界；数学抽象从产生上看具有能动性，这种能动性，从哲学上看，仍然是人类的实践能动性的高度抽象化的反映；数学抽象从内容上看具有特殊性，数学抽象仅抽取事物或现象的量的关系和空间形式，而舍弃其他一切；数学抽象从方法上看具有构造性，数学抽象是一种构造性活动，是借助定义和推理进行的逻辑建构；数学抽象从形式上看具有模式化，正如英国数学哲学家怀特海所说“数学作为一门抽象性学科，主要研究理想化的‘量化模式’。”数学抽象从过程上看具有发展性，数学知识无论从深度还是广度，都在抽象的基础上，再抽象、再发展。

钱珮玲[③]教授认为，对于数学抽象，应关注内容上的特殊性、方法上的特殊性和程度上的特殊性，在此基础上提出数学抽象具有明显的理想化、模式化、形式化和符号化的特征。李昌官[④]博士认为，数学抽象具有纯粹性、精确性、理想化、模式化、形式化五个特点。上述学者对于数学抽象的特点分析角度不同，但大体上达成了共识。结合《课标》中关于数学抽象素养的要求，在实际教学中，应更多关注以下的几个方面：

一、数学抽象的内容——保留量的特征，舍弃质的特征

现实世界中的事物都具有质和量两个方面，质是指一事物区别于其他事物的规定性，是事物的根本特性；量是指事物存在的规模、方式以及发展程度和速度等，如多少、大小、高低、快慢等。在自然科学中，首先要研究的就是事物的

① 郑毓信．数学抽象的基本准则：模式建构形式化原则[J]．数学通报，1990(11)：9-11.

② 吕林海．数学抽象的思辨[J]．数学教育学报，2001，10(4)：59-62.

③ 钱珮玲．数学思想方法与中学数学[M]．2版．北京：北京师范大学出版社，2008：49-51.

④ 李昌官．数学抽象及其教学[J]．数学教育学报，2017，26(4)：61-64.

质，如物理研究物质的结构、物质相互作用，化学研究物质由什么元素构成的，虽然也涉及量的问题，但是这种量的研究完全是为了质的研究服务的。而数学在研究事物的过程中，只关注对象量的特征。如前面提到的数字“1”，在从大量客观事物抽象出来的过程中，人们只关注数量的多少，根本不去考虑对象的质，不关心对象是人还是物。

公元前4世纪，希腊哲学家亚里士多德将数学定义为“数学是量的科学”。19世纪，恩格斯这样来论述数学：“纯数学的对象是现实世界的空间形式与数量关系，所以是非常现实的材料。这些材料以极度抽象的形式出现，这只能在表面上掩盖它起源于外部世界的事实。但是，为了能够从纯粹的状态中研究这些形式和关系，必须使它们脱离自己的内容，把内容作为无关紧要的东西放在一起；这样，我们就得到没有长、宽、高的点、没有厚度和宽度的线，分别用a，b和x，y来表示的常数和变数……”

数学源于现实，又高于现实。数学对象来源于现实原型，是抽象思维的产物，也是理想化的产物。数学抽象的过程包含了对于客观现实原型的必要简化、纯化和完善，强调突出了现实原型的量的特征，完全舍弃了质的特征。“甚至虚构一些在与问题相关的方面同现实客体相合，但又不具有现实客体的其他复杂性质的‘理想对象’。”①

比如，现实世界中千变万化、丰富多彩的湖泊、河流、树木、山川，以及金字塔等人类智慧的结晶，我们只关注它们的形状、大小和位置关系，抽象得到几何中的“点”“直线”“平面”等基本概念，以及由基本概念构成的“几何图形”。这种基于现实原型的抽象过程，一方面只关注了量的特征，另一方面也体现了处理过程的理想化。也就是说，在现实生活中，是不存在真正数学中的“点”“直线”和“平面”的。

当然，对于量的概念要作正确的理解。就历史演变而言，量主要包含数和形两个基本内容，也就是常说的数学是“关于数量关系和空间形式的科学”。随着社会实践和数学自身的发展，人类对数学研究对象的理解也在发展，如德国数学家F.克莱因在《爱尔兰根纲领》中提出：各种几何都由变换群所决定的，并且各种几何所研究的就是相应的变换群下的不变量。例如，平面几何所研究的就是刚体变换群——平移、旋转、反射下的不变量；射影几何研究的是射影变换群下的不变量，等等。

---

① 钱珮玲.数学思想方法与中学数学[M].2版.北京：北京师范大学出版社，2008：49-51.

二、数学抽象的过程——借助定义推理，进行逻辑建构

数学作为对现实世界的反映，在其发展过程中，除了一些基本概念是从现实原型通过一般抽象得到的外，大部分概念是脱离现实的，通过定义的方式借助逻辑建构起来的。正如前面提到的，对抽象内容的理想化也使得数学抽象的过程不断"脱离现实"，更多地依据数学自身的逻辑体系进行"自由创造"，这也是数学能动反映现实世界的一种表现。

比如，前面提到的数字，对于较小的数字1，2，3，…可以从现实世界中抽象得到，但是对于较大数字，如10^{100}，显然不是从现实原型直接抽象的结果，因为它已超出人们的日常经验范围。这里的抽象是建立在已有抽象基础上，建立在对"数"的概念理解基础之上，进行逻辑建构得到的。19世纪，意大利数学家皮亚诺（G. Peano）建立了自然数的公理系统，定义了自然数和加法，具体如下：

自然数公理：

① 1是自然数；

② 每个自然数a都有一个后继a'；

③ 1不是任何自然数的后继；

④ 若$a'=b'$，则$a=b$；

⑤ （归纳公理）自然数的某个集合若含1，而且如果含一个自然数a，就一定含a'，那么这个集合含全体自然数。

自然数的加法：在自然数集**N**中，满足下列条件的二元运算"＋"，叫作加法。

① 对任意的a，有$a+1=a'$；

② 对任意的$a, b \in \mathbf{N}$，都有$a+b \in \mathbf{N}$，且$a+b'=(a+b)'$。

其中$a+b$叫作a与b的和，a、b分别称为被加数、加数。

需要说明的是，皮亚诺最初规定自然数是从1开始的，后来改为从0开始。其原因在于[①]：如果自然数从1开始，算术公理体系将无法定义出0；如果定义不出0，则无法定义相反数，进而无法定义负整数；如果定义不出负整数，则无法通过加法的逆运算定义出减法。因此，如果没有0，自然数集合就不可能在公理化结构下扩张为整数集合。另外，在这个公理体系中还利用了关于"相等"的自反、对称和传递三个公理。

由此可见，即使是来自自然的"自然数"，由最开始的基于现实原型的"对

① 史宁中．数学基本思想18讲[M]．北京：北京师范大学出版社，2016：19.

应”抽象得到的“数”,通过逻辑建构得到公理化体系,更利于对“数”的本质理解。“基于对应的抽象比较形象,容易感知自然数是什么;基于内涵的抽象比较严谨,容易把握自然数的本质。”[①]基于已有数学对象,通过定义和推理来建立和构造新的数学对象,使得数学具有很强的逻辑性和严谨性,这也是数学抽象过程的特点。

三、数学抽象的结果——模式化建构、符号化表征

通过数学抽象得到的结果,当不考虑它与现实原型的联系时,它就成为独立存在的更具一般意义的数学客体,它反映的是一类事物的共同特征,它也就成为了一种模式。正如美国著名数学家、美国数学联合会前主席斯蒂恩(L. A. Steen)所言:“数学就是模式的科学。数学家在数中、在空间中、在科学中、在计算机中和在想象中寻找模式,数学理论解释模式间的关系;函数和映射、算子和映射将一类模式与另一类模式联系起来,产生稳定的数学结构。数学应用则是利用这些模式‘解释’和预测符合它们的自然现象。原有的模式可以启发新的模式,常常导致模式的模式。数学正是通过这种方法,按照其自身的逻辑,从科学的模式开始,通过添加由先前模式导出的所有模式,而更加完备。”大而言之,按照公理化方法建立的各种数学理论结构体系,小而言之,每一个概念、每一个公式、每一个定理都是模式。数学家怀特海(A. N. Whitehead)在《数学与美》中指出:“数学的本质特征就是:在从模式化的个体作抽象的过程中对模式进行研究。”

数学的研究对象是高于现实的,是纯形式化的思维材料。这些思维材料不只是以普通语言进行描述和表达,而是最终以数学的符号化语言进行表征。在现代数学中,每抽象出一个概念,都有符号表示。符号就是无声的名称,通过符号把思维在能看见的形式上再现出来。数学符号的引入为数学模式的表述和应用提供了极大的便利。

比如,提到数字“1”,每个人头脑中想象的和写出来都是相同的数字“1”。对于数字符号的作用,亚历山大洛夫指出:“第一,数字符号的作用就在于它们给出了抽象概念的简单的具体化身……第二,数字符号给出了非常简单地实现各种数字运算的可能性……如果没有合适的数字符号就不能将算术推向前进。尤其是如果没有专门的符号和公式简直就不可能有现代数学。”[②]数学符号的作用一般也是这样的,它们给出了抽象数学概念的具体化身,通过“约定”的人工

① 史宁中.数学基本思想18讲[M].北京:北京师范大学出版社,2016:20.

② 亚历山大洛夫,等.数学:它的内容,方法和意义[M].北京:科学出版社,2001:11.

语言符号进行表达和交流,可以简化甚至替代某些复杂的语言表述,极大地简化了数学的推理和计算过程。如两角和的正弦公式:$\sin(\alpha+\beta)=\sin\alpha\cos\beta+\cos\alpha\sin\beta$,“$+$”表示相加,“$\alpha$”表示某个角,“$\beta$”表示某个角(与$\alpha$无关),“$\sin\alpha$”表示$\alpha$的正弦,“$\cos\alpha$”表示$\alpha$的余弦……这些基本的符号就构成了公式的符号表达,与文字语言相比,符号表达简洁明确,在应用中易于操作。

第三节　数学抽象的类型

数学抽象的类型有很多种,根据抽象对象的不同,数学抽象可分为性质抽象、关系抽象、等置抽象等;根据抽象方向的不同,数学抽象可分为弱抽象、强抽象等。我们结合高中数学学习内容,重点分析其中的几种类型。

一、弱抽象与强抽象

1. 弱抽象

所谓弱抽象,也叫作“扩张式抽象”,是指由原型中抽取某一方面的特征(或侧面)加以概括,从而形成比原对象更为一般的概念或理论的一种抽象方式,由此,原结构就成为后者的特例。

以现实事物或现象为原型进行基本概念的抽象就是一种弱抽象,这个过程舍弃了原型“质”的特征,只保留“量”的特征。

如集合就是一个基本概念,《课标》中对集合概念的要求是“通过实例,了解集合的含义”,为此,《普通高中教科书数学必修第一册(A版)》中先给出如下例子①:

① 1至10之间的所有偶数;

② 新华中学2018年9月入学的全体高一学生;

③ 所有的正方形;

④ 到直线l的距离等于定长d的所有点;

⑤ 方程$x^2-3x+2=0$的所有实数根;

⑥ 地球上的四大洋。

然后安排了“思考”栏目,其目的是让学生思考6个背景例子的共同特征,

---

① 人民教育出版社课程教材研究所中学数学课程教材研究开发中心.普通高中教科书数学必修第一册(A版)[M].北京:人民教育出版社,2019:2.

体会“元素”和“集合”的含义，进而抽象得到“集合”的描述性定义：“一般地，我们把研究对象统称为元素(element)，把一些元素组成的总体叫作集合(set)(简称为集)。”

除了现实事物和现象以外，弱抽象也包括在已经得到的数学概念或理论基础上进行的抽象。如在指数运算中，根据初中已经学过整数指数幂，需要把指数的范围推广到全体实数，教科书中推广的顺序是“n次方根→分数指数幂→无理数指数幂”，指数推广的完整过程就是“自然数→整数→有理数→实数”。这个过程使得指数运算范围更普遍，应用更广泛。

弱抽象在数学中有着十分广泛的应用。数学中很多概念是密切相关、相互联系的，通过弱抽象“组成”概念链，如欧式空间——内积空间——距离空间——拓扑空间。从这个角度来看，中学数学的很多内容也是高等数学相关内容的一种特殊情况。数学中的研究对象，常常从特殊走向一般，实质上就是弱抽象的过程。

2. 强抽象

与弱抽象相反，另一种类型的抽象，它的产物不是从同类事物的众多属性或特征中抽取出来，而是通过把新特征引入原有数学结构来完成抽象建构，形成新概念或新模式的抽象方式，称为强抽象，也叫作“强化结构式抽象”。从最终的表现形式而言，强抽象可以看成概念的适当组合，当然，这种组合并非是已有概念的简单组合，必须通过新的特征的“发现”或引入，才能形成比原对象更为特殊的概念或理论。

教科书中很多章节的结构体现的是强抽象的过程，如函数内容的顺序大体是“函数→特殊函数(常数函数、幂函数、指数函数、对数函数、三角函数等)”，正如《课标》所述：“函数是现代数学最基本的概念，是描述客观世界中变量关系和规律的最为基本的数学语言和工具。”对于函数对象，增加“变化规律”的特征得到特殊函数，对于指数函数$f(x)=a^x(a>0$，且$a\neq1)$，如果自变量取相同的增量Δx，那么函数值总是按照确定的比例增长$(a>1)$或衰减$(a<1)$，这就是指数函数的变化规律。也可以从增加变化率的角度来理解，即

$$\frac{a^{x+\Delta x}-a^x}{a^x}=a^{\Delta x}-1$$

再比如，对于立体图形的认识顺序大体如图1-3所示。

对于空间几何体的体系，增加的特征主要是构成几何体的各元素之间的位置关系(主要是平行和垂直)。从这些例子呈现的顺序和结果来看，是从一般到特殊的顺序研究问题，是已有的概念增加了新的特征，而这些新的特征不是凭

空出现的，是原型中部分对象所具有的，所以强抽象的实质是原型中某一类（也是子集）的再次抽象。

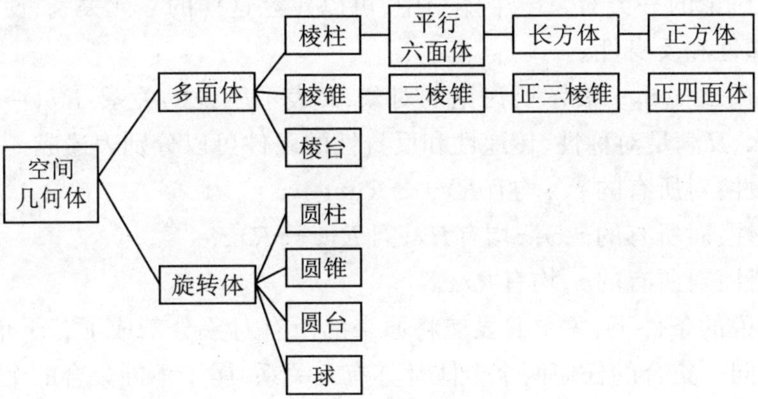

图 1-3

由此可见，弱抽象的特点是研究对象的外延不断扩大，内涵不断缩小。强抽象的特点是研究对象的外延不断缩小，内涵不断扩大。对于这两种抽象类型，抽象过程是如何实现的呢？为此，徐利治教授给出抽象思维的法则或原则①：弱抽象法则的基本依据是"特征分离概括化原则"或简称"特征概括原则"，这是一个工作原则，它的运用包括如下步骤：先对一个结构内容较丰富的原型进行分析，把其中某个或某类特性分离出来，用形式化的数学语言把它表示出来，然后通过概括原则把它规定一个普遍范畴，或者把所有具备该形式化特性的对象考虑成一个系统或族类。完成强抽象过程的手段是多种多样的，但最常用的基本原则可以称之为"关系定性特征化原则"，这也是一条工作原则，它的运用包括两个步骤：首先是在一个系统的对象之间引入某种新的关系（例如可以是某种映射、对应关系或运算法则等），从而在形成的新的关系结构中，把可能出现的某种性质作为特征规定下来，最后也通过概括原则把它规定为一个普遍范畴或某种普遍属性。

弱抽象与强抽象是人们认识事物的两种基本方式。通过弱抽象，人们可以把结论推广到更一般的情形；通过强抽象，人们可以更深刻地认识事物某一方面的特征。

二、等置抽象

等置抽象是指按照某种等价关系，由一些具体或抽象的对象抽取其中存在

① 徐利治，张鸿庆．数学抽象度概念与抽象度分析法[J]．数学研究与评论，1985，5(2)：133-140.

的共同性质特征。作为一种严格的数学定义方法,等置抽象的应用必须满足以下条件[①]:

在所讨论的一类对象("个体")中,可以建立这样的二元关系,使它满足对称性、传递性和反身性。

如果用$x,y,z,\cdots$表示所讨论的对象,R表示所说的关系:$Rxy \leftrightarrow xy$具有R关系,那么,R满足对称性、传递性和反身性的条件可以分别表述成:

对称性:对所有的x,y均有$Rxy \rightarrow Ryx$;

传递性:对所有的x,y,z均有Rxy且$Ryz \rightarrow Rxz$;

反身性:对所有的x,均有Rxx。

在所说的条件下,关系R显然将原来的所有对象分割成了若干个"等价集合":属于同一集合的任何两个个体都具有R关系,属于不同集合的个体之间则不具有R关系。这样,我们就可把这些等价集合看成是新的元素,而它们所代表的显然就是集合中所有个体的共同特征。

自然数的产生就是一个典型的等置抽象。"一个人""一棵树""一条河""一头牛"……属于一个集合,这个集合里每个个体都只有1个对象,数量是相等的,用"1"表示;对于"两个人""两棵树""两条河""两头牛"……属于另一个集合,这个集合里每个个体都有2个对象,数量也是相等的,用"2"表示。以此类推,得到所有自然数。每个集合中,各对象通过一一对应关系建立数量相等,比如"两棵树"与"两头牛"之间,其中一棵树与一头牛之间一一对应,另一棵树与另一头牛之间一一对应;而一一对应关系满足对称性、传递性和反身性。因此,抽象的自然数本质上是某类数量等同的集合的标记,是作为具有一一对应关系的集合的共同特征被抽象出来的,也揭示了自然数的计数功能。

三、理想化抽象

理想化抽象是指在对于实际的事物或现象引出抽象概念的过程中,对其的简化与完善,从而构造出一些理想化的对象,因而这些概念与现实原型未必完全相符。这是由于数学对现实世界的抽象具有能动性,是以最纯粹的形式体现了人的认识的主观能动性。在数学的发展过程中,除了从现实中不断抽象出新的概念外,还不断通过理论的逻辑建构形成新的概念。如只有位置没有大小的"点",没有粗细且无限延伸的"直线"等都是理想化抽象的结果。

理想化抽象也可以通过引进理想化元素,由此发展数学的概念和理论,也就是抽象的过程是借助数学的逻辑关系进行的理想化建构。虚数的产生就是

① 郑毓信.数学方法论入门[M].杭州:浙江教育出版社,2005:87.

一个典型的例子,它是出于数学自身发展的逻辑需要而构想出来的。1545年,代数学家卡当在求解方程$x(10-x)=40$时,指出两个根分别为$(5+\sqrt{-15})$和$(5-\sqrt{-15})$,他的理由是$(5+\sqrt{-15})$和$(5-\sqrt{-15})$相加得到10,相乘得到40,所以从纯数学的角度来看,$(5+\sqrt{-15})$和$(5-\sqrt{-15})$就是方程$x(10-x)=40$的两个根。能否把$(5+\sqrt{-15})$和$(5-\sqrt{-15})$这类对象看成真正的"数"呢?在很长时间内,人们是有怀疑的,甚至是不认可的,数学家笛卡儿称这类数是"虚数",本意就是指它是虚假的;莱布尼茨则认为:"虚数是美妙而奇异的神灵隐蔽所,它几乎是既存在又不存在的两栖物。"虚数的单位i是数学家欧拉(Euler)最早引入的,i取自imaginary(想象的,假想的)一词的第一个字母,也是这个意思,欧拉曾说:"因为所有可以想象的数都或者比0大,或者比0小,或者等于0,所以很清楚,负数的平方根不能包括在可能的数中,从而我们必须说它们是不可能的数。然而这种情况使我们得到这样一种数的概念,它们就其本性说来是不可能的数,因而通常就叫作虚数或者想象中的数,因此它们只存在于想象之中。"

这种"想象的数"后来被证明对于数学研究具有重要的意义。比如只有承认虚数的合理性才能证明"代数基本定理(fundamental theorem of algebra)",即任何一元$n(n\in\mathbf{N}^*)$次复系数多项式方程$f(x)=0$至少有一个复数根。

直到1797年,挪威的测量学家韦塞尔(C. Wessel)提出复数的几何表示法,将复数集与平面直角坐标系中的点集之间建立一一对应。在平面直角坐标系中,每一个平面向量都可以用一个有序实数对来表示,而有序实数对与复数是一一对应的,因此,复数与平面向量之间也就建立了一一对应的关系,如图1-4所示。

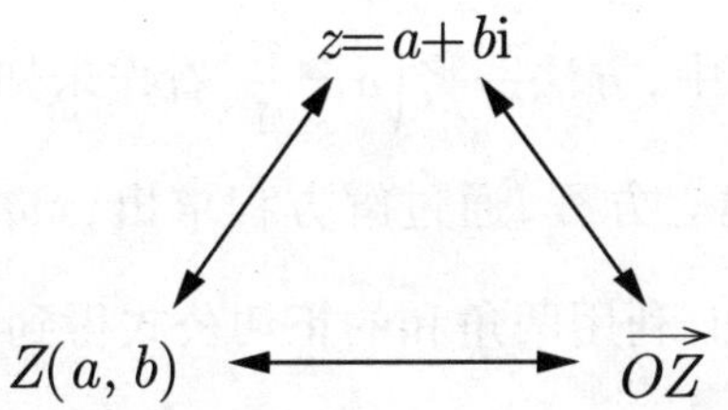

图1-4

接下来,可以利用向量给出复数运算的几何解释。至此,虚数由"理想化"走向"直观化",在数学中的地位也得到确立。

数学中类似的情况很多,如非欧几何学平行公理的引入、现代公理化集合论的建立等,都是理想化的建构过程。这种抽象更深刻地揭示数学对象之间的本质联系，舍弃研究对象的非本质属性，这种抽象更关注数学的内在逻辑体系，有时无法借助感性的具体事物来表达，具有一定的理想化。

四、关系抽象

关系抽象是指根据认识目的，从研究对象中抽取或建构若干构成要素之间的数量关系或空间位置关系，而舍弃其他无关特征或物理现实意义的抽象方法。这是常见的抽象类型，如正弦定理和余弦定理就是对构成三角形的要素之间数量关系的抽象。对于三角形，通过定性研究得到SSS，SAS，ASA，AAS等判定三角形全等的方法，这些判定方法表明，给定一个三角形三个角和三条边中的某些元素，这个三角形就是唯一确定的，也说明三角形的其他元素与给定元素之间有确定的数量关系，这种确定的数量关系就是正弦定理和余弦定理。

关系抽象在处理问题中经常用到。解题中常常就是一个关系的抽取与建构的过程。如：已知$\tan\left(\alpha-\frac{\pi}{4}\right)=\frac{1}{6}$，求$\tan\alpha$。

方法一：$\tan\left(\alpha-\frac{\pi}{4}\right)=\dfrac{\tan\alpha-\tan\frac{\pi}{4}}{1+\tan\alpha\cdot\tan\frac{\pi}{4}}=\dfrac{\tan\alpha-1}{1+\tan\alpha}=\dfrac{1}{6}$，解方程得$\tan\alpha=\frac{7}{5}$。

方法二：$\tan\alpha=\tan\left[\left(\alpha-\frac{\pi}{4}\right)+\frac{\pi}{4}\right]=\dfrac{\tan\left(\alpha-\frac{\pi}{4}\right)+\tan\frac{\pi}{4}}{1-\tan\left(\alpha-\frac{\pi}{4}\right)\tan\frac{\pi}{4}}=\dfrac{\frac{1}{6}+1}{1-\frac{1}{6}}=\dfrac{7}{5}$。

两种方法大体上根据α与$\alpha-\frac{\pi}{4}$之间的数量关系，利用两角和差的正切公式计算。在具体求值过程中，方法一将$\left(\alpha-\frac{\pi}{4}\right)$看作未知角$\alpha$与已知角$\frac{\pi}{4}$的差，利用两角差的正切公式建立方程，通过解方程求出$\tan\alpha$；方法二将α看作已知角$\left(\alpha-\frac{\pi}{4}\right)$与已知角$\frac{\pi}{4}$的和，利用两角和的正切公式得到代数式，通过代数式化简求出$\tan\alpha$。两种方法不同，这是源于对α与$\left(\alpha-\frac{\pi}{4}\right)$之间数量关系的具体理解的不同。对于本题两种方法的难度大体相同，但是对于有些问题，这种差异导致计算难度明显加大，甚至于有的方法难以解决。如：

已知 $\alpha,\beta\in\left(\frac{3\pi}{4},\pi\right)$, $\sin(\alpha+\beta)=-\frac{3}{5}$, $\sin\left(\beta-\frac{\pi}{4}\right)=\frac{12}{13}$, 则 $\cos\left(\alpha+\frac{\pi}{4}\right)=$ ______。

对于本问题,如果按照方法一,需要先解如下方程组:

$$\begin{cases}\sin(\alpha+\beta)=\sin\alpha\cos\beta+\cos\alpha\sin\beta=-\frac{3}{5}\\ \sin\left(\beta-\frac{\pi}{4}\right)=\sin\beta\cos\frac{\pi}{4}-\cos\beta\sin\frac{\pi}{4}=\frac{12}{13}\\ \sin^2\alpha+\cos^2\alpha=1\\ \sin^2\beta+\cos^2\beta=1\end{cases}$$

然后再代入 $\cos\left(\alpha+\frac{\pi}{4}\right)=\cos\alpha\cdot\cos\frac{\pi}{4}-\sin\alpha\cdot\sin\frac{\pi}{4}$ 中。

按照方法二来理解角之间的数量关系:

$\alpha+\frac{\pi}{4}=(\alpha+\beta)-\left(\beta-\frac{\pi}{4}\right)$

$\cos\left(\alpha+\frac{\pi}{4}\right)=\cos\left[(\alpha+\beta)-\left(\beta-\frac{\pi}{4}\right)\right]=\cos(\alpha+\beta)\cos\left(\beta-\frac{\pi}{4}\right)+\sin(\alpha+\beta)\sin\left(\beta-\frac{\pi}{4}\right)$.

因为 $\alpha,\beta\in\left(\frac{3\pi}{4},\pi\right)$,所以 $\alpha+\beta\in\left(\frac{3\pi}{2},2\pi\right)$,$\beta-\frac{\pi}{4}\in\left(\frac{\pi}{2},\frac{3\pi}{4}\right)$。

根据同角三角函数基本关系式,$\cos(\alpha+\beta)=\frac{4}{5}$,$\cos\left(\beta-\frac{\pi}{4}\right)=-\frac{5}{13}$,所以 $\cos\left(\alpha+\frac{\pi}{4}\right)=\frac{4}{5}\cdot\left(-\frac{5}{13}\right)+\left(-\frac{3}{5}\right)\cdot\frac{12}{13}=-\frac{56}{65}$。

从计算量上来看,显然方法二简单很多。产生差异的根本原因,是如何理解这些角之间的关系,使用的公式基本是一致的,方法一用“未知角”表示“已知角”,公式展开后需要解方程组,本问题中是四元二次方程组,计算量大;方法二用“已知角”来表示“未知角”,公式展开后需要进行代数式的化简,代数式化简明显比解方程组简单,因此,如何合理构建问题中的数量关系是快速解决本问题的关键。

这两个问题相似,解决问题的方法也相似,但是利用每个方法具体操作时难度不同,也说明了在研究具体问题时需要注意以下两个方面:第一,从一个研究对象中抽象和建构各量之间关系时,关系的表达可能有多种情况,因此要整体考虑,恰当选择;第二,要处理好一个研究对象与一类研究对象之间的关系,从一个具体研究对象中抽象得到的结果,会受到具体研究对象特征的影响,从一类研究对象中抽象得到的结果更具有普适性,数学中的定理和公式等就是对一类研究对象的关系抽象的结果。从解决问题的角度来看关系抽象,就是要处理好特解与通解之间的关系。

第四节 数学抽象素养

一、数学抽象素养的内涵

《课标》中指出,数学抽象素养是指通过对数量关系与空间形式的抽象,得到数学研究对象的素养。

数学抽象的主要内容:从数量与数量关系、图形与图形关系中抽象出数学概念及概念之间的关系,从事物的具体背景中抽象出一般规律和结构,并用数学语言予以表征。

数学抽象的学科价值:数学抽象是数学的基本思想,是形成理性思维的重要基础,反映了数学的本质特征,贯穿在数学产生、发展、应用的过程中。数学抽象使得数学成为高度概括、表达准确、结论一般、有序多级的系统。

数学抽象的主要表现:获得数学概念和规则,提出数学命题和模型,形成数学方法与思想,认识数学结构与体系。

数学抽象的教育价值:通过高中数学课程的学习,学生能在情境中抽象出数学概念、命题、方法和体系,积累从具体到抽象的活动经验;养成在日常生活和实践中一般性思考问题的习惯,把握事物的本质,以简驭繁;运用数学抽象的思维方式思考并解决问题。

另外,《课标》给出了学业质量标准,学业质量标准是以学科核心素养及其表现水平为主要维度,结合课程内容,对于学生学业成绩表现的总体刻画。依据不同水平学业成绩表现的关键特征,学业质量标准明确将学业质量划分为不同水平,并从“情境与问题”“知识与技能”“思维与表达”“交流与反思”四个方面描述了不同水平学习结果的具体表现,其中关于数学抽象的不同水平质量描述如表1-1所示。

表 1-1

水平	数学抽象
水平一（毕业）	1. 能够在熟悉的情境中直接抽象出数学概念和规则，能够在特例的基础上归纳并形成简单的数学命题，能够模仿学过的数学方法解决简单问题。 2. 能够解释数学概念和规则的含义，了解数学命题的条件与结论，能够在熟悉的情境中抽象出数学问题。 3. 能够了解用数学语言表达的推理和论证；能够在解决相似的问题中感悟数学的通性通法，体会其中的数学思想。 4. 在交流的过程中，结合实际情境解释相关的抽象概念
水平二（高考）	1. 能够在关联的情境中抽象出一般的数学概念和规则，能够将已知数学命题推广到更一般的情形，能够在新的情境中选择和运用数学方法解决问题。 2. 能够用恰当的例子解释抽象的数学概念和规则；理解数学命题的条件与结论；能够理解和构建相关数学知识之间的联系。 3. 能够理解用数学语言表达的概念、规则、推理和论证；能够提炼出解决一类问题的数学方法，理解其中的数学思想。 4. 在交流的过程中，能够用一般的概念解释具体现象
水平三（拓展）	1. 能够在综合的情境中抽象出数学问题，并用恰当的数学语言予以表达；能够在得到的数学结论基础上形成新命题；能够针对具体问题运用或创造数学方法解决问题。 2. 能够通过数学对象、运算或关系理解数学的抽象结构，能够理解数学结论的一般性，能够感悟高度概括、有序多级的数学知识体系。 3. 在现实问题中，能够把握研究对象的数学特征，并用准确的数学语言予以表达；能够感悟通性通法的数学原理和其中蕴含的数学思想。 4. 在交流的过程中，能够用数学原理解释自然现象和社会现象

二、数学抽象素养的理解

数学抽象的主要内容是对“数量与数量关系”“图形与图形关系”的抽象。关于数量与数量关系的抽象。主要有两种典型的形式：一是理想化（符号化），如自然数的产生，就是把现实世界中“量”的特征抽象出来，用“数”的符号化进行抽象化的表示；二是数学内部，用“等置（势）抽象”的方式，把某一类数学概念进一步抽象为更上位的概念，如“距离空间”的形成。

关于图形与图形关系的抽象。以欧氏几何为例，也有两种形式：一是从现实世界中抽象出基本概念，如“点”“直线”“平面”等概念；二是通过五组公理来限定点、线、面之间的关系，形式欧氏几何的公理体系，使得几何学脱离了现实，成为形式的学科。

史宁中教授指出，数学抽象经历了两个阶段[①]："第一阶段的抽象是基于现实的，人们通过对现实世界中的数量与数量关系、图形与图形关系的抽象，得到了数学的基本概念，这些基本概念包括：数学研究对象的定义、刻画研究对象关系的术语和计算方法。这种基于现实的抽象，是从感性具体上升到理性具体的思维过程。随着数学研究的深入，还必须进行第二阶段的抽象，这个阶段的抽象是基于逻辑的。人们通过第二阶段的抽象，合理解释了那些通过第一次抽象已经得到了的数学概念以及概念之间的关系。第二次抽象的特点是符号化、形式化和公理化，这是从理性具体上升到理性一般的思维过程。"

由此可见，第一次抽象创造了新的基本概念、基本原理和基本原则，是第二次抽象的基础，第二次抽象更多依据的是逻辑建构，更体现数学的抽象性和严谨性。

对于数学抽象要从学科素养的视阈下认识其学科价值和育人价值。对于数学抽象的学科价值主要反映在两个层面：一是对数学发生、发展的重要性（决定性）价值的揭示。数学抽象是数学的基本思想、理性思维的基础、数学的本质特征，贯穿数学发展的全过程；二是对数学抽象在数学学科理论系统中的功能性价值的揭示。可以进一步将功能价值归结为概括性、准确性、一般性、多级性，这些基本功能都来自数学抽象。因此，学习数学的抽象形式、方法和语言，通过经历数学的抽象活动对学生学习数学、理解数学、运用数学的思维方式和语言具有不可或缺的意义。对于数学抽象的育人价值主要反映在三个方面：一是能积累比较多样化的从具体到抽象的活动经验；二是能帮助学生更好地理解数学和学会数学式的思维；三是通过数学抽象能更好地发展学生解决问题的能力。[②]

---

① 史宁中．数学基本思想18讲[M]．北京：北京师范大学出版社，2016：5.

② 史宁中，王尚志．普通高中数学课程标准（2017年版）解读[M]．北京：高等教育出版社，2018：75-77.

第二章　概念学习的相关理论

什么是数学方法的精髓？首先是基本概念的引入。有些是直接得到物质或物理客体的启发，例如点、线、整数。除了基本概念外，事实上，数学由源于人类心智深处的概念主导……

——M.克莱因《数学与知识的探索》

第一节　概念与数学概念

一、概念

在哲学或逻辑学上，概念指反映事物共同本质特征的思维形式；在心理学上，概念指符号标志的具有共同关键特征的一类客体、事件、情境或属性。如"正方体""教学"和"力"三个词分别标志一类客体、事件或属性，代表三个概念。其认知功能上简化人的认识，使之对复杂纷繁的环境作概括反映，从而使人类的交流和词语的创造成为可能。

每一个概念都有肯定例证，逻辑学称之为外延；每一个概念的一切肯定例证都包含共同本质特征，逻辑学称之为内涵。内涵是概念中思维对象的本质属性；外延是概念所反映的具有本质属性的对象的范围，清楚概念的内涵和外延是掌握概念的最基本的内容。看下面的对话：

问：你喜欢养宠物吗？为什么？

答：不喜欢养宠物，因为害怕狗。

这里就存在没有弄清楚"宠物"概念的内涵和外延，错将"宠物"理解成"狗"。人类的概念在社会实践中产生，随着社会实践深入而发展，许多概念的内涵和外延也是发展变化的。比如对于"宠物"，最初认为宠物主要是猫、狗等动物，其实也包括花、草等植物。

概念有三种存在形式①：一是本质直观。本质直观是从经验直观开始的，其存在可以在经验直观中例示，也可以在纯粹的想象中例示，即使在经验直观中例示也已经是理性直观；二是定义。亚里士多德《论辩篇》中把定义规定为“表明事物本质的短句”，通过定义的形式来揭示概念的本质特征；三是理想类型。这种类型只存在于人的观念而不是现实中，是一种典型的理想化，现实中的社会现象只能与之相似，不会完全一致。本质直观是定义和理想类型的基础，没有本质直观的定义和理想类型是没有“物质基础”的，反过来，只有本质直观，没有定义和理想类型，概念处于一种不明确的状态，不利于后续的研究和应用。

二、数学概念

数学概念(mathematical concepts)是反映一类事物在数量关系和空间形式方面的本质属性的思维形式。数学概念代表一类对象，在该类对象的范围内具有普遍意义。在数学的知识体系中，数学概念具有重要作用，是构成定理、法则、公式的基础。

1. 数学概念的构成

数学概念一般包括四个部分：概念的名称、定义、例子和属性。以概念“直线l与平面α垂直”为例，“直线l与平面α垂直”就是这个概念的名称，“如果直线l与平面α内的任意一条直线都垂直，就称直线l与平面α垂直”是概念的定义；“正方体的一条侧棱与底面垂直”就是一个正例，“正三棱锥一条侧棱与底面不垂直”就是一个反例；“直线l与平面α垂直”属性有：是直线与平面的位置关系、对于平面α内的任意一条直线m，$l\perp m$，等等。

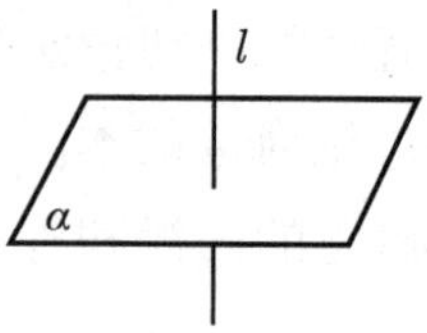

图2-1

数学概念通常由反映概念本质的特定符号表示，这些符号使数学概念系统的表现形式简明、准确、清晰，从而使学生有可能在较短的时间内掌握重要的数学概念。如“直线l与平面α垂直”记作“$l\perp\alpha$”。一般情况下，对于反映空间形式的概念，也给出图形的表示，概念“直线l与平面α垂直”如图2-1所示。

2. 数学概念的定义

定义是概念的一种存在形式，数学概念主要通过下定义揭示概念的内涵。

① 季萍．教什么知识：对教学的知识论基础的认识[M]. 北京：教育科学出版社，2009：152-157.

当概念的定义确定后，判断一个对象是否属于这个概念就有了依据或标准，也就是概念的定义一般情况下作为判断概念外延的标准。定义有两种：描述性定义和说明性定义。

描述性定义就是用描述的方法揭示事物的本质。通常在两种情况下出现：一是一些基本概念，没有上位概念，无法说明只能以描述的形式来定义，是其他概念的基础。如前面提到的"集合"的定义，"数列"的概念也是先举例，再归纳共性得到定义，"按照确定的顺序排列的一列数称为数列"。二是考虑到理解者的理解水平而采用描述性定义，如有理数的概念，初中学生学习时就采用了描述性定义，通过列举法说明整数和分数，再给出有理数定义"整数和分数统称为有理数"。

说明性定义被称为一种揭示事物本质的逻辑方法，一般是通过邻近的属概念加上种差，即"属加种差"定义法。这也是数学概念中最常用的一种下定义的方法，先看两个定义：

① 等差数列：如果一个数列从第二项起，每一项与它的前一项的差都等于同一个常数，那么这个数列就叫作等差数列。

② 直棱柱：侧棱垂直于底面的棱柱叫作直棱柱。

这两个定义可以写成下面的形式：

(数列)＋(第二项起，每一项与它的前一项的差都等于同一个常数)＝(等差数列)

(棱柱)＋(侧棱垂直于底面)＝(直棱柱)

这两个定义都是把被定义的邻近的属概念加上被定义概念的所特有的属性，被定义概念的特有属性也叫被定义概念的"种差"，这种定义数学概念的方式就是属概念加种差的方式，简称为属加种差。

用这种方式下定义需要明确：第一，要找出被定义概念的邻近的属概念，被定义项的概念的外延要包含在邻近的属概念的外延之中，即被定义项与定义项必须外延相同；第二，要指出它区别于这个邻近属概念的其他概念的种差，这是对被定义项内涵的揭露。这种定义方式能用已定义的概念来定义它的种概念，用种差来提示被定义项的特性与性质，这样的定义准确、明了，有利于揭示概念间的关系，可将概念系统化。

除此之外，还有其他定义方法，如有的种差是被定义概念所反映的对象产生或形成，可用一类事物产生或形成的情况作为种差作出定义，叫作发生定义，如利用射线旋转定义"角"；有的种差是被定义概念所反映的对象与另一对象之间的关系，或它与另一对象对第三者的关系，这种用对象之间的关系作为种差作出的定义叫作关系定义，如“直线与平面垂直”的定义；在数学中有些概念的外延是单一的或者是几个简单明显的对象时，往往采用直接提示概念的外延作为它的定义，叫作外延定义，如“实数”的定义，等等。

第二节 数学概念的特点

一、数学概念反映事物在“数”与“形”方面的特征

正如前面对数学概念论述，数学概念是反映一类事物在数量关系和空间形式方面的本质属性的思维形式。相对于其他学科，如物理研究物质的运动规律和物质的基本结构，化学是在分子、原子层次上研究物质的组成、性质、结构与变化规律等，所以反映客观事物在“数”与“形”方面的特征是数学概念最重要的特征。

二、数学概念具有抽象性

数学本身的一个基本特点就是抽象性，数学对象显然并非现实世界中的真实存在，比如对于“圆”这个概念，在现实世界中有圆形的太阳、圆形的车轮、圆形的桌面等，但绝不会见到作为几何研究对象的真正的“圆”，作为概念的“圆”也与在纸上所画的“圆”不同，所以数学概念必然是抽象的。

又如，四维空间中“超立方体”的概念。四维空间本身就是通过类比二维空间和三维空间的概念加以推广得到的，四维空间的点是由四个相互独立的坐标x_1,x_2,x_3,x_4决定的，所有这些“四维点”的集合就组成了所谓的“四维空间”。二维空间中四个点(0,0)、(1,0)、(1,1)和(0,1)决定一个正方形，三维空间中八个点(0,0,0)、(1,0,0)、(1,1,0)、(0,1,0)、(0,0,1) 、(0,1,1)、(1,0,1)、(1,1,1)决定一个立方体，四维空间中十六个点(0,0,0,0)、(1,0,0,0)、(1,1,0,0)、(0,1,0,0)、(0,0,1,0) 、(0,1,1,0)、(1,0,1,0)、(1,1,1,0)、(0,0,0,1)、(1,0,0,1)、(1,1,0,1)、(0,1,0,1)、(0,0,1,1) 、(0,1,1,1)、(1,0,1,1)、(1,1,1,1)决定一个“超立方体”。对于“超立方体”通过抽象的概念可以对其性质进行研究，但是无法描述其直观图形。因此，抽象性是数学概念产生过程的必然结果，进而成为数学概念的显著特点。

三、数学概念一般由数学符号表示

一般地每个数学概念都有相应的能反映概念本质的符号表示。数学符号不同于一般语言文字符号，是用来表示一定对象或意义的，是有一定数学含义的专用标记。如“＝”“＋”“×”等，这些符号都有严格规定。

数学概念符号可以分为以下三类：

一是来源于语言文字的字母。语言主要是英语、希腊语等西方语言，如函数的符号$f(x)$中，“f”就是function（函数）的第一个字母，虚数单位i是imaginary（虚构的）的第一个字母。

二是对于数学对象的直观感知。最典型的就是几何概念的符号，具有象形性，如垂直用“⊥”表示，圆用“⊙”表示，三角形用“△”表示。

三是数学家对于数学对象的抽象。比如无穷用“∞”表示，这个符号自身就具有抽象性。

数学符号使数学的表达更加简单准确、便于操作、利于交流，通过数学符号快速理解和掌握人类历史上的数学成果；反过来，数学符号的引进，也推动了数学的发展，比如阿拉伯数字1，2，3，…对于运算的快速发展功不可没。数学概念的符号化表达也充分体现了数学的简洁美，是数学概念的一个重要特点。

四、数学概念具有二重性

国外学者提出了数学概念的二重性理论，A. Sfard认为数学概念具有两个侧面：从过程角度来看是一种操作性概念，从对象角度来看是一种结构性概念。过程就具体了可操作性的法则、公式、定理等，对象就是定义中结构关系，数学概念往往既表现为过程操作又表现为对象结构。在概念形成过程中是先操作后结构，这是符合人类认知规律的，最终是在认知结构中是共存的，在不同的阶段发挥不同的作用。“过程”与“对象”就是概念的二重性。

比如：函数$f(x)$，即可以表示定义域中元素x按照对应法则f与值域中元素y对应的过程，又表示特定对应的关系结构。

对于函数单调性：设函数$f(x)$的定义域为I，区间$D\subseteq I$，如果$\forall x_1, x_2 \in D$，当$x_1 < x_2$时，都有$f(x_1) < f(x_2)$，那么就称函数$f(x)$在区间D上单调递增。

定义反映了“序关系”在对应之后的保持，即两个元素的大小关系通过对应之后得到的两个函数值之间是否保持同样的大小关系；在利用定义判断函数是否单调递增时，体现了操作性。

总之,同一个数学概念,常常具有二重性①:过程与对象;算法与结果;操作行为与结构关系;相应地,它们可以分别具有如下特性:动态与静态;细节与整体;历时(继时)与共时(同时)。

五、数学概念具有系统性

由于数学对象是明确定义的产物,而且数学结论又是按照相应的定义和明确的规则进行逻辑推理得到的结果,因此,数学对象的性质就完全反映它们之间的相互关系。事实上,作为数学核心内容的数学概念之间建构起结构,也就具有了系统性。如美国高中代数领域核心概念图(图2-2)②。

图2-2表明了概念间的从属关系或概念间的相关关系,其中"代数"是根,"代数符号""函数""数学模型"和"各种情境中的变化关系"构成了四个核心概念,每个核心概念又生成多个子概念,这些子概念通过各种关系与其他核心概念及子概念产生联系,共同形成概念系统。

第三节　数学概念的学习

概念学习(concept learning)也称为"概念获得"或"概念的掌握",实质是个体通过积极的思维活动把握同类事物或现象的共同关键特征(或本质特征)。由于概念是构成命题知识的细胞,故概念学习是学生掌握文化科学知识的核心任务。一般所说的掌握数学概念,指掌握一类事物共同的本质属性,即能够辨别概念的本质属性和非本质属性,能够概括表示为定义,能够指出概念的肯定例证和否定例证,并且能由抽象到具体。

对于概念学习的研究,大多数都是在图式理论的基础上展开的。

---

① 曹才翰,章建跃.数学教育心理学[M].3版.北京:北京师范大学出版社,2014:111.

② 章建跃,宋莉莉,王嵘,等.美国高中数学核心概念图[J].课程教科书教法,2013,33(11):115-121.

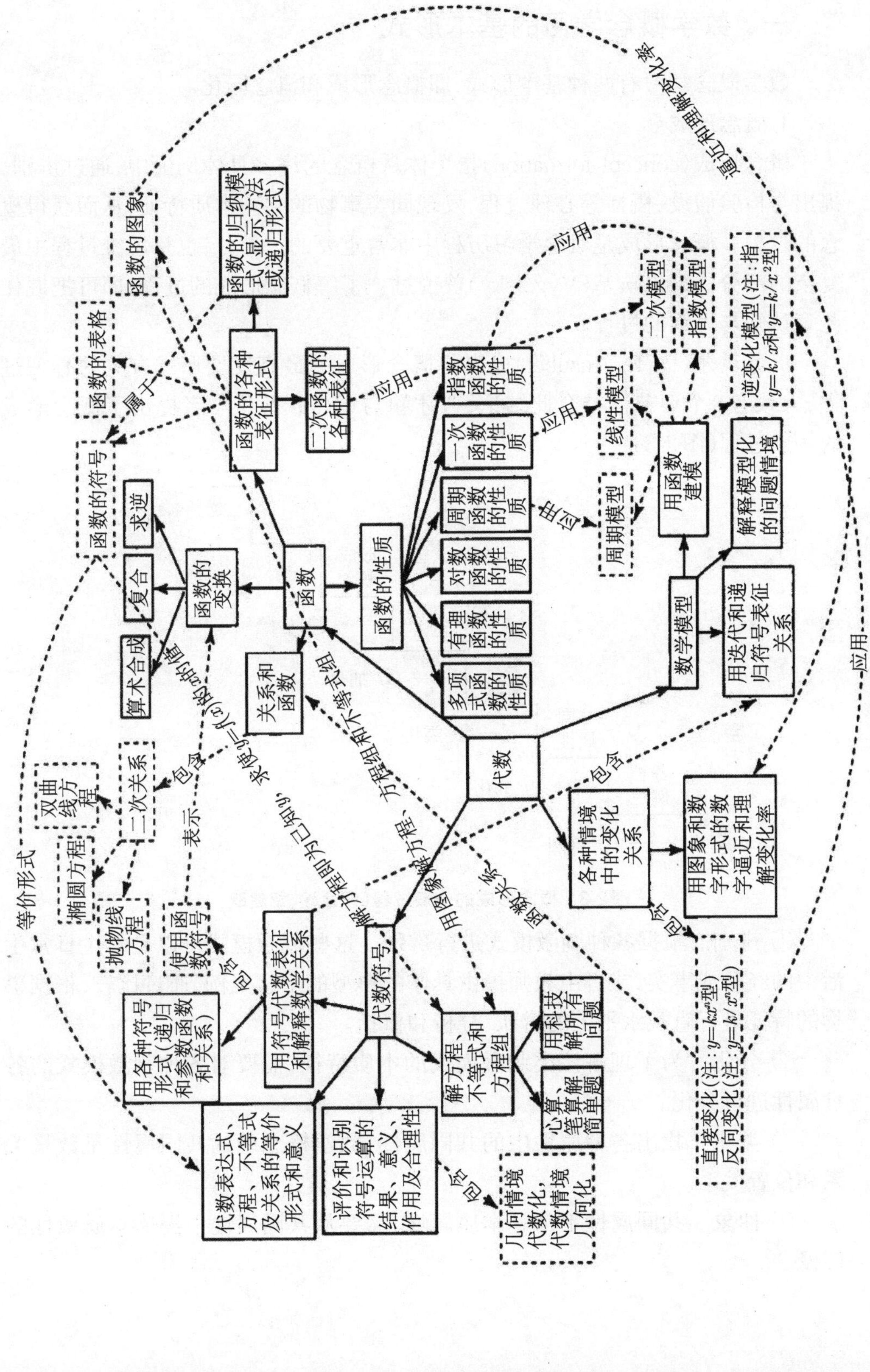

图 2-2　美国高中代数领域核心概念图

一、数学概念学习的基本形式

数学概念学习有两种基本形式,即概念形成和概念同化。

1. 概念形成

概念形成(concept formation)指个体从概念的许多具体例证中,通过辨别、提出与检验假设、概括等心理过程,发现同类事物的共同本质特征,从而获得概念的过程。概念形成是概念学习历程中非常重要的一部分,也是思维过程中最复杂的部分。维果茨基(Vygotsky)曾说过:“了解概念形成的过程,即可把握住儿童认知与思维的过程。”

奥苏贝尔(D. P. Ausubel)提出与概念形成的最高发展形式有关的心理过程,大致有8个环节。结合此结论,曹才翰与章建跃两位学者提出了概念形成的一般过程(图2-3):

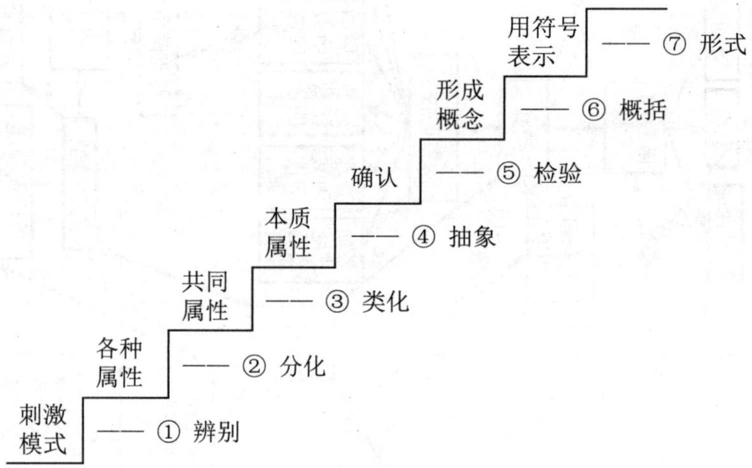

图2-3　概念形成的一般过程(曹才翰,章建跃)

① 辨别。根据各种刺激模式进行辨别。这些刺激模式可以是学生日常生活中的经验或事实,或者由教师提供具体的典型的丰富案例,通过比较,根据事物的特征进行直观水平上的辨认、分析和概括。

② 分化。为了理解该类刺激模式的本质特征,需要对各种刺激模式的各种属性进行分化。

③ 类化。找出各种属性中的共同属性,数学概念中的共同属性是数量关系和位置关系。

④ 抽象。共同属性不都是本质属性,需要从共同属性中提炼本质属性的假设。

⑤ 检验。在特定情境中检验假设，检验过程中，采用变式是一种有效手段。

⑥ 概括。验证检验之后，把关键属性抽象出来，形成概念。

⑦ 形式。用形式符号表示新概念。

通过上述形成过程，学生可以比较全面地了解概念的内涵，概念的具体例证，以及概念的变式等，然后引进数学符号，把抽象的符号与代表的实质内容联系起来，提高学生的抽象和概括能力。

如："直线与平面垂直的概念"教学中，可以通过如下系列问题引导学生经历概念形成的过程，获得概念：

问题1：空间一条直线与平面有几种位置关系？

问题2：直线在平面内、直线和平面平行已经系统研究，请举出生活中直线与平面相交的例子。(教师引导学生思考直线与平面相交中的特殊情况——直线与平面垂直)

问题3：在生活中，直线与平面垂直的情况很多，比如旗杆与地面垂直。类比直线与平面平行的研究过程：① 直线与平面垂直的关系应该研究什么？② 用什么方法研究？

问题4：① 旗杆抽象为一条直线AB，地面抽象为一个平面。阳光下，旗杆与它在地面上的影子是什么关系？② 随着太阳的移动，影子的位置也会移动，旗杆与它在地面上的影子的关系是否发生变化？

问题5：直线AB与平面内上任意一条直线有什么位置关系？依据是什么？

问题6：请用简洁的语言给出直线与平面垂直的定义？

问题7：① 如果一条直线垂直于一个平面内的无数条直线，那么这条直线是否垂直于这个平面？为什么？② 当直线与平面垂直时，直线是否与平面内所有的直线都垂直？为什么？③ 当直线与平面不垂直时，直线是否与平面内所有的直线都不垂直？为什么？④ 如果直线与平面内的一条直线不垂直，那么这条直线与平面一定不垂直吗？为什么？

上述系列问题中，问题1、问题2和问题3设计意图是通过概念引入，明白新概念在知识体系中的位置和研究方法；问题4中①是对教师提供的案例进行辨别；②是对刺激模式的属性进行分化和类化；问题5是对概念的本质特征进行抽象和概括；问题6是形成概念，并给出符号表示；问题7是对概念的检验或者是通过应用对概念进行精致化。

从这个案例可以看出来，对于一个具体概念，其形成过程未必一定完整经历这7个过程，形成过程的顺序也未必一定遵循给出的线性关系。

2. 概念同化

概念同化(concept assimilation)以定义形式直接向学习者揭示新概念的本质特征。概念同化是学习者利用认知结构中的适当观念,理解新概念,从而获得新概念的意义的过程。概念同化与概念形成同为个体获得概念的主要途径。

概念同化的一般过程是:

① 揭示概念的本质属性,给出定义,名称和符号。

② 讨论概念的各种特例,突出概念的本质特征。

③ 将新概念与已有知识联系并纳入已有知识体系,同化新概念。

④ 辨认肯定例证或否定例证,将新概念与已有知识分化。

⑤ 新概念纳入已有概念,形成新的概念体系。

如:对于"一元二次不等式"的概念,可以以概念同化的方式获得。

直接给出定义、名称和一般形式:"一般地,我们把只含有一个未知数,并且未知数的最高次数是2的不等式,称为一元二次不等式(quadric inequality in one unknown)。一元二次不等式的一般形式是$ax^2+bx+c>0(a\neq 0)$或$ax^2+bx+c<0(a\neq 0)$,其中a,b,c均为常数"。

然后通过特例:$x^2-12x+20<0,x\in(0,12)$,在求得不等式解集的过程中,建立一元二次不等式与一元二次方程、二次函数之间的联系,将"一元二次不等式"纳入已有的概念体系。

3. 概念形成和概念同化的融合

在具体的概念教学中,根据学习者年龄和具体概念,常常是概念形成和概念同化两种形式融合使用。如果仅以概念形成方式学习,显然不符合教学的经济性原则,导致学生学习的时间过长。如果仅以概念同化方式学习,由于数学的高度抽象性,尤其随着学生年级增加,学习内容更加抽象,很难理解抽象概念的丰富内涵,因此,概念学习过程中,需要针对学生认知特点和具体概念的内容,概念形成和概念同化两种形式融合使用。比如学龄前儿童学习的概念主要是具体概念,其本质特征是人们在日常生活中逐渐发现并归纳出来的,此时的理解多是以概念形成为主;而较高的年级学生,学习的概念大多是定义性概念,由于原有知识丰富,以概念同化的形式获得新概念的情况比学龄前阶段多。

一般情况下,对于一个具体概念的学习,教师先通过具体、典型的实例,引导学生在观察、分析、操作的基础上,抽象概括出共同本质特征,并形成概念的定义;然后引导学生应用概念定义去分析具体实例,通过正例和反例判断等活动，使学生进一步理解概念的关键属性，使实例变成概念本质属性的具象；最后引导学生将新概念与已有认知结构中的有关概念建立联系，形成概念系统。

二、APOS 理论

APOS 理论源自对皮亚杰的一种称为“反思性抽象(reflective abstraction)”的心理机制的研究及其在中高等数学概念上的推广。

APOS 理论的一个基本假设是：数学知识是个体在解决所感知到的数学问题的过程中获得的。在这个过程中，个体依次建构了心理活动、程序和对象，最终组织成用以理解问题情境的图式结构。杜宾斯基(Dubinsky，1991)认为，一个人是不可能直接学习到数学概念的，人们透过心智结构使所学习的数学概念产生意义。如果一个人对于给予的数学概念拥有适当的心智结构，那么他几乎自然地就学到了这个概念；如果一个人无法建立起适当的心智结构，那么他几乎不可能学习这个数学概念。APOS 理论可以看作对皮亚杰的“反思性抽象”的扩展过程中，包含 4 个基本成分[①]：

① 活动。“活动”(action)是指个体通过一步一步的外显性(或记忆性)指令去变换一个客观的数学对象。

② 程序。当“活动”经过多次重复而被个体熟悉后，就可以内化为心理操作的“程序”(process)，有了这种“程序”，个体就可以想象这个“活动”，而不需要通过外部的刺激，可以在头脑中实施这个“程序”，进而可以对这个“程序”进行逆转以及与其他程序进行组合等。

③ 对象。当个体能够把“程序”作为一个整体进行操作时，这一程序就变为一种心理“对象”(object)。

④ 图式。一个数学概念的“图式”(scheme)是指由相应的“活动”“程序”“对象”以及与某些一般原理相联系的其他“图式”所形成的一种个体头脑中的认知框架，它可以用于解决与这个概念相关的问题。

按照杜宾斯基的解释，上述四个成分中，“活动”“程序”和“对象”可以看作数学知识的三种状态，而“图式”是由这三种知识构成的一种认知结构。此外，上述四种成分的排列虽然在理论上具有一种等级结构，也就是说，一般情况下前一成分是后一成分的基础，但在实际操作中，个体对数学概念的理解不一定遵循这种线性的途径。

基于 APOS 理论，学生理解指数函数的过程可以分为四个阶段：

---

① 鲍建生，周超．数学学习等心理基础与过程[M]．上海：上海教育出版社，2009：96-97

第一阶段，作为“活动”的幂运算。比如，给出x，求2^x，通过具体的数字构造对应关系：2→4；3→8；4→16……通过操作，理解指数函数的意义。

第二阶段，作为“程序”的指数运算。经过多次重复“活动”，基于活动的反思，能把“活动”内化为“程序”，也就是不用具体运算，可以“想象”运算的结果。

第三阶段，作为“结果”的指数表达式。在第二阶段基础上，得到作为“程序”结果的指数表达式。也就是把上述“程序”活动综合成函数过程，并给出函数表达式：$f(x)=2^x$。

第四阶段，作为“一般化”的指数函数。前面的三个阶段中，对于指数函数的理解有一定的局限性，一方面对于具体的指数函数，自变量只限于取一些特殊值（主要是自然数），还需要把自变量的取值范围推广至实数；另一方面将具体指数函数推广至一般指数函数，即$f(x)=a^x$。此时的指数函数概念，以一种综合的心理图式存在于脑海中。

三、影响数学概念学习的因素

影响学生学习数学概念的因素有很多，有学生自身的、教师的、教学条件等的因素。从学生自身的角度看，主要因素有两个：

1. 学生原有认知结构和经验

数学概念学习中，学生总是从已有的知识经验出发去认识、理解和区分事物的种种联系和性质。原有认知结构越完善，学生的生活经验越丰富，获得概念的效果就越好；学生的感性材料若太少，感知不充分，表象就不丰富，也就难以辨析各种对象的本质属性；若感性材料不典型，本质属性不明显，则受到非本质属性的干扰就越多。因此，具备必要的知识经验是学习和掌握数学概念的前提，而日常生活经验是知识经验的重要来源。

一部分数学概念是在日常生活概念中发展起来的，学生的日常生活经验是数学概念学习的基础之一。丰富学生的日常生活经验有利于数学概念的学习，但要注意日常生活经验未必完全和数学概念一致。如日常生活中的“或”，与数学中的逻辑词“或”概念不完全一致。

学生已有知识经验对数学概念学习的影响，主要表现在数学概念系统的扩张上。已有研究表明，扩张一个旧数学概念的出错率要比学习一个新概念的出错率高得多①。学生在扩张旧概念的时候，会“自觉”借助已有的知识经验、结论、方法等做看似“合理”的推广，而这种推广容易产生错误。如在向量运算中

① 李善良.数学概念学习中的错误分析[J].数学教育学报，2002(3)：9.

“对于向量$\boldsymbol{a},\boldsymbol{b},\boldsymbol{c}$,有$(\boldsymbol{a}\cdot\boldsymbol{b})\boldsymbol{c}=\boldsymbol{a}(\boldsymbol{b}\cdot\boldsymbol{c})$”是由已有知识经验中“对于实数$a,b,c$,有$(a\cdot b)c=a(b\cdot c)$”的错误推广而致。学生没有认识到实数运算与向量运算的不同之处,没有掌握这些概念的核心或本质。

2. 学生的抽象概括能力

数学概念所代表的是一类事物,所反映的是事物的本质属性,因而学生的抽象概括能力是掌握概念的前提和基础。概念形成主要依靠对感性材料的概括,概念同化主要依赖感性经验的概括。因此,具备一定的概括能力是学习和掌握数学概念的前提。概念形成需要从大量实例中抽象不同属性,从中概括共同关键属性,即本质属性;把概括得到的本质属性推广到同类事物中,这是一个概念运用的过程,也是更高层次的抽象概括过程;把新获得的概念纳入已有概念系统,即建立新概念与已有相关概念的联系,则是概括的高级阶段。

学生的抽象概括能力水平影响到数学概念的学习,在日常教学中,可以通过提供具体、典型、丰富的实例,使学生充分经历从不同属性中抽象概括本质属性的过程;通过变式训练,进一步区分概念的本质属性和非本质属性;通过新概念与旧概念的各种属性之间关系的辨析,让学生对感性材料的理解,由直观感性上升到直观理性。

除了抽象概括能力外,学生的逻辑推理、运算求解、语言表达等能力也影响概念学习。如数学概念一般赋予了符号意义,学生往往通过相对具体的语言符号学习数学概念,所以学生的语言表达能力影响概念学习。实验表明,如果学生不具备一定的语言表达能力,则获得概念的能力将会变小。经验也表明,凡是学生能用自己语言复述概念的定义和解释概念所揭示的本质属性,那么他们对概念的理解就深刻。深刻理解和熟练应用数学概念,需要提高数学概念的语言表达能力。

第四节　数学概念的教学

数学概念的教学是数学教学内容之一,其目的是使学生掌握数学概念,形成对数学的基本的、概括性的认识,即明确概念的内涵、外延,熟悉其表述;了解概念之间的关系,会对概念进行分类,从而形成概念系统;了解概念的来龙去脉,能够正确运用概念。数学概念教学依赖于对数学概念的认识。

数学概念教学一般从具体事物、已有概念入手,逐级抽象、形成新的概念。

概念教学主要包括三个过程:

① 引入概念。通常以感性材料为基础引入;在学生已有知识基础上引入,如通过与已定义的概念类比引入,通过对已定义概念的一般性或特殊性引入,通过普通归纳以及通过揭示事物发生的过程或运算引入。

② 明确概念。正面揭示概念的本质属性,准确定义,并明确表示概念的符号;充分揭示概念的内涵和外延;分清易混淆的概念;讲清概念的确定性及某些概念的发展与深化。

③ 运用多种形式,巩固所学概念,帮助学生正确、灵活地运用概念。

如"向量数量积的概念"主要教学过程有以下3个环节:

1. 概念引入

问题1:一个物体在力F的作用下产生位移s(图2-4),那么力F所做的功是多少?

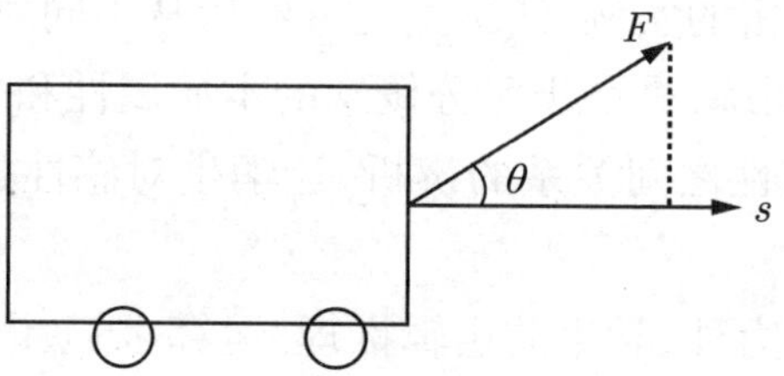

图2-4

结论:一个物体在力F的作用下产生位移s,那么力F所做的功$W=|F||s|\cos\theta$,其中θ是F与s的夹角。如果学生回答有困难,可以增加如下问题:

如图2-5所示,在力F作用下物体位移s,求力F对物体所做的功是多少?

如图2-6所示,在力F作用下物体位移s,求力F对物体所做的功是多少?你是如何考虑的?

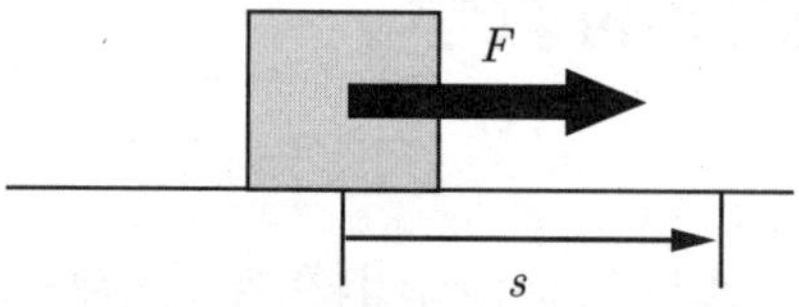

图2-5

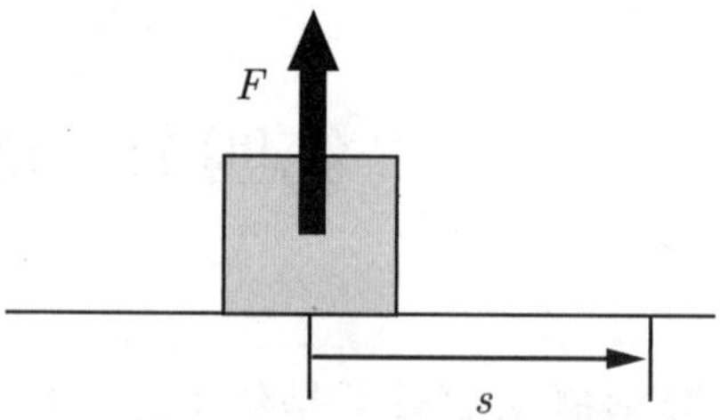

图2-6

追问1:功W是什么量?由哪些量确定?

功W是一个标量,由向量F,s确定,其中涉及"长度"和"角"。

追问2:图2-4中力F可以用两个等效分力来替代,这两分力的方向是如何选择的？请在图中画出两个分力。

设计意图：一是从学生熟悉的物理问题引入，与线性运算的引入类似，为学生创设熟悉的氛围，并感受到数学是有用的。二是力F可以用两个分力（已会的）等效替代，从数学的角度来分析就是转化的方法。细化研究过程，帮助学生理解功的含义，不要成为新的难点；三是请学生在图中画出力F在位移s方向的分力，为投影和投影向量的概念做准备。

2. 概念形成

问题2：功是一个标量，由力和位移两个向量来确定，能否把"功"看成两个向量"相乘"的结果呢？由于功的计算涉及力与位移的夹角，我们先来定义两个非零向量$\boldsymbol{a}$、$\boldsymbol{b}$的夹角。如图2-7所示，O是平面内任意一点，作$\overrightarrow{OA}=\boldsymbol{a}$，$\overrightarrow{OB}=\boldsymbol{b}$，是否可以用$\angle AOB$表示两个向量方向的不同？为什么？

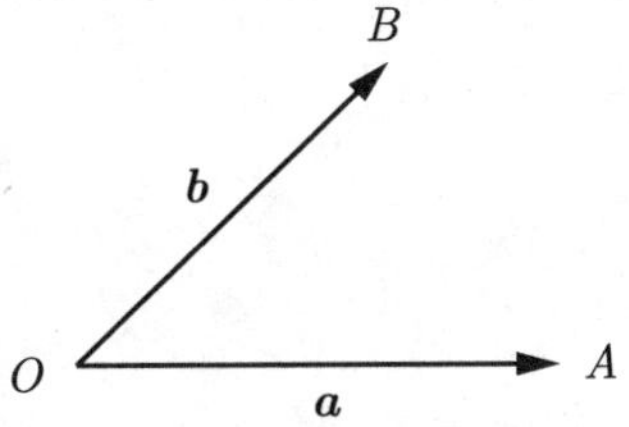

图2-7

追问1：$\angle AOB$的取值范围是什么？

设计意图：根据物理的经验很多学生能在图中正确找到两个向量的夹角，但不清楚定义夹角的必要性和夹角的严格界定。因为向量是自由的，在寻找夹角的过程中容易产生分歧，所以有必要对夹角有严格的界定。通过这个问题让学生明确夹角具有确定性和唯一性，因此可以用这个概念描述两个向量的位置关系。

追问2：当$\theta=0$时，向量$\boldsymbol{a}$、$\boldsymbol{b}$有什么样的位置关系？当$\theta=\pi$呢？当$\theta=\dfrac{\pi}{2}$呢？

当$\theta=0$时，向量$\boldsymbol{a}$、$\boldsymbol{b}$同向；当$\theta=\pi$时，向量$\boldsymbol{a}$、$\boldsymbol{b}$反向；当$\theta=\dfrac{\pi}{2}$时，向量$\boldsymbol{a}$、$\boldsymbol{b}$所在直线垂直，我们说向量$\boldsymbol{a}$与$\boldsymbol{b}$垂直，记作$\boldsymbol{a}\perp\boldsymbol{b}$。

从数学的角度，把"功"看成两个向量的"乘积"，教师给出数量积定义：

两个非零向量$\boldsymbol{a}$与$\boldsymbol{b}$，它们的夹角为θ，我们把数量$|\boldsymbol{a}||\boldsymbol{b}|\cos\theta$叫作向量$\boldsymbol{a}$与$\boldsymbol{b}$的数量积，记作$\boldsymbol{a}\cdot\boldsymbol{b}$，即$\boldsymbol{a}\cdot\boldsymbol{b}=|\boldsymbol{a}||\boldsymbol{b}|\cos\theta$。

设计意图：数量积定义中涉及的每个量都明确后直接给出它的定义，每一种数学运算都有相应符号语言,数量积的符号是人为定义,直接给出并说明与实数乘法运算中符号的不同。教师要强调:两个非零向量的数量积是数量,而不是向量,它的值是两个向量的长度与两个向量夹角的余弦的乘积,其符号由夹角的余弦值决定;为定义完备性需要规定"零向量与任一向量的数量积为0"。

3. 巩固概念

例1:已知$|\boldsymbol{a}|=5$,$|\boldsymbol{b}|=4$,$\boldsymbol{a}$与$\boldsymbol{b}$的夹角为$\frac{2\pi}{3}$,求$\boldsymbol{a}\cdot\boldsymbol{b}$;

例2:若$|\boldsymbol{a}|=-12$,$|\boldsymbol{b}|=9$,$\boldsymbol{a}\cdot\boldsymbol{b}=-54\sqrt{2}$,求$\boldsymbol{a}$与$\boldsymbol{b}$的夹角。

设计意图:及时巩固数量积的定义,在例1中,给出$\boldsymbol{a}$,$\boldsymbol{b}$的长度及$\boldsymbol{a}$与$\boldsymbol{b}$的夹角,就可以由向量数量积的定义求出$\boldsymbol{a}\cdot\boldsymbol{b}$。在例2中,给出$\boldsymbol{a}$,$\boldsymbol{b}$的长度及$\boldsymbol{a}$与$\boldsymbol{b}$的数量积,由向量数量积的定义可以求出$\boldsymbol{a}$与$\boldsymbol{b}$的夹角的余弦,进而求出$\boldsymbol{a}$与$\boldsymbol{b}$的夹角。

第三章　基于数学抽象的概念形成模型

随着数学不断退居越来越抽象的思想的更高地带，它返回地面对于分析具体事实却具有不断增长的重要性……这一悖论已完全确立，即极度的抽象是控制我们思考具体事实的真正武器。

——A. N. 怀特海《科学与近代世界》

第一节　基于数学抽象的概念形成的模型

在概念教学中，数学概念是研究对象，教学流程与认知过程紧密相连。

首先，要对数学研究对象的特点进行分析。根据前面的分析，数学概念来源于两方面：一是对客观世界中的数量关系和空间形式的直接抽象；二是在已有数学理论上的逻辑建构。相应地，数学概念也可以分为两类：一类是对现实对象或关系的直接抽象而成的概念，如三角形的概念，定义包含了组成要素（三条线段）和要素之间的位置关系（首尾顺次相接）；另一类是纯数学抽象得到的，是抽象逻辑思维的产物，如三角形的中线概念，是在"三角形"基础上生成的，具有主从关系。三角形的中线定义中的逻辑关系是通过临近的属概念（三角形）加上种差（连接顶点与对边中点的线段）来体现的。因此，数学概念是由要素和要素之间的逻辑关系构成的，概念形成过程实质上是抽象出某一类对象或事物的共同本质特征的过程，也就是抽象出概念包含的要素，以及要素之间逻辑关系的过程。

其次，基于概念学习的相关理论，在大量课堂观察与访谈分析的基础上，我们发现学生的认知过程非常复杂。在实际教学中，教师需要根据学生的具体表现，或重复已有的过程，或转换表达方式，或补充新的实例等，概念的建构过程并非一定遵循线性关系。基于以上分析，我们建构了基于数学抽象的概念形成模型,如图3-1所示。

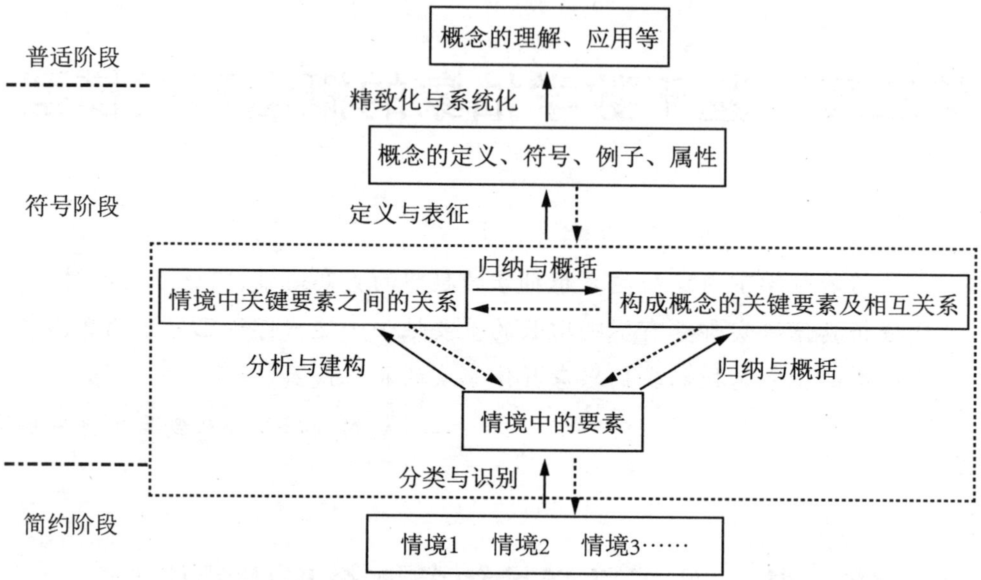

图3-1

一、简约阶段

简约阶段的操作过程,就是对于情境中的原型进行识别,把某个或某类数学特性分离出来,也就是教学中的概念引入。通过具体的、直观的、典型的、丰富的案例,结合长时记忆中的相关信息,在情境中辨认出数学特性,舍弃非数学的特征和属性,形成进一步研究的"范本",这是概念形成的基础。如关于多面体和旋转体的概念,教科书中提供了纸杯、纸箱、腰鼓、金字塔、茶叶盒、篮球、铅锤等大量生活中物体的图片,请学生描述它们的形状,这些情境可以和后续概念(如棱柱、棱锥、线面的平行与垂直等)的理解与应用相呼应,为概念的系统化做一些铺垫。

二、符号阶段

符号阶段是对简约阶段识别出的要素,通过分析与建构、归纳与概括、定义与表征的认知过程,得到概念的定义和名称等,也就是教学中的概念形成。

1. 分析与建构

分析是将材料分解成它的组成部分,并确定各部分之间的相互关系,以及各部分与总体结构之间的关系[5]。建构是通过数学内在逻辑建立起系统的、内在一致的关系,使其构成一个整体。对于每个情境中识别出的要素,通过观察、比较等进行区分,选择与概念相关的、重要的、关键的要素,进一步明确需要研究的问题,也就是从哪些角度建立要素之间的逻辑关系。

对于代数的相关概念主要是从数量关系进行分析,如等差数列的概念,通过代数运算进行分析;对于几何的相关概念主要从图形关系进行分析,如棱柱的概念,通过观察每个面的形状和两个面之间的位置关系进行分析;对于函数的相关概念主要从对应关系进行分析,如函数的单调性,分析两个变量间的大小关系,通过对应关系得到的两个函数值之间大小关系是否具有规律性。

2. 归纳与概括

先对不同情境中分析得到的要素及其之间的关系进行比较,得到共同特征,这也是知觉表象阶段的感性归纳和概括。再把共同特征推广到范围更广的包含研究对象的同类事物中,实现从个别到一般的过程。揭示事物本质特征与联系的过程,是在头脑中进行的思维水平的概括。比如等差数列的概念,在对每个情境中的数列分别进行运算的基础上,进行归纳和概括发现取值规律,再一般化得到"每一项与前一项的差都等于同一个常数"。分析与构建、归纳与概括是符号化表达的重要基础。

3. 定义与表征

定义有两种,一种是描述性定义,一种是说明性定义。比如集合的概念就是无法说明的基础性概念,只能描述性定义;有理数的概念鉴于初中学生的理解水平,只能采用描述性定义;而函数的概念是说明性定义,揭示两个变量之间的对应关系。对于描述性定义主要以文字语言的形式进行表达。对于说明性定义需要揭示事物本质的逻辑关系,需要用严谨的数学语言表示概念的要素和要素之间的相互联系、相互制约的关系,如高中学习函数的概念时用"集合—对应"的语言进行表达。

在概念的形成过程中,上述认知过程之间不是严格的线性顺序结构,常常是相互交叠和多次反复。比如,在定义的表征过程中,常常需要回到情境中,结合具体情境解释抽象的定义,帮助学生建立抽象的数学符号与概念本质内容之间的联系。另外,不同概念的认知过程各有侧重,比如对于描述性定义,更关注对情境中识别的要素进行归纳与概括。

三、普适阶段

给概念下定义之后,进入概念的精致化与系统化阶段。通过对正例和反例的辨析、解释,以及运用概念解决问题,实质上是在一个更大范围内对概念进行检验和修正,进一步促进学生对概念本质属性的理解,建立此概念与已经熟悉的相关概念之间的联系，逐步将新概念纳入已有的认知结构中，形成新的结构体系。这个过程在后续的学习中持续进行，如通过判断两个函数是否相同等问题，提升对函数概念的理解，通过具体函数、从函数观点认识方程和不等式、函数应用等内容，理解函数是现代数学最基本的概念，是描述客观世界中变量关系和规律的最为基本的数学语言和工具，体会函数是贯穿高中数学课程的主线。

第二节 基于数学抽象的概念形成模型的案例

一、模型应用案例：导数的概念

为了描述现实世界中的运动变化规律，数学中引入了函数。在对函数的深入研究中，数学家创立了微积分，这是具有划时代意义的伟大创造，被誉为数学史上的里程碑。导数是微积分的核心内容之一，是现代数学的基本概念。导数概念的本质是瞬时变化率，而瞬时变化率是平均变化率的极限，因此，导数是一种特殊的极限。

从微积分发展的历史来看，先有积分概念，再有导数概念，最后才有极限理论，但是从教学顺序来看，正好倒过来，先讲极限，然后讲导数，最后讲积分。但是现在中学数学结构体系中，没有极限的有关理论，因此，不能用极限去定义导数，需要通过相关背景和实际意义，体会极限思想，从而认识导数概念的内涵。

导数最早引入是为了解决极大、极小问题，但与导数概念密切相关的是两个问题：一是已知运动规律求运动速度；二是已知曲线求它的切线。因此，《课标》对导数概念及其意义的要求是："通过实例分析，经历由平均变化率过渡到瞬时变化率的过程，了解导数概念的实际背景，知道导数是关于瞬时变化率的数学表达，体会导数的内涵与思想。体会极限思想。通过函数图象[①]直观理解导数的几何意义。"

对于导数概念及其意义，人教A版教科书安排了两小节，第一节"变化率问题"，第二节"导数的概念及其几何意义"，每一节2课时，一共需要4课时。

① 根据《现代汉语辞典》(第7版)，"图像"为推荐词形，"图象"为非推荐词形。《普通高中数学标准(2017年版2020年修订)》及人民教育出版社等相关教科书中多使用"图象"，因本书作为相关研究著作，有多处引用相关教科书的内容，为保持一致性，故本书沿用"图象"。

对于导数概念的形成，主要过程设计如下：

情境1：高台跳水运动员的速度

在一次高台跳水运动中，某运动员在运动过程中的重心相对于水面的高度为h(单位：m)与起跳后的时间t(单位：s)存在函数关系：$h(t)=-4.9t^2+6.5t+10$。如何描述运动员从起跳到入水的过程中运动的快慢速度呢？

问题1.1：直觉告诉我们，运动员从起跳到入水的过程中，上升阶段运动速度越来越慢，下降阶段运动速度越来越快，快慢用什么量表示？

问题1.2：如何求运动员在一段时间内的平均速度？

问题1.3：用平均速度描述运动员的运动状态会出现什么问题吗？怎么解决呢？

问题1.4：物体在某一时刻的速度称为瞬时速度。瞬时速度与平均速度之间有什么关系？

问题1.5：如何求运动员在某一时刻的瞬时速度？

问题1.6：根据讨论得到的方法，下面求该运动员$t=1$时的瞬时速度。先利用计算工具，计算表3-1中的平均速度。

表3-1

$\Delta t<0$	在时间段$[1+\Delta t,1]$内的平均速度	$\Delta t>0$	在时间段$[1,1+\Delta t]$内的平均速度
−0.1		0.1	
−0.01		0.01	
−0.001		0.001	
−0.0001		0.0001	
−0.00001		0.00001	
−0.000001		0.000001	
−0.0000001		0.0000001	
……		……	

问题1.7：当时间间隔越来越小时，平均速度有什么变化趋势？

问题1.8：你认为运动员在$t=1$时的瞬时速度是多少？为什么？

问题1.9：按照上面的方法，求该运动员在$t=2$时的瞬时速度。

问题1.10：如何求运动员从起跳到入水过程中某一时刻t_0的瞬时速度呢？

设计意图：这个环节是第一节课的主要内容。通过现实情境，让学生经历导数概念抽象过程中的“分类与识别”“分析与建构”的过程。具体如下：

“分类与识别”的过程主要是通过问题解决实现的，通过高台跳水运动员的速度问题，由学生已有的物理经验，知道应该由“平均变化率”来研究“瞬时变化率”，以及基本的研究过程，由此识别出导数概念的要素，也了解了导数概念的实际背景。

“分析与建构”的过程主要通过具体数值的计算，体会随时间改变量Δt变化，平均速度的变化情况：① 体会缩短t_0时刻附近时间段的长度，平均速度越来越趋近于t_0时刻的瞬时速度；② 当时间改变量Δt无限趋近于0时，平均速度无限趋近于一个常数；③ 当时间改变量Δt无限趋近于0时，平均速度无限趋近的常数就是t_0时刻的瞬时速度。通过“无限趋近”“无穷小”“用近似值求精确值”等体会极限思想；感受到运动员在运动过程中，相对于水面高度与起跳后的时间之间的函数关系，是“处处存在的”，在Δx无限趋近于0的过程中，$\frac{\Delta y}{\Delta x}$是“处处存在的”，也就是函数在定义域内是连续的，这也是函数可导的必要条件，同时我们对问题的研究更关注“局部”，体会导数是刻画函数的“局部”变化的工具。

本节课对于“瞬时速度”给出了定义与表征，为导数概念的“定义与表征”提供了具体的形式。

情境2：抛物线的切线的斜率

如果一条直线与一个圆只有一个公共点，那么这条直线与这个圆相切。对于一般的曲线，如何定义它的切线呢？我们以抛物线$f(x)=x^2$为例，如何求在点$P_0(1,1)$处的切线？

与研究瞬时速度类似，在点$P_0(1,1)$附近任取一点$P(x,x^2)$，研究抛物线$f(x)=x^2$的割线P_0P的变化情况。

问题2.1：当点$P(x,x^2)$沿着抛物线趋近于点$P_0(1,1)$时，割线P_0P的变化趋势如何？（教师利用信息技术演示P_0P的动态变化过程）

问题2.2：当点P无限趋近于点P_0时，割线P_0P无限趋近于一个确定位置，这个确定的位置的直线P_0T称为抛物线$f(x)=x^2$在点$P_0(1,1)$处的切线。斜率是确定直线的一个重要的量，如何求切线P_0T的斜率？

问题2.3：根据讨论得到的方法，下面求割线P_0P的斜率。先利用计算工具，计算表3-2中的斜率。

表3-2

$\Delta x<0$	割线P_0P的斜率	$\Delta x>0$	割线P_0P的斜率
-0.1		0.1	
-0.01		0.01	

续表

$\Delta x<0$	割线P_0P的斜率	$\Delta x>0$	割线P_0P的斜率
-0.001		0.001	
-0.0001		0.0001	
-0.00001		0.00001	
-0.000001		0.000001	
-0.0000001		0.0000001	
……		……	

问题2.4:当Δx越来越小时,割线P_0P的斜率有什么变化趋势?

问题2.5:你认为切线P_0T的斜率是多少？为什么?

问题2.6:按照上面的方法,求抛物线$f(x)=x^2$在点$P_1(2,4)$处的切线斜率。

问题2.7:如何求抛物线$f(x)=x^2$在任意一点(x_0,x_0^2)处的切线斜率呢?

设计意图:这个环节是第二节课的主要内容。通过数学(几何)情境,让学生经历导数概念抽象过程中的"分类与识别""分析与建构"的过程,基本结构与第一节课类似。具体如下:

"分类与识别"的过程也是通过问题解决实现的,通过抛物线切线的斜率问题,由上节课的经验,知道应该由"平均变化率"来研究"瞬时变化率",以及基本的研究过程,由此强化导数概念的要素,进一步了解导数概念的几何背景。

"分析与建构"的过程是通过动态演示变化趋势和具体数值的计算,体会随自变量的改变量Δx的变化,割线斜率的变化情况:① 体会点P沿着抛物线趋近于点P_0时,割线P_0P无限趋近一个确定的位置,这个确定位置的直线就是抛物线在点P_0处的切线;② 当自变量的改变量Δx无限趋近于0时,割线P_0P的斜率无限趋近于一个常数;③ 割线P_0P的斜率无限趋近于的常数,就是抛物线在点P_0处的切线的斜率。在"无限趋近""无穷小""用近似值求精确值"的基础上,体会"以直代曲"等极限思想,体会点P沿着抛物线无限趋近于点P_0时的过程中,割线是"处处存在的",Δx无限趋近于0的过程中,$\dfrac{\Delta y}{\Delta x}$是"处处存在的",进一步感受函数在定义域内的连续性,以及导数是刻画函数的"局部"变化的工具。

本节课对于"割线斜率"给出了定义与表征,为导数概念的"定义与表征"提供了具体的形式。

问题3.1:"高台跳水运动员的速度"是物理学中的问题,"抛物线的切线的斜率"是几何学中的问题。反思上述实例研究过程,在"研究对象""过程与方法""结果的形式"等方面有哪些共性?

问题3.2：实例中都是利用“平均变化率”研究“瞬时变化率”，能否推广至一般？先来看看，对于一般的函数$y=f(x)$，是否有“平均变化率”？如果有，如何定义一般函数的“平均变化率”？

问题3.3：类似地，一般函数是否有“瞬时变化率”？如果有，如何定义一般函数的“瞬时变化率”？

问题3.4：通过前面的研究，我们得到一般函数的“瞬时变化率”，在数学中称为导数，定义如下：

对于一般的函数$y=f(x)$，如果当$\Delta x\to 0$时，平均变化率$\dfrac{\Delta y}{\Delta x}$无限趋近于一个确定的值，即$\dfrac{\Delta y}{\Delta x}$有极限，则称$y=f(x)$在$x=x_0$处可导，并把这个确定的值叫作$y=f(x)$在$x=x_0$处的导数（derivative也称为瞬时变化率），记作$f'(x_0)$或$y'|_{x=x_0}$，即

$$f'(x_0)=\lim_{\Delta x\to 0}\frac{\Delta y}{\Delta x}=\lim_{\Delta x\to 0}\frac{f(x_0+\Delta x)-f(x_0)}{\Delta x}$$

设计意图：这个环节是第三节课的主要内容，这节课主要是通过对“高台跳水运动员的速度”和“抛物线的切线的斜率”两个问题（可以增加前两节课作业中的案例，丰富背景材料）的研究过程进行归纳概括，并一般化得到导数的概念。这个环节是数学抽象的符号阶段，学生经历了对导数概念的“归纳与概括”“定义与表征”的过程。具体结构如图3-2所示。

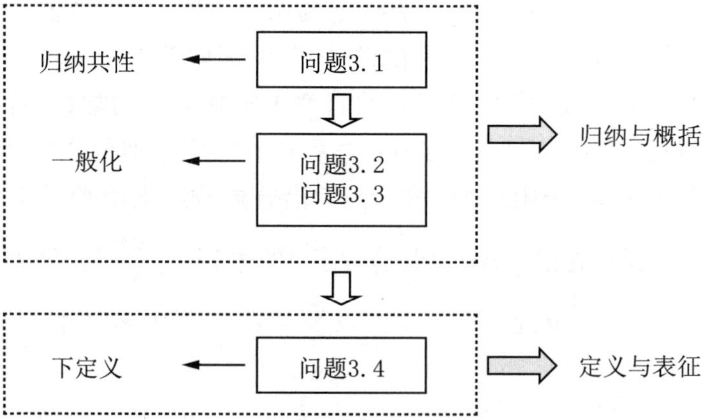

图3-2

“归纳与概括”过程中要关注以下3个问题：

① 研究对象。抛开背景，从数学的角度来看，两个问题研究对象都是函数$f(x)$，函数是描述客观事物变化规律的模型，这两个函数描述的变化情况都是

连续变化的。从具体研究内容来看，都是研究函数的“局部”变化情况。

② 过程与方法。在解决问题的过程中，都是利用“平均变化率”逼近“瞬时变化率”，当Δx越来越小时，“平均变化率”就越来越接近“瞬时变化率”。在用近似值（平均变化率）求精确值（瞬时变化率）的过程中，主要是用运动变化的思想方法分析函数“局部”变化情况。

③ 符号表征。通过运算解决问题，引入了变化量，如自变量的改变量用Δx表示，引入平均变化率就是$\frac{\Delta y}{\Delta x}$，即$\frac{\Delta y}{\Delta x}=\frac{f(x_0+\Delta x)-f(x_0)}{\Delta x}$，引入极限符号$\lim\limits_{\Delta x\to 0}\frac{f(x_0+\Delta x)-f(x_0)}{\Delta x}$等。

将归纳概括的结果推广至一般化，也就是“定义与表征”过程中，由于“极限”“连续”等没有严谨的概念，学生容易出现一些问题，比如没有考虑函数平均变化率的极限是否存在，通过反例提醒学生。请学生分析函数$f(x)=|x|$在$x=0$处，当$\Delta x\to 0$时，平均变化率$\frac{\Delta y}{\Delta x}$的变化情况。由于前两节课的内容也都给出具体情境的定义与表征，所以导数概念的“定义与表征”也是一个归纳概括的过程。

问题4.1：已知函数$f(x)=\frac{1}{x}$，求$f'(1)$。

问题4.2：将原油精炼为汽油、柴油、塑胶等各种不同产品，需要对原油进行冷却和加热。已知在第x h时，原油的温度（单位：℃）为$y=f(x)=x^2-7x+15(0\leqslant x\leqslant 8)$。计算第2 h与第6 h时，原油温度的瞬时变化率，并说明它们的意义。

问题4.3：一辆汽车在公路上沿直线变速行驶，假设t s时汽车的速度（单位：m/s）为$y=v(t)=-t^2+6t+60$，求汽车在第2 s和第6 s时的瞬时加速度，并说明它们的意义。

关于导数几何意义等略。

设计意图：给出导数概念之后，进入概念的“精致化与系统化”过程。一方面如问题4系列，在使用导数概念的过程中，进一步理解概念的要素及要素之间的关系，尤其是极限，熟悉导数的符号；另一方面，通过继续探讨导数的几何意义，建立导数与已有知识之间的联系，体会导数的作用和价值，促进概念的系统化。

二、模型应用中应重点关注的几个方面

1. 重点关注概念的本质属性

概念的本质属性是概念教学的核心内容。概念教学的目标就是理解概念，理解的认知过程包括解释、举例、分类、总结、推断、比较和说明。比如举例涉及辨认概念的定义特征，并利用这些特征去选择或构建一个具体例子。这些过程都需要明确概念的本质属性，明确构成概念的要素以及要素之间的逻辑关系。

概念教学的核心问题指向概念的本质属性。通过问题引导学生经历观察归纳、直观感知，对构成概念的要素进行分类与识别，对要素之间的逻辑关系进行分析与建构。比如三角函数是函数的下位概念，与前面学习的其他函数不同，三角函数反映的是“几何元素之间的对应”，其本质是单位圆上点P的坐标与以OP为终边的旋转角之间的对应关系。在概念抽象过程中，人教A版教科书借助具体特殊角，经历“从角的终边位置的确定，到角的终边与单位圆的交点，再到交点坐标与角之间的对应关系”的过程，明确三角函数的三要素，建构几何元素之间的对应关系，这是概念抽象过程中的重点和难点。因此，概念的本质属性是概念抽象过程中的“路标”，支撑起概念教学的内在逻辑，也是基于数学抽象的概念形成模型应用的关键。

2. 重点关注概念形成认知过程的非线性

对于概念的数学抽象过程，简约阶段是概念抽象的起点，符号阶段是概念抽象的重点，普适阶段是概念抽象的延伸。认知过程包括分类与识别、分析与建构、归纳与概括、定义与表征，以致精致化与系统化。对于具体概念，上述认知过程不是绝对的线性关系，比如在函数概念案例中，分类识别与分析建构两个认知过程是交叠在一起的，后续具体函数、函数应用等内容的学习也是概念系统化的过程；对于函数单调性，人教A版教科书采用了“规一例”法，先用符号语言表达二次函数$f(x)=x^2$的单调性，然后让学生模仿，描述两个熟悉的函数的单调性，再给出一般化严格的数学表达，更具有概念同化的特点，淡化了归纳与概括的过程。在实际教学中，描述性的概念更注重分类与识别的过程，说明性的概念更强调对逻辑关系的分析与建构。因此，概念抽象的认知过程不是严格线性的，每个过程也不是严格“均匀分布”的，在应用模型的过程中需要根据实际情况调整。

3. 重点关注概念形成的整体设计

由于数学概念的抽象性、概念表征的多元性，以及概念形成过程中思想方法的丰富性，对概念教学要进行整体设计。

一方面，概念形成是以系统化为标志。系统化是指新获得的概念纳入已有概念体系中，与相关概念建立起逻辑关系，也就是杜宾斯基的APOS模型中的图式阶段。概念系统化主要是通过概念应用来实现的。学生在明确概念的定义、名称、属性之后，就进入概念系统化阶段，通过概念的应用，不断完善优化已有概念系统，这个过程需要持续比较长的时间，涉及更多的概念。如导数的概念，得到定义之后，就进入概念的精致化与系统化的过程，这个过程将在后续的具体函数的导数、导数的应用等内容中逐步完成。

另一方面，概念抽象过程中蕴含着丰富的思想方法，如从特殊到一般，从具体到抽象，以及分类、归纳、类比等。这些方法是连接数学概念的暗线，具体概念的数学抽象过程，既是运用这些方法的过程，又是进一步理解这些方法的过程。数学思想方法的理解需要学生经历从直观到抽象、从模糊到严谨、从肤浅到深刻、从模仿到应用、从感性到理性，不断反思、反复提炼的过程。

由于数学概念的抽象性、二重性等特点，概念教学始终是数学教学的重点，也是难点，很多细节需要不断研究。比如在抽象出概念的要素和要素之间的关系基础上，如何下定义？也就是概念的“定义与表征”，就是具体概念教学中的一个难点。在教学中，对于表达形式，一方面可以引导学生先口头语言直观解释，再用数学符号语言抽象表示；另一方面类比已有定义的结构，表达各要素之间的逻辑关系。通过已有概念的定义，体会定义也是命题，命题包括条件和结论，先指明条件，再下结论，帮助学生进一步体会数学中下定义的方法。因此，概念教学需要整体设计，使得概念形成过程成为发展学生数学抽象素养的重要载体，实现《课标》提出的“整体把握教学内容，促进数学学科核心素养连续性和阶段性发展”。

第二部分
高中数学函数与几何核心概念分析

第四章　高中函数概念体系

数学中的转折点是笛卡儿的变数，有了变数，运动进入了数学；有了变数，辩证法进入了数学；有了变数，微分和积分也就立刻成为了必要……

——恩格斯《自然辩证法》

函数是现代数学中最基本的概念，是描述客观世界中变量关系和规律的最为基本的数学语言和工具，在解决实际问题中发挥重要作用。函数是贯穿高中数学课程的主线①。高中函数内容的主要结构及其蕴含的主要的数学思想方法，重点提升的学科核心素养等如图4-1所示。

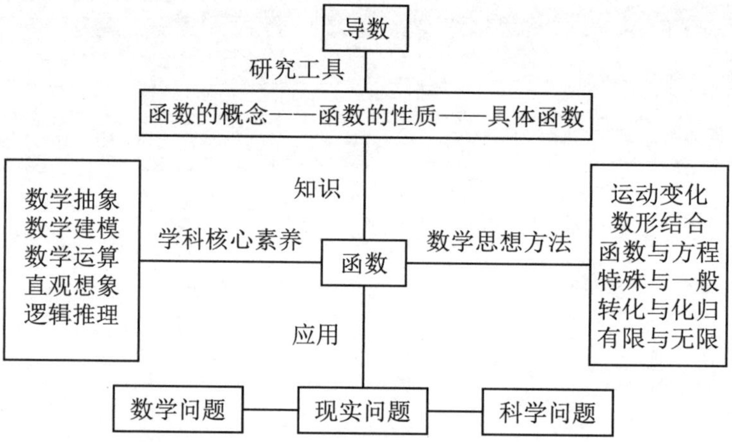

图4-1

① 中华人民共和国教育部．普通高中数学课程标准（2017年版2020年修订）[M]．北京：人民教育出版社，2020.

第一节　函数内容概述

一、函数内容的地位与作用

自从函数产生以后，不仅大大促进了数学的发展，也带动了很多数学分支的产生与发展，同时也广泛应用到其他学科及实际问题中。恩格斯曾经说过“数学中的转折点是笛卡儿的变数”，这里的变数就是函数思想的萌芽。从此，数学开始从常量数学发展为变量数学，数学研究的内容也逐渐从以方程为核心转移到以函数为核心。

1. 函数在中学数学中的地位与作用

在20世纪以前，中学数学的中心是方程。随着函数的产生与发展，函数在数学和实际生活中的重要性越来越得到人们的认识。1908年，数学家克莱因首次提出，中学数学应当以函数为中心。我国在1949年之前函数还没有进入中学课程，直到20世纪50年代，函数逐渐取得了中学数学课程的核心地位。函数与中学数学很多内容都密切相关，初中代数中的“函数及其图象”就属于函数的内容，高中数学中的函数概念与性质、幂函数、指数函数、对数函数、三角函数是函数内容的主体，通过对具体函数的研究，进一步认识函数的性质、图象，并进行初步的应用。后续的微积分初步是对初等函数的再研究。数列可以看作离散函数，等差数列的通项公式是关于n的一次型离散函数，等差数列的前n项和公式是关于n的二次型离散函数，等比数列的内容属于指数型的离散函数。中学的其他数学内容大都与函数内容有关。

此外，函数的教学内容蕴涵着极其丰富的辩证思想，是对学生进行辩证唯物主义教育的好素材。函数的思想方法也广泛地渗透到中学数学的全过程和其他学科中。

2. 函数在高中其他数学内容中的作用

函数之所以被置于了整个高中数学知识体系的核心位置，与函数思想的广泛应用也是分不开的。函数思想的应用体现在与运动变化、对应关系、几何变换等有关的数学问题、现实问题或科学问题的解决方面。一方面可以运用函数工具解决与方程、不等式有关的问题，如代数方程根的存在性、唯一性、近似解，不等式的证明或求解，代数式的范围或最值等问题；另一方面，研究函数的思想方法还可用于研究和解决其他有关的数学问题,如利用数形结合的方法研究解析几何中方程与曲线的关系,研究曲线的几何性质;从运动变化的角度理解空间中的距离和线、面、角等基本概念,研究空间图形组成要素的形状和位置关系等。

3. 函数在学生后续学习中的作用

函数是高等数学、大学物理等学科的基础。高等数学课程中进一步学习的数学分析,包括极限理论、微分学、积分学、微分方程、泛函分析等高等学校开设的数学基础课程,无一不是以函数作为基本概念和研究对象。在微积分中,定义的若干函数类,如单调函数、奇函数和偶函数,周期函数,有界函数与无界函数,反函数,复合函数等,都是建立在高中函数性质内容基础上的。通过对函数极限的严格定义,使高中阶段仅凭直观感知的“连续”“导数”“积分”等定义严格化。同时,对函数的研究不仅仅局限于初等函数,对函数性质的研究也更全面(如研究凹凸性、拐点、渐近线等)。大学的微积分更强调微分和积分的应用,如近似计算,多项式逼近,求面积、体积、弧长等,此外还会涉及多元函数微积分、微分方程等内容。而实变函数以实数理论和集合论为基础,更深入地研究函数的性质;复变函数则主要研究复数域上的解析函数的相关性质。由此可见,高中阶段在函数部分打下扎实基础,掌握研究函数的一般方法,对学生的长远发展是非常有益的。

4. 函数在实际生活中的应用

函数是描述现实世界的重要模型。函数已经成为人们解决生活中问题的必备工具。人们在社会生活中特别是消费活动时,经常涉及变量之间具有的相互依存关系,就可以利用函数解决问题。比如下面这个例子:

某超市搞促销活动,茶壶20元/个,茶杯5元/个,若购买茶壶3个以上,购买的茶壶和茶杯可以优惠。有两种优惠方法:① 买一送一(即买一个茶壶送一个茶杯);② 打九折(即按购买总价的90%付款)。

若某顾客需要购买4个茶壶,茶杯若干(不少于4个)。这两种优惠办法有区别吗?到底哪种更便宜呢?可以运用函数解决这个问题:

设某顾客买茶杯x个($x>3$且$x\in\mathbf{N}$),付款y元,则:

用第一种方法付款:$y_1=4\times 20+(x-4)\times 5=5x+60$;

用第二种方法付款:$y_2=(20\times 4+5x)\times 90\%=4.5x+72$。

设$d=y_1-y_2=5x+60-(4.5x+72)=0.5x-12$。

当$d>0$时,$0.5x-12>0$,即$x>24$;

当$d=0$时,$x=24$;

当$d<0$时,$x<24$。

综上所述，当所购茶杯多于24个时，第二种方法省钱；恰好购买24个时，两种方法价格相等；购买个数在4～23时，第一种方法便宜。

类似这样的例子还有很多，面对不同的问题，我们可以选择不同类型的函数来研究问题，比如面对一个周期性的问题时，就可以选择三角函数来研究问题。

正是由于函数在中学数学、后续的学习，以及解决现实问题中的重要地位和作用，高中阶段数学课程的安排以函数为主线，并且这条主线贯穿了必修和选择性必修的内容。

二、高中函数内容总体分析

1.《课标》对高中函数内容的总体设置

(1) 关于函数的内容

《课标》对函数内容的设置主要分为两部分，如图4-2所示。在必修中，安排了函数的一般概念与性质、幂函数、指数函数、对数函数和三角函数，以及函数应用。在选择性必修中，安排了数列和导数。在数学建模活动与数学探究活动等主题中，也通过应用函数知识、函数思想，在分析问题、解决问题的过程中深化对函数内容的理解。

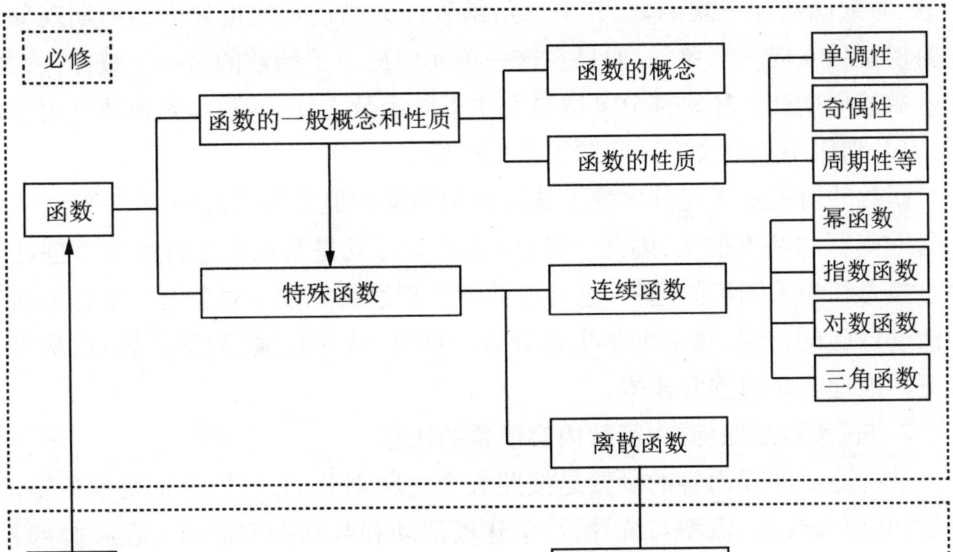

图4-2

《课标》在必修内容中，函数主题建议52课时；在选择性必修内容中，函数主题建议30课时。

（2）关于函数的定位

函数是贯穿高中数学课程的主线。在必修课程中，学生学习了函数的概念和性质，总结了研究函数的基本框架，在研究幂函数、指数函数、对数函数和三角函数的过程中，掌握了研究具体函数的一般方法，探索了函数的应用，体会了函数的价值和意义。在选择性必修课程中，学生将学习数列和一元函数导数及其应用。数列是一类特殊的函数，是数学中重要的研究对象，是研究其他类型函数的基本工具，在日常生活中也有着广泛的应用。导数是微积分的核心内容之一，是现代数学的基本概念，蕴含微积分的基本思想，导数定量地刻画了函数的局部变化，是研究函数性质的基本工具。

从上述安排可以看到，《课标》对函数的研究符合研究一个数学对象的一般过程，从实际问题或事实出发，抽象出概念的定义，给出符号和实例；再研究数学对象的性质，即单调性和奇偶性，其中单调性是所有函数都具有的性质，对于一个具体函数，研究的是局部性质，奇偶性是特殊函数具有的性质，对于一个具体函数，体现的是其整体性质；接下来，研究四类基本初等函数，即幂函数、指数函数、对数函数和三角函数，其中三角函数作为描述现实世界中的周期现象的重要模型独立成一个单元，而且在这一单元中提出了函数的另一个整体性性质即函数的周期性。在每部分又适当安排不同函数之间、函数与其他数学内容之间，以及利用函数解决实际问题等系列内容。

函数的研究过程充分体现了从具体到抽象的概念形成过程，从一般到特殊的研究问题的基本框架，因此，函数内容的学习既是帮助学生理解和掌握数学核心概念和相关知识的过程，也是帮助学生积累研究数学对象的基本思想和基本活动经验的过程，是帮助学生提升数学抽象、数学建模、数学运算、直观想象和逻辑推理素养的重要载体。

2. 与《实验版课标》中函数内容设置的比较

《课标》对课程内容的设置是按照五个主题划分的，它们分别是预备知识，函数，几何与代数，概率与统计，数学建模活动和数学探究活动。在必修部分，函数的内容如表4-1所示。

表4-1

主题	单元	建议课时
主题一 函数	函数概念与性质	52
	幂函数、指数函数、对数函数	
	三角函数	
	函数应用	

在选择性必修中,《课标》对函数主题设置内容如表4-2所示。

表4-2

主题	单元	建议课时
主题二 函数	数列	30
	一元函数导数及其应用	

按照《课标》的要求,高中函数主题的内容在必修中首先设置了函数的概念和性质,之后安排了几类常见函数:幂函数、指数函数和对数函数,最后安排了刻画周期性现象的一类重要函数即三角函数,很显然这种安排遵循了从函数一般概念到一些常见具体函数的过程。在必修内容中安排的具体函数类型都是连续函数,在选择性必修的函数内容中安排了离散型函数即数列,最后安排了导数的内容,导数是深入研究函数性质的工具。通过必修和选择性必修内容共同构成了高中函数的内容体系,这样的设置符合学生的认知水平及发展规律,也符合数学知识的逻辑体系,有利于学生更加全面深刻地认识函数内容。

在《普通高中数学课程标准(实验)》(简称《实验版课标》)中 必修课程包括5个模块,涉及函数的有:

数学1:集合、函数概念与基本初等函数Ⅰ(指数函数、对数函数、幂函数)。

数学4:基本初等函数Ⅱ(三角函数)、平面上的向量、三角恒等变换。

数学5:解三角形、数列、不等式。

选修课程由系列1(文科)、系列2(理科)、系列3、系列4等组成,涉及函数的有:

选修1-1(文科):常用逻辑用语、圆锥曲线与方程、导数及其应用。

选修2-2(理科):导数及其应用、推理与证明、数系的扩充与复数的引入。

可以看到,在《实验版课标》中函数的内容在必修中被分散在三个模块中,导数的内容安排在选修系列中。按照《实验版课标》的要求,教科书也是按照模块编写的,因此,学生学习函数内容时经常是“跳跃式”的,体系显得比较零散,不够紧凑。

与《实验版课标》相比，新修订的《课标》中函数包含的具体内容没有太多的变化，但是函数作为《课标》内容的四个主题之一，具体内容的呈现顺序有较大的变化，相对来讲，内容的呈现更集中。

从要求来看，《课标》对函数内容提出更具体也是更高的要求：一是把函数内容视为一个整体，从变量之间的依赖关系、实数集合之间的对应关系、函数图象的几何直观等角度整体认识函数的概念；二是用代数运算和几何直观来研究函数的性质；三是研究函数(包括具体函数类)的基本方法；四是理解如何用函数描述客观世界事物的变化规律；等等。

由此可见，《课标》中函数内容的整体安排更突出了数学知识的结构性和系统性，更加符合数学的逻辑性，容易帮助学生形成完整的知识系统。

3. 三个不同版本教科书的函数内容设置

按照《课标》对教科书编写建议，人教A版教科书、人教B版教科书和北师大版教科书对于整个函数内容的具体设置如表4-3所示。

从教科书编排的集中程度来看，对于函数内容的安排最为集中的是人教A版教科书，从函数的概念到具体函数，在必修第一册中连续编排了三章的内容。人教B版和北师大版必修中的函数内容之间穿插了统计等内容。在选择性必修中的数列和导数两个内容，三个版本的教科书都是连续安排的。

从具体内容设置来看，三个版本教科书也有一些不同。对于"幂函数"安排的位置不同，人教A版教科书和北师大版教科书都将"幂函数"这一内容与"函数的概念与性质"放在同一章，目的是在学习了一般函数的概念与性质后，利用研究函数性质的一般方法研究一类简单的函数，即幂函数。这样的设计，既深化对函数概念与性质的理解，也为指数函数和对数函数的学习在方法上进行铺垫。

对于"函数的周期性"，人教B版教科书和北师大版教科书，都单独安排了一节内容，专门讲周期现象，而人教A版教科书把重点放在强调三角函数是研究周期现象的重要函数，"函数的周期性"安排在"正弦函数的图象"这部分内容中，没有单独设置小节。

虽然三个版本的教科书在内容的具体安排上有很多不同之处，但是在继承的基础上更加凸显《课标》的要求和理念。

表4-3

人教A版	人教B版	北师大版
必修	必修	必修
第3章　函数的概念与性质 3.1 函数的概念及其表示 3.2 函数的基本性质 3.3 幂函数 3.4 函数的应用(一) 文献阅读与数学写作* 函数的形成与发展	第3章　函数 3.1 函数的概念与性质 3.2 函数与方程、不等式之间的关系 3.3 函数的应用(一) 3.4 数学建模活动:决定苹果的最佳出售时间点	第2章　函数 1 生活中的变量关系 2 函数 3 函数的单调性和最值 4 函数的奇偶性和简单的幂函数 第3章　指数运算与指数函数 1 指数幂的拓展 2 指数幂的运算性质 3 指数函数
第4章　指数函数与对数函数 4.1 指数 4.2 指数函数 4.3 对数 4.4 对数函数 4.5 函数的应用(二) 文献阅读与数学写作* 对数概念的形成与发展 数学建模　建立函数模型解决实际问题	第4章　指数函数、对数函数与幂函数 4.1 指数与指数函数 4.2 对数与对数函数 4.3 指数函数与对数函数的关系 4.4 幂函数 4.5 增长速度的比较 4.6 函数的应用(二) 4.7 数学建模活动:生长规律的描述	第4章　对数运算与对数函数 1 对数的概念 2 对数的运算 3 对数函数 4 指数函数、幂函数、对数函数增长的比较 第5章　函数应用 1 方程解的存在性及方程的近似解 2 实际问题中的函数模型
第5章　三角函数 5.1 任意角和弧度制 5.2 三角函数的概念 5.3 诱导公式 5.4 三角函数的图象与性质 5.5 三角恒等变换 5.6 函数 $y=A\sin(\omega x+\varphi)$ 5.7 三角函数的应用	第7章　三角函数 7.1 任意角的概念与弧度制 7.2 任意角的三角函数 7.3 三角函数的图象与性质 7.4 数学建模活动:周期现象的描述	必修2 第1章 三角函数 1 周期变化 2 任意角 3 弧度制 4 正弦函数与余弦函数的概念及其性质 5 正弦函数、余弦函数的图象再认识 6 函数 $y=A\sin(\omega x+\varphi)$的性质与图象 7 正切函数 8 三角函数的简单应用

续表

人教A版	人教B版	北师大版
选择性必修	选择性必修	选择性必修
第4章 数列	第5章 数列	第1章 数列
4.1 数列的概念	5.1 数列基础	1 数列的概念及其函数特
4.2 等差数列	5.2 等差数列	2 等差数列
4.3 等比数列	5.3 等比数列	3 等比数列
*4.4 数学归纳法	5.4 数列的应用	4 数列在日常经济生活中的应用
	5.5 数学归纳法	*5 数学归纳法
第5章 一元函数的导数及其应用	第6章 导数及其应用	第2章 导数及其应用
5.1 导数的概念及其意义	6.1 导数	1 平均变化率与瞬时变化率
5.2 导数的运算	6.2 利用导数研究函数的性质	2 导数的概念及其几何意义
5.3 导数在研究函数中的应用	6.3 利用导数解决实际问题	3 导数的计算
文献阅读与数学写作* 微积分的创立与发展	6.4 数学建模活动:描述体重和脉搏率的关系	4 导数的四则运算法则
		5 简单复合函数的求导法则
		6 用导数研究函数的性质
		7 导数的应用
		8 数学探究活动

一是在注重函数主要内容和函数思想方法的基础上，通过比较不同函数增长的速度，更加突出基本初等函数的本质特征。

二是在注重概念形成过程中结合现实生活具体情境，基本上在每一章中都设计了函数应用一节，如指数函数、对数函数、幂函数的实际应用，三角函数的应用，数列的应用等，其中北师大版教科书对数学应用的安排相对集中，专门安排了一章“函数应用”。

三是注重信息技术的应用，尤其是通过计算机绘制函数图象、比较不同模型的变化规律，以及研究函数性质等方面。

四是注重“函数”主题与“数学建模活动与数学探究活动”主题的融合，通过建模与探究活动，帮助学生进一步理解函数模型是描述客观世界中变量关系和规律的重要数学语言和工作，在解决实际问题过程中，能够选择合适的函数类型刻画现实问题中的变化规律。

五是注重数学文化的融入，有意识地将与函数有关的内容渗透到教学中，引导学生了解函数的发展历程，认识函数在数学、科学技术和社会发展中的作用，激发学习兴趣、感悟函数的价值，提升学生的科学精神、应用意识和人文素养，其中人教A版专门设计了“阅读与思考”“文献阅读与数学写作”等内容。

以上这些变化,都体现了《课标》中提出的通过函数主题重点提升数学抽象、数学建模等素养的要求。

第二节 基于数学抽象的函数核心概念

一、函数的概念

1. 函数概念的历史发展

"运动、变量与曲线的数学描述,催生了函数思想,并把函数概念和方法置于整个数学的中心地位。"①函数概念是全部数学概念中最重要的概念之一,纵观300年来函数概念的发展,众多数学家从几何、集合、代数、对应、关系等不同角度不断赋予函数概念以新的思想,从而推动了整个数学的发展。

法国哲学家和数学家笛卡儿(Descartes)在1637年出版的《几何学》中,第一次涉及变量,他称为"未知和未定的量",已注意到一个变量对另一个变量的依赖关系,同时也引入了函数的思想,但当时尚未意识到要提炼函数概念。英国数学家格雷果里(G. James)在1667年给出函数的定义,被认为是函数解析定义的开始。他在"论圆和双曲线的求积"中指出:从一些其他量经过一系列代数运算或任何其他可以想象的运算而得到的一个量。这里的运算指的是五种代数运算以及求极限运算,但这一定义未能引起人们的重视②。因此直到17世纪后期牛顿、莱布尼茨建立微积分时还没有人明确函数的一般意义,大部分函数是被当作曲线来研究的。

一般公认最早给出函数定义的是德国数学家莱布尼茨,他在1673年的一篇手稿中,把任何一个随着曲线上的点变动而变动的几何量,如切线、法线、点的纵坐标都称为函数;并且强调这条曲线是由一个方程式给出的。同时他首次使用"function"(函数)表示"幂",后来他用该词表示曲线上点的横坐标、纵坐标、切线长等曲线上点的有关几何量。与此同时,牛顿在微积分的讨论中,使用"流量"来表示变量间的关系。

1698年,莱布尼茨的学生约翰·伯努利定义函数为"变量的函数是由这些变量和常量所组成的一个解析表达式"。1748年,瑞士数学家欧拉(L. Euler)

① 张淀宙,张广祥.中学代数研究[M].北京:高等教育出版社,2006:93.

② 徐品方,张红..中学数学简史[M].北京:科学出版社,2007:242.

把函数定义为"一个变量的函数是由这个变量和一些数即常数以任何方式组成的解析表达式"。他把约翰·伯努利给出的函数定义称为解析函数,并进一步把它区分为代数函数(只有自变量间的代数运算)和超越函数(三角函数、对数函数以及变量的无理数幂所表示的函数),还考虑了"随意函数"(表示任意画出曲线的函数)。1775年,欧拉在《微分学》中进一步扩张了函数的定义:"如果某些变量,以某一种方式依赖于另一些变量,即当后面这些变量变化时,前面这些变量也随着变化,我们把前面的变量称为后面变量的函数。"①不难看出,欧拉给出的函数定义比伯努利的定义更普遍、更具有广泛意义。这也称为函数概念的变量说,这个阶段函数更多地被认为是解析式。

1837年,德国数学家狄利克雷(Dirichlet)突破了这一局限,认为怎样去建立x与y之间的关系无关紧要,他进一步拓宽了函数概念,指出:"对于在某区间上的每一个确定的x值,y都有一个确定的值,那么y叫作x的函数"。这个定义避免了函数定义中对依赖关系的描述,以清晰的方式被所有数学家接受。这就是人们常说的经典函数定义,也被称为函数概念的对应说,初中和高中的函数概念都是以对应说为基础的,只是初中的函数概念没有引入集合语言。

1939年,布尔巴基学派给出现代函数的定义。先定义笛卡儿积和关系,再利用关系来定义函数。

笛卡儿积:集合X和集合Y的笛卡儿积是全体序偶(x,y)的集合,其中$x\in X$,$y\in Y$,记为:$X\times Y=\{(x,y)\mid x\in X,y\in Y\}$。

关系:一个具有定义域X和值域Y的关系R是指笛卡儿积$X\times Y$的一个子集R。若$(x,y)\in R$,则称x与y具有关系R,记作xRy。

函数:设f是集合X和集合Y的关系,即$f\subseteq X\times Y$。如果还满足$(x_1,y_1)\in f$,$(x_1,y_2)\in f$,则$y_1=y_2$,那么称f是集合X到集合Y的函数。②

这个函数的概念被称为函数概念的"关系说","关系说"将函数用集合论的语言加以描述,除集合论的概念外,没有使用其他未经定义的日常语言,是完全数学化的定义。

函数概念的定义经过三百多年的锤炼、变革,形成了函数现代定义形式,但这并不意味着函数概念发展的历史终结。20世纪40年代,物理学研究的需要发现了一种叫作Dirac-δ函数,它只在一点处不为零,而它在全直线上的积分却等于1,这在原来的函数和积分的定义下是不可思议的,但由于广义函数概念的引入,把函数、测度和以上所述的Dirac-δ函数等概念统一了起来。因此,随

① 徐品方,张红. 中学数学简史[M]. 北京:科学出版社,2007:244.

② 张淀宙,张广祥. 中学代数研究[M]. 北京:高等教育出版社,2006:97-98.

着以数学为基础的其他学科的发展,函数的概念还会继续扩展。从以上的历史梳理可以发现,不同阶段的函数定义体现了数学家们对函数概念不同的抽象水平,从笛卡儿识别出两个变量之间的依赖关系,到函数的解析式定义,再到函数的对应说和关系说,都是数学家们接力棒式的不断精致函数概念的过程,使之能够尽可能精确地描述变量之间的依赖关系,使之成为数学知识的统领性概念之一。

2. 数学课程标准中函数概念的定位

在中国清代数学家李善兰翻译的《代数学》一书中首次用中文把“function”翻译为“函数”,此译名沿用至今。为什么这样翻译这个概念,书中解释说“凡此变数中函彼变数者,则此为彼之函数”,这里的“函”是包含的意思。

函数概念是数学诸多概念中抽象性较强的一个概念,也是中学数学中极其重要的内容之一。正是因为函数概念的抽象性,数学课程在中学阶段对函数概念学习的安排不是一步到位的,而是分为初中和高中两个阶段来完成的,这个过程是一个逐步深入和抽象的过程。

(1) 义务教育阶段《课标》中函数概念的定位

初中阶段的数学课程分为数与代数、图形与几何、统计与概率、综合与实践四个领域。“数与式”“方程与不等式”和“函数”构成数与代数领域的三个主题。对于函数概念的要求如下:

① 探索简单实例中的数量关系和变化规律,了解常量、变量的意义;了解函数的概念和表示法,能举出函数的实例。

② 能结合图象对简单实际问题中的函数关系进行分析。

③ 能确定简单实际问题中函数自变量的取值范围,会求出函数的值。

④ 能用适当的函数表示法刻画简单实际问题中变量之间的关系,理解函数值的意义。

⑤ 结合对函数关系的分析,能对变量的变化情况进行初步讨论。

从我国目前的中小学数学课程内容来看,小学阶段是没有函数的概念的,但是在一些具体问题中存在的关系实际上就是函数关系。比如路程、时间和速度的关系,总价、单价和数量的关系等。真正引入函数的概念是在初中阶段。在初中,首先由运动变化的具体问题开始,通过归纳共性抽象出变量的概念,然后通过分析两个变量之间的依赖关系,从对应的角度定义了函数的概念。接下来,通过实例学习正比例函数、一次函数、二次函数和反比例函数,这几类特殊的函数。由于函数本身的抽象性和复杂性,以及考虑初中阶段学生的思维水平,初中阶段函数的内容在数学课程中的比重并不算大,但函数内容既是初中阶段教学内容的重点也是难点。

函数从客观世界中抽象出来，超越了千变万化的客体的个性，是个内涵深刻而又外延丰富的概念。学生不易理解，原因比较复杂，主要是因为函数概念系统复杂，涉及因素众多。函数不是数，需要以变化的观点来考察变量之间的相互依赖关系，研究的着眼点是"关系"，对变量概念的学习不能简单地理解为变化的量，必须辩证地认识常量与变量的关系。同时伴随着函数概念的不断发展，数学思维方式也发生了重要转变，思维从静态走向了运动、从离散走向了连续、从运算转向了关系，实现了数与形的有机结合，在符号语言与图表语言之间可以灵活转换。在函数的研究中，思维超越了形式逻辑的界限，进入了辩证逻辑思维，与常量数学相比，函数概念的抽象性更强，形式化程度更高。因此，初中仅用文字语言从对应的角度研究函数，是遵循函数概念历史发展的本来顺序，符合人们对于函数认识过程上的发展性和阶段性，符合初中生的认知特点。

（2）高中阶段《课标》中函数概念的定位

高中阶段的数学课程分为必修课程、选择性必修课程和选修课程。具体分为预备知识、函数、几何与代数、概率与统计、数学建模活动与数学探究活动几个主题。函数的概念属于必修内容，是函数主题的重要内容，《课标》对函数的概念的要求如下：

① 在初中用变量之间的依赖关系描述函数的基础上，用集合语言和对应关系刻画函数，建立完整的函数概念，体会集合语言和对应关系在刻画函数概念中的作用。了解构成函数的要素，能求简单函数的定义域。

② 在实际情境中，会根据不同的需要选择恰当的方法（如图象法、列表法、解析法）表示函数，理解函数图象的作用。

③ 通过具体实例，了解简单的分段函数，并能简单应用。[①]

初中阶段的函数概念体系中没有给出抽象符号$f(x)$，也没给出定义域、值域的名称和定义。高中阶段，需要在已有函数概念的基础上继续学习函数的概念。函数概念的引入一般有两种方法：一种方法是先学习映射，再学习函数，于是函数可以简单定义为"定义在非空数集之间的映射"；另一种方法是通过具体实例，体会数集之间的一种特殊的对应关系，即函数表示每个输入值对应唯一输出值的一种对应关系。第一种方法遵循的是从一般到特殊的过程，第二种方法遵循的是从具体到抽象的过程。考虑到多数高中学生的认知特

① 中华人民共和国教育部．普通高中数学课程标准（2017年版2020年修订）[M]．北京：人民教育出版社，2020：19.

点，为了有助于他们对函数概念本质的理解，从《实验版课标》开始，不再对映射进行要求，而更加强调函数是刻画现实世界的重要模型，从丰富的实例出发归纳概括函数的概念。从学生已掌握的具体函数和已有的函数概念入手，引导学生联系自己的生活经历和实际问题，尝试列举各种各样的函数，构建函数的一般概念。

高度抽象、逻辑严谨和表达准确也是数学概念自身发展的需要，从数学的角度来看，需要在初中概念的基础上提高函数概念的抽象性，使得它能够更加简洁准确地刻画函数的本质特征。

函数的本质就是一种特殊的对应关系。初中函数的概念也突出了这一本质，但初中函数概念中只说“对于x在某一范围内的每一个确定的值，按照某个对应法则，y都有唯一确定的值和它对应”，并没有明确指出这一范围是什么，到了高中，有了集合语言，就可以用集合语言来刻画这种对应关系，而这种对应关系也从初中的描述性语言变成了符号语言——$f(x)$。这样，高中阶段对于函数的认识已经从初中的“变量之间的单值对应”提升到“数集之间的单值对应”，但其刻画运动变化现象的本质特征没有改变，这就是《课标》中强调的“用集合语言和对应关系刻画函数”。

在初中阶段，已经有了用不同的方法来表示函数的实例，学生已经知道函数可以用不同的方法表示，涉及的函数大多是能用解析式表达的具体函数。在高中阶段，正式提出了函数的表示法这个问题，更加强调针对不同的情境和问题选择恰当的表示法，也就是说并不是所有函数都可以用解析式来表示，体会三种表示方法各有所长，促进学生对函数概念的深入理解。

高中也增加了分段函数内容。分段函数体现的是在定义域的不同范围，函数具有不同的变化规律。《课标》也强调通过具体实例来学习分段函数，这实际上还是在强调函数是刻画现实世界的模型。现实中很多变量之间的变化规律就是不一致的，但在一定范围又具规律性，这样的现象需要用分段函数来表示。

根据《课标》的要求，这部分的学习将丰富学生头脑中函数的实例，让学生体会到函数是刻画现实世界变化规律的模型和工具。

3. 数学教科书中函数概念的设计

(1) 初中教科书中函数概念的设计

人教版初中教科书对于函数的概念的设计，从四个生活中实际问题开始，利用“思考栏目”，如图4-3所示，先分析其中的量，将量分为常量和变量，然后分析变量之间的关系。[①]

思考

问题（1）～（4）中是否各有两个变量？同一个问题中的变量之间有什么联系？

图4-3

再进行归纳，如图4-4所示。[②]

归纳

上面每个问题中的两个变量互相联系，当其中一个变量取定一个值时，另一个变量就有唯一确定的值与其对应.

图4-4

一般化得到函数的概念，如图4-5所示。[③]

一般地，在一个变化过程中，如果有两个变量 x 与 y，并且对于 x 的每一个确定的值，y 都有唯一确定的值与其对应，那么我们就说 x 是自变量(independent variable)，y 是 x 的函数（function）. 如果当 $x=a$ 时 $y=b$，那么 b 叫做当自变量的值为 a 时的函数值.

图4-5

对初中生来说，要理解函数概念必须明确两点：一是要明确自变量和因变量的关系，在某变化过程中，有两个变量 x，y，如果看成 y 随 x 的变化而变化，那么 x 称为自变量，y 称为因变量；如果看成 x 随 y 的变化而变化，那么 y 称为自变量，x 称为因变量。二是要掌握函数定义的核心是给定一个自变量 x 的值就有唯一确定的因变量 y 的值和它对应，这样的对应可以是"一个自变量对应一个因变量"（简称"一对一"），也可以是"几个自变量对应一个因变量"（简称"多对一"），但不可以是"一个自变量对应多个因变量"（简称"一对多"）。

在函数概念的学习中，要求学生能充分利用数形结合的方法，进行符号语言与图形语言的灵活转化。理解函数概念的过程中，需要学生在头脑中结合具

①② 人民教育出版社课程教科书研究所中学数学课程教科书研究开发中心. 义务教育教科书数学八年级下册[M]. 北京：人民教育出版社，2013：72.

③ 人民教育出版社课程教科书研究所中学数学课程教科书研究开发中心. 义务教育教科书数学八年级下册[M]. 北京：人民教育出版社，2013：73.

体情境,选择适当表示方法(解析式的、表格的或图形的),能够形象、直观、动态地反映函数的本质特征;函数是对应法则、定义域、值域的统一体,学生需要体会每个要素的作用,体会三个要素之间的相互联系,对三者进行整体把握。初中生的思维发展水平还处于辩证思维不是很成熟的阶段,看问题往往是局部的、静止的、割裂的,还不善于把抽象的概念与具体事例联系起来,还不能完全胜任这种需要用辩证的思想、运动变化的观点才能理解的学习任务,这也就成为初中函数学习的难点。

函数是初、高中数学的重要内容与衔接点,函数图象能直观地反映函数的变化关系与规律,要引导学生借助平面直角坐标系上的描点,理解函数图象与表达式的对应关系,理解函数与对应的方程、不等式的关系,增强几何直观。因此,解读函数的图象十分有利于数形结合思想、运动变化思想的树立,对于分析判断、综合运用知识、抽象思维能力的提高有着重大的意义,也将为高中数学学习做准备。

(2) 高中教科书中函数概念的设计

① 人教A版教科书中函数概念的设计。人教A版教科书在第3章"函数的概念与性质"的第1节"函数的概念及其表示"开始就提出了"函数是刻画变量之间对应关系的数学模型和工具",并依据实际问题给出了$y=4x$的例子,之后教科书提出了"你能用已有的函数知识判断$y=x$和$y=\frac{x^2}{x}$是否相同吗?"这样的问题,目的是引发学生思考,说明了再次研究函数的必要性,激发学习兴趣。

在提出上述问题后,教科书采用了四个来自实际生产生活的实例,涉及"复兴号"高速列车、工人工资、空气质量指数和恩格尔系数。四个例子从表示方法来看包括了解析法、图象法和表格法;从函数类型来看有连续型、离散型;从集合与值域的关系来看,有值域C等于集合B的,也有值域C包含于集合B的。通过这些例子让学生感受到函数表示法的丰富性,扩展学生对函数类型的认识,突破初中函数学习的思维定势。

高中函数的概念是在已有的基本概念基础上,不断脱离原型,以逻辑建构起来的,并用数学符号语言表达,实现了更高层次的抽象。在抽象的过程中,对实例如何归纳是教学的重点也是难点。为此,教科书进行了精心的设计,对于每个例子,先指明涉及的两个变量,然后利用初中函数的概念判断变量之间的函数关系,再进一步明确变量的取值范围。一方面通过问题复习初中函数概念,另一方面通过聚焦函数的三要素,突出函数的本质特征。在上述基础上,提出问题：上述问题1～问题4中的函数有哪些共同特征？由此你能概括出函数概念的本质特征吗？

继而教科书归纳得到结果，如图4-6所示。

上述问题的共同特征有：

(1) 都包含两个非空数集，用 A，B 来表示；

(2) 都有一个对应关系；

(3) 尽管对应关系的表示方法不同，但它们都有如下特性：对于数集 A 中的任意一个数 x，按照对应关系，在数集 B 中都有唯一确定的数 y 和它对应.

图4-6

再一般化，得到下述函数的概念，如图4-7所示。

事实上，除解析式、图象、表格外，还有其他表示对应关系的方法．为了表示方便，我们引进符号 f 统一表示对应关系.

一般地，设 A，B 是非空的实数集，如果对于集合 A 中的任意一个数 x，按照某种确定的对应关系 f，在集合 B 中都有唯一确定的数 y 和它对应，那么就称 $f: A\to B$ 为从集合 A 到集合 B 的一个函数（function），记作

$$y=f(x),\ x\in A.$$

其中，x 叫做自变量，x 的取值范围 A 叫做函数的定义域（domain）；与 x 的值相对应的 y 值叫做函数值，函数值的集合 $\{f(x)|x\in A\}$ 叫做函数的值域（range）.

函数符号 $y=f(x)$ 是由德国数学家莱布尼兹在18世纪引入的.

图4-7

对于函数概念，可以看到教科书的设计充分利用实例，让学生经历从“感性具体”到“理性具体”，再到“理性一般”的完整过程，在概念形成的过程，理解函数概念的本质，提升数学抽象的素养。

② 人教B版教科书中函数概念的设计。人教B版教科书对在函数及其表示方法这一节中，首先回顾了初中函数的定义，并分别用解析式的形式给出了正比例函数、一次函数、反比例函数和二次函数的例子。之后教科书给出了两个情境与问题，第一个是以表格的形式给出了中国创新指数随年度的变化而变化的规律，第二个情境给出了心脏指标值随时间的变化而变化的心电图。在两个情境中，分别用字母表示了情境中的两个变量，并提出了它们是否为函数关系的问题。

教科书在对上述问题进行分析的过程中，指出了初中函数定义的局限性，之后直接给出了高中阶段函数的定义。

由于情境中的实际问题分别用了表格和图象的形式呈现，因此为后面表示

法的学习做了铺垫。教科书还试图利用两个情境来说明初中函数定义的局限性,从而指出高中继续学习函数概念的必要性。教科书没有根据实际情境进一步具体分析变量的范围,而是直接给出了高中阶段函数的定义。

③ 北师大版教科书中函数概念的设计。北师大版教科书"函数"这一章的第一节首先是"生活中的变量关系",在这一节中,教科书给出了六个以现实生活和科学(物理)为背景的例子,这些实例中变量之间的关系分别用解析式、表格、图象表达,从函数角度看,有连续型(包括分段函数),也有离散型。同时,回顾了初中函数的定义,并用初中函数的定义对给出的六个例子中两个变量之间是否是函数关系进行了判断。

教科书在"函数"一章的第二节函数的概念中,在上一节分析的基础上,指出"在初中,我们用函数刻画、分析了具体的'弹力''均速运动'等实际问题之后,学习了它们的一般形式——正比例函数,正比例函数舍去了'弹力''匀速运动'等实际背景,强化了数与数之间的对应关系,是抽象的函数模型",之后教科书又指出初中学习了三个重要的函数类型:一次函数、二次函数和反比例函数。在回顾了初中的学习情况之后,教科书直接给出了借助集合语言的函数定义。

北师大版教科书通过实例丰富了学生头脑中的函数的类型,采用了多种形式给出函数关系,为后面函数的表示法做了铺垫。同时回顾了初中函数的定义,以及学习的过程和内容,在此基础上直接给出了高中的函数定义。

通过上述分析可以看到,对于高中学习函数概念既是重点也是难点,三个版本教科书的设计都非常注重概念的抽象过程,具体体现在以下几个方面:

一是每个版本都注重学生已有的知识基础,体现了函数学习的连续性,以及再次研究函数的必要性。

二是每个版本的教科书都提供了大量丰富、典型的基于现实生活的情境,都注重从情境中提出问题,进行归纳概括,体现了函数是刻画现实世界的重要模型。

三是每个版本的教科书实例中对于函数关系的表示,除解析式外,还注重包含了列表、图象等多种表示函数的方法,为后面函数表示法的学习进行了铺垫。

四是每个版本的教科书都注重从实例中抽象出函数关系的过程,用函数模型来刻画现实世界中的变量关系,就是数学抽象的过程。这一点在学习函数时应该引导学生认识,三个版本的教科书都体现了这一抽象过程,北师大版教科书还特别指出"正比例函数舍去了'弹力''匀速运动'等实际背景,强化了数与数之间的对应关系，是抽象的函数模型”。

五是每个版本的教科书都融入了函数概念的相关历史。具体形式不同，人教A版是习题之后通过“阅读与思考”呈现“函数概念的发展历程”；人教B版是在“函数的概念”一节的正文中通过“延展阅读”栏目呈现“函数定义的演变过程简介”；北师大版是在习题之后通过“阅读材料”呈现“函数概念的起源”，并提出进一步引导学生思考和延伸阅读的问题，这些都体现了《课标》中的“数学文化融入课程内容”的要求。

对函数概念的抽象过程，三个版本教科书的设计也有不同之处：

一是课时安排不同，人教A版和人教B版在本单元中直入主题，章引言后第一小节就是函数的概念，而北师大版分为两个小节完成，第一小节是“生活中的变量关系”，第二小节是函数概念。

二是函数概念形成过程中，人教A版教科书，充分利用了给出的四个实例，通过聚焦函数三要素的系列问题，从实例中归纳共性，抽象出函数定义中的两个集合及对应关系，这一过程很好地体现了函数概念从“理性具体”到“理性一般”的抽象过程。而人教B版教科书和北师大版教科书都采用在回顾分析初中函数定义的基础上，借助集合语言直接给出高中的函数定义，文本中没有强调对已有的丰富实例的共性进行归纳概括，而归纳概括是从情境中获得数学概念的重要过程。

二、函数的性质

1. 数学课程标准中函数性质的定位

(1) 义务教育《课标》中函数性质的定位

实际上，函数的性质就是函数在变化中的不变性、规律性。在初中阶段并没有明确提出函数的性质这个概念，但是对具体函数的具体性质提出一定的要求。义务教育《课标》对函数性质的要求是：

① 会画一次函数的图象，根据函数表达式 $y=kx+b(k\neq 0)$ 探索并理解 $k>0$ 和 $k<0$ 时对函数图象的影响；

② 通过图象了解二次函数的性质，知道二次函数系数与图象形状和对称轴的关系；

③ 能画出反比例函数的图象，根据图象和表达式探索 $y=\frac{k}{x}(k\neq 0)$ 并理解 $k>0$ 和 $k<0$ 时图象的变化情况。

由此可见，初中阶段对于函数性质的定位主要是在研究具体函数时，能根据具体函数的图象和解析式进行研究，主要是通过观察函数图象，直观感知函数图象的特点，并通过描述函数图象的特点来理解此类函数的性质。

（2）高中《课标》中函数性质的定位

高中阶段将进一步理解函数性质的内涵，具体学习函数的单调性、奇偶性和周期性，这三个主要性质是高中数学课程中的重要概念，属于必修内容。

《课标》中对函数性质的要求如下：

① 借助函数图象，会用符号语言表达函数的单调性、最大值、最小值，理解它们的作用和实际意义。

② 结合具体函数，了解奇、偶性的概念和几何意义。

③ 结合三角函数，了解周期性的概念和几何意义。[①]

函数性质的研究思路是从整体到局部，从宏观到微观。函数的单调性、周期性、对称性、最值等都是从整体上看函数值的变化趋势或特征；对于可导函数来说，导数是与原函数值有关的一种特殊极限；由函数值的绝对变化到平均变化率再到瞬时变化率，我们将对函数值变化的研究缩小到足够小的区间内，关注函数的局部性质。不管是导数值正负与原函数单调性之间的关系，还是导函数的变号零点对应原函数的极值点，都建立了函数整体性质与局部性质之间的联系。

高中函数的性质是通过符号语言进行严格定义的，是对函数蕴含的不变规律的严谨刻画，但同时又是抽象的，所以对于部分学生来说理解起来会比较困难。首先需要借鉴的是，初中在研究函数性质中积累的利用图象研究函数性质的经验，数形结合也是高中阶段研究函数性质的重要方法；在强调几何直观的同时也要强调代数推理，因此，《课标》要求“能用代数运算和函数图象揭示函数的主要性质”，并进一步强调会用几何直观和代数运算的方法研究具体函数的性质。

2. 数学教科书中函数性质的设计

（1）初中教科书中函数性质的设计

初中教科书也是按照“画函数图象→观察函数图象→归纳规律→一般化”的顺序研究函数的性质，比如人教版教科书中关于一次函数的性质设计了“探究”活动（图4-8[②]），并明确提出数形结合的方法。

---

① 中华人民共和国教育部．普通高中数学课程标准（2017年版2020年修订）[M]．北京：人民教育出版社，2020：19．

② 人民教育出版社课程教科书研究所中学数学课程教科书研究开发中心．义务教科书数学八年级下册[M]．北京：人民教育出版社，2013：93．

探究

画出函数 $y=x+1$，$y=-x+1$，$y=2x+1$，$y=-2x+1$ 的图象. 由它们联想：一次函数解析式 $y=kx+b$（k，b 是常数，$k\neq 0$）中，k 的正负对函数图象有什么影响？

观察前面一次函数的图象，可以发现规律：

当 $k>0$ 时，直线 $y=kx+b$ 从左向右上升；当$k<0$时，直线 $y=kx+b$ 从左向右下降. 由此可知：一次函数 $y=kx+b$（k，b 是常数，$k\neq 0$）具有如下性质：

当 $k>0$ 时，y 随 x 的增大而增大；

当 $k<0$ 时，y 随 x 的增大而减小.

我们先通过观察发现图象（形）的规律，再根据这些规律得出关于数值大小的性质，这种数形结合的研究方法在数学学习中很重要.

图 4-8

在初中阶段，对于正比例函数、一次函数、反比例函数、二次函数都用“y随x的增大而增大或减小”来刻画函数值随自变量变化而变化的规律，是用接近生活的文字语言描述了函数图象从左到右上升或者下降的变化趋势。从本质上看，就是描述函数的单调性，但是从数学的角度，这种描述并不严谨，也没有进一步抽象为符号语言，这是基于初中阶段学生的接受能力来设计的。

除此之外，二次函数在讨论函数性质的时候还加入了对称轴和顶点坐标。在初中阶段，学生已经学习了中心对称图形和轴对称图形，这也是高中阶段学习函数奇偶性的基础。从图形的角度来看，有的函数图象呈现出轴对称的形态，有的呈现出中心对称的形态，作为函数的一般性质来研究就是函数的奇偶性。在初中阶段，轴对称图形是这样刻画的：“如果一个平面图形沿一条直线折叠，直线两旁的部分能够互相重合，这个图形就叫作轴对称图形”[①]。中心对称图形是这样刻画的：“把一个图形绕着某个点旋转180°，如果旋转后的图形能够与原来的图形重合，那么就说这个图形是中心对称图形”[②]。可以看到，这种对于中心对称图形和轴对称图形的刻画在初中阶段是停留在直观的基础上的。

（2）高中教科书中函数性质的设计

① 人教A版教科书中函数性质的设计。人教A版教科书中在函数性质一

① 人民教育出版社课程教科书研究所中学数学课程教科书研究开发中心. 义务教科书数学八年级上册[M]. 北京：人民教育出版社，2013：10.

② 人民教育出版社课程教科书研究所中学数学课程教科书研究开发中心. 义务教科书数学九年级上册[M]. 北京：人民教育出版社，2013：64.

节的引言中(图4-9①),对于为什么要研究函数的性质、什么是函数性质、函数性质包括哪些内容、如何研究函数性质等问题进行了探讨。

变化中的不变性就是性质,变化中的规律性也是性质.

前面学习了函数的定义和表示法,知道函数 $y=f(x)$ $(x\in A)$ 描述了客观世界中变量之间的一种对应关系.这样,我们就可以通过研究函数的变化规律来把握客观世界中事物的变化规律.因此,研究函数的性质,如随着自变量的增大函数值是增大还是减小,有没有最大值或最小值,函数图象有什么特征等,是认识客观规律的重要方法.

我们知道,先画出函数图象,通过观察和分析图象的特征,可以得到函数的一些性质.观察图3.2-1中的各个函数图象,你能说说它们分别反映了相应函数的哪些性质吗?

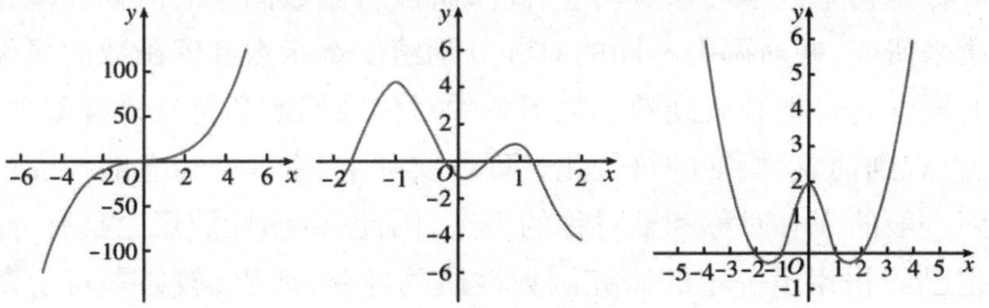

图 3.2-1

图4-9

函数的单调性概念是高中数学中重要的概念之一,函数的单调性也是函数最重要的性质。在高中数学课程改革中,函数的单调性在高中教科书中的地位始终没有变。1978年以前,在教科书的一次函数与二次函数内容中,通过对图象的分析,对一次函数与二次函数的性质进行介绍,如增减性、最值等。1978年以后,一次函数和二次函数内容移入初中,函数的单调性的概念从此明确出现在高中数学教科书中。当前多个版本的教科书都将函数的单调性安排在函数概念之后,作为函数的第一个性质。人教A版教科书中采用了“例一规”法给出函数单调性的概念,再通过问题进行概念的精致,如图4-10所示。

① 人民教育出版社课程教科书研究所中学数学课程教科书研究开发中心.普通高中教科书 数学人教必修第一册(A版)[M].北京:人民教育出版社,2019:76.

思考

(1) 设 A 是区间 D 上某些自变量的值组成的集合，而且 $\forall x_1, x_2 \in A$，当 $x_1 < x_2$ 时，都有 $f(x_1) < f(x_2)$，我们能说函数 $f(x)$ 在区间 D 上单调递增吗？你能举例说明吗？

(2) 函数的单调性是对定义域内某个区间而言的，你能举出在整个定义域内是单调递增的函数例子吗？你能举出在定义域内的某些区间上单调递增但在另一些区间上单调递减的函数例子吗？

图 4-10

函数的奇偶性实质上是特殊函数图象对称性的代数表征。图形的中心对称和轴对称是初中数学的重要内容，高中阶段将函数图象的对称性作为函数的一般性质来研究，并对两类不同的对称分别给出奇函数和偶函数的名称。函数奇偶性的概念就是把观察到的函数图象的对称性用数学符号语言刻画出来，是从具体、直观到抽象、概括的符号化过程。实际上，奇偶性概念的探究过程也可以推广到一般的中心对称和轴对称的表述，因此，奇偶性的概念具有一般意义。由于学生已经积累了一定的研究函数性质的经验，所以，教科书对于奇偶性的概念的学习设计了类比探究活动，如图 4-11 所示。

探究

类比函数单调性，你能用符号语言精确地描述“函数图象关于 y 轴对称”这一特征吗？

图 4-11

对于函数的周期性，在学习一般函数时学生会接触到一些具有周期性质的函数的实例，但没有周期性的定义，直到学习三角函数时才正式提出函数周期性的概念。人教 A 版教科书中函数的周期性安排在必修第一册第 5 章“三角函数”的第 4 节“三角函数的图象与性质中”。教科书首先从正弦函数图象入手，得到正弦函数的图象每隔 2π 就重复出现的性质，之后将这一特征用 $\sin(x+k\cdot 2\pi)=\sin x(k\in \mathbf{Z})$ 进行了刻画，最后将函数一般化，得到一般函数周期性的定义。实际上，学习函数的周期性与单调性和奇偶性类似，同样经历将直观特征进行数学化的表达过程。教科书将周期性作为三角函数的第一个性质，也是突出三角函数在基本初等函数中的特点和重要作用，并且引导学生从三角函数的定义和诱导公式两个角度体会“周而复始”的变化规律。

从以上可以看出，学生对于函数性质的学习，是一个逐步抽象的过程，初中阶段停留在直观认识的层面，到了高中阶段将这样的直观认识上升到理性层面，需要学生经历如何用抽象的数学符号语言来刻画图象的直观特征。这样的过程体现了数学抽象性的本质特征，对于培养学生学会用抽象的数学符号语言描述现象具有独特的重要价值，是培养学生数学思维的重要载体。

② 人教B版教科书中函数性质的设计。对于单调性的概念，人教B版教科书首先从一个记忆保持量随时间变化的图象引入，提出问题"这个函数反映出记忆具有什么规律?"，这一规律就是记忆保持量随时间的增大而减小，这样引导学生回忆初中曾经学习过的函数类似的性质，通过"尝试与发现"栏目提出问题"怎样用不等号符号表示'y随x的增大而增大''y随x的增大而减小'?"接下来，给出单调性的形式化定义。

对于函数的奇偶性，人教B版教科书从初中生学习过的轴对称和中心对称的知识入手，之后针对两个具体函数引导学生探讨当自变量取具体的互为相反数的时候函数值的变化情况，如图4-12所示。

x	−3	−2	−1	1	2	3
$f(x)=x^2$						
$g(x)=\dfrac{1}{\vert x\vert}$						

图4-12

最后，在具体规律的基础上得到函数一般的性质，也就是函数奇偶性的定义。

函数的周期性这一性质在人教B版教科书中被安排在必修第三册"三角函数"这一章的第3节"三角函数的性质与图象"中。教科书在诱导公式$\sin(x+k\cdot 2\pi)=\sin x(k\in \mathbf{Z})$的基础上，指出"当自变量$x$的值每增加或减少$2\pi$的整数倍时，正弦值重复出现，这种性质称为正弦函数的周期性"，之后将正弦函数一般化，得到了一般函数周期性的定义。

③ 北师大版教科书中函数性质的设计。对于函数的单调性，北师大版教科书首先回顾了初中研究过的函数值随自变量的增大而增大或减小的性质，明确要研究的问题。这之后给出了增减变化比较多的函数的图象，讨论了在不同区间内函数值随自变量增大的变化情况，通过"思考交流"栏目提出"怎样用数学的符号语言表达函数值$f(x)$在区间$[-6,-5]$上随x值的增大而增大呢?"之后教科书给出了函数单调性的定义。

对于函数的奇偶性，北师大版教科书首先从函数$f(x)=x^3$的图象引入，引导学生观察函数图象的对称性，针对具体函数得到图象关于原点对称的性质如何用代数方法来表示，之后借助函数$g(x)=x^2$得到了函数图象关于y轴对称的性质如何用代数方法进行表示，最后将两个具体函数的性质一般化，得到函数奇偶性的定义。

函数的周期性这一概念在北师大版教科书中被安排在必修第二册第一章“三角函数”的第一节“周期变化”中，也就是说北师大版教科书专门安排了一节来讲函数的周期性这一性质。教科书首先利用水车的实例说明了什么是周期变化，引导学生认识生活中的周期现象。再利用两个具体函数的图象进一步认识数学中函数值随自变量的周期变化；最后提出思考交流的问题“请列举身边一些呈周期变化的函数，画出其图象，并指明其具体的变化特征”，在问题之后，教科书给出了一般函数周期性的定义。

通过对三个版本教科书函数性质的设计分析，可以看到，函数三个性质的设计虽各有特色，但都遵循了概念生成的一般的抽象过程：

一是三个版本教科书的设计都是基于初中阶段对函数性质的理解，从具体的函数图象入手，通过直观感知，描述图象的变化趋势，聚焦如何用符号语言描述“y随x的增大而增大”“y随x的增大而减小”，让学生经历从几何直观到代数表达的过程，同时对于函数性质呈现的顺序基本上是一致的。

二是从文本来看，三个版本教科书对于函数单调性的定义基本上是直接给出。根据初中积累的活动经验，学生对于函数的性质停留在直观认识的层面，实际上是对函数图象变化特征的直观感知和形象描述，到了高中阶段需要由直观认识上升到理性层面，学生经历如何用抽象的数学符号语言来刻画函数的性质，确实是个难点。三个版本教科书都提出了不同的问题，但是如何继续引导学生深入思考都有留白。

三是三个版本教科书对于函数奇偶性定义的设计是一致的。从用解析法表示的具体函数入手，通过观察函数图象、计算函数值、归纳函数的对称性，并用符号表示，再一般化得到偶函数定义。类比偶函数的研究过程和研究方法，得到奇函数的定义。

同时，三个版本教科书对函数性质的设计各有不同。首先人教A版教科书对于函数性质的设计强调了整体性，也就是注重了单元设计。一是体现在单元章节名称的编排上，人教A版有一节是“函数的基本性质”，而人教B版和北师大版没有(见表4-4)。二是人教A版教科书充分利用节引言的作用，如图4-9，指明了什么是性质？为什么研究函数的性质？研究函数的哪些性质？如何研究函数的性质？这些基本问题，更好地帮助学生理解数学研究的基本框架，更好地从整体上把握函数的性质。

表4-4

人教A版	人教B版	北师大版
3.2 函数的基本性质	3.1 函数的概念与性质	3 函数的单调性和最值
3.2.1 单调性与最大(小)值	3.1.2 函数的单调性	4 函数的奇偶性与简单的幂函数
3.2.2 奇偶性	3.1.3 函数的奇偶性	4.1 函数的奇偶性

另外，对于函数单调性的相关定义，三个版本教科书的表达及呈现顺序不同。人教A版的呈现顺序是“区间上单调递增→定义域上增函数→区间上单调递减→定义域上减函数→单调区间”；人教B版的呈现顺序是“区间上增函数(也称区间上单调递增)→区间上减函数(也称区间上单调递减)→单调区间”；北师大版的呈现顺序是“定义域上增函数→区间上单调递增→定义域上减函数→区间上单调递减→单调区间”。

三、导数的概念

1. 微积分产生的历史

导数是微积分的重要概念。微积分学(Calculus)是微分学和积分学的总称。它是一种数学思想，“无限细分”就是微分，“无限求和”就是积分。微积分是数学发展史上继解析几何之后的璀璨明珠。导数在高中数学中作为研究函数性质的有力工具，也是高等数学中的概念。

(1) 微积分理论的萌芽

公元前三世纪，古希腊的阿基米德在研究解决抛物弓形的面积、球和球冠面积、螺线下面积和旋转双曲体的体积问题中，就隐含着近代积分学的思想。作为微分学基础的极限理论来说，早在古代就有比较清楚的论述。比如，我国的庄周所著的《庄子》一书的“天下篇”中，记有“一尺之棰，日取其半，万世不竭”。三国时期的刘徽在他的“割圆术”中提到“割之弥细，所失弥小，割之又割，以至于不可割，则与圆周和体而无所失矣”。这些都是朴素的、也是很典型的极限概念。

(2) 微积分理论的初步建立

到了16、17世纪，有许多科学问题需要解决，这些问题也就成了促使微积分产生的因素。归纳起来，大约有四种主要类型的问题：第一类是研究运动的时候直接出现的，也就是求即时速度的问题；第二类问题是求曲线的切线的问题；第三类问题是求函数的最大值和最小值问题；第四类问题是求曲线长、曲线围成的面积、曲面围成的体积、物体的重心、一个体积相当大的物体作用于另一物体上的引力等。在这一时期有很多数学家、天文学家、物理学家为解决上述问题进行了大量研究工作，也为微积分的建立做出了贡献。

当时法国数学家费马(Fermat)提出了求函数极值的代数方法。

求函数$y=f(x)$在点a处极值(如果存在的话)的代数方法是：用$a+e$代替a，并使$f(a+e)$与$f(a)$“逼近”，即$f(a+e)\to f(a)$。

消去公共项后，用e除两边，再令e消失，即

$$\left[\frac{f(a+e)-f(a)}{e}\right]_{e=0}=0$$

由此方程求出的a就是$f(x)$的极值点。

费马的方法几乎相当于后来微分学中的方法，只是以符号e代替了增量Δx。

在前人创造性研究的基础上，大数学家牛顿、莱布尼茨等从不同的角度开始系统地研究微积分。牛顿的微积分理论被称为“流数术”，他称变量为流量，称变量的变化率为流数，相当于我们所说的导数。

牛顿在推导x^3的流数(导数)时，先给x增量o，展开$(x+o)^3$得到的增量为$3x^2o+3xo^2+o^3$；再除以o，求出x^3的增量与x的增量之比；然后，再令增量o消失，即扔掉所有含o的项，从而推出x^3的流数为$3x^2$。实际上，这就是函数值增量与自变量增量的比值当自变量增量趋向于0的时候的极限值，也就是现在意义的导数的概念。

自微积分17世纪下半叶诞生以后，很快在力学、天文、航海等各方面得到应用，解决了很多实际问题，取得了很大成就。但是，微积分学依赖于含糊不清的无穷小概念，这使得微积分学缺乏理论基础。以牛顿推导x^3的流数为例，先给x以增量o，这时它不为零；而后来，在扔掉含o的项时，又让它为零，这种矛盾引发了数学史上的第二次数学危机，而危机解决的同时也产生了极限理论，这也使得微积分理论得到进一步的完善。

(3) 微积分理论的成熟

19世纪，法国大数学家柯西详细而系统地发展了极限论，为微积分提供了坚定的基础。我们现在的极限、连续性的定义，把导数看作差商的极限，把定积分看作和的极限，就是柯西给出的。柯西的严谨带动了许多数学家从事微积分严密的理论基础的研究工作。

19世纪60年代以后，德国数学家魏尔斯特拉斯创造了ε-δ语言，对微积分中出现的各种类型的极限重新进行表示，导数的定义也就获得了今天常见的形式。

欧氏几何，上古和中世纪的代数学都是一种常量数学，微积分才是真正的

变量数学，是数学中的大革命。微积分是高等数学的主要分支，不只是局限在解决力学中的变速问题及曲线的切线问题，在近代和现代科学技术领域里，微积分得到了广泛的应用。

微积分的萌芽时期，数学家们应用了极限的思想，但并没有明确把它作为一种研究对象，到了初步建立阶段，数学家们在不同的四类科学问题中，通过分析提取出了共同的本质属性，即研究函数极值的问题，也就是经历了分类识别的简约阶段，接下来数学家们不断地站在前人思考的基础上，尝试对其进行概念化，并不断完善其定义表征，对微积分的定义进行严格化和精致化，从而建立了微积分的系统理论。“微积分的发展史是一部充满了争论、质疑、批评和在抨击中不断成长建构的历史，也展示了跨越不同时空和国界的数学家们的对话，呈现了对这一理论抽象的过程，就连强烈抨击微积分的英国大主教贝克莱(Berkely)后来也不得不承认‘流数术’是一把万能钥匙，借着它，近代数学打开了几何以至大自然的秘密。”①

2. 数学课程标准中导数概念的定位

微积分学是人类思维的伟大成果之一，它的创立在数学以至整个自然科学中占有重要地位，它是继欧几里得几何之后，数学发展中的一个最伟大的创造。早在18世纪中叶，许多数学家就认为，“自然科学上的任何问题，只要做到从数学上来理解，也就是说，找到它的正确的数学描述，就可以借助于解析几何学与微积分学而获得解决。”导数在数学及自然科学中具有重要地位，它的产生发展也经历了曲折的历史，这使得导数这部分内容蕴含了很高的文化价值。

(1) 导数内容在高中数学课程中的历史沿革

微积分首次进入中学课本是在1958年，由于原有教学大纲指导下的教科书内容贫乏，陈旧落后，脱离实际，因此1958年教育部对原有大纲进行了重新修订，提出了一个数学教学现代化改革方案——“以函数为纲”。该方案下带来的教科书上的一个重大变化就是大量增加了高等数学知识，微积分甚至微分方程首次成为教学内容。

试行一段后，考虑到国情和中学数学教学实际情况，1961年后又在教学大纲中取消了微积分的内容。1978年国家制定了新的教学大纲(试行草案)，将微积分重新纳入高中教学内容，并对不同类型的中学教育，提出了不同程度的要求。

但经过几年试验后，教师和学生普遍都不能适应。教师教得吃力，学生学得一知半解，并对进入大学后高等数学的学习造成了干扰。1983年底又将微

① 徐品方，张红．中学数学简史[M]．北京：科学出版社，2007：286.

积分作为选学内容,供各校自行选择,只保留了微积分的预备知识——极限,且要求较低。但由于高考不考,故绝大部分学校都未将微积分作为教学内容。一直到2001年,根据新大纲编写的教科书在两省一市四年的试点后,在全国推广使用。微积分终于又一次成为了高中数学正式的教学内容。

在2004年开始的新的课程改革中,微积分在内容和编排上进行了调整后仍然是高中数学的教学内容。到了2017年新的课程标准颁布,根据新的课程标准,导数内容被安排在选择性必修的函数主题中。

(2) 高中《课标》中导数概念的定位

高中《课标》对导数这部分内容有如下阐述:本单元的学习,可以帮助学生通过丰富的实际背景理解导数的概念,掌握导数的基本运算,运用导数研究函数的性质,并解决一些实际问题。内容包括导数概念及其意义、导数运算、导数在研究函数中的应用、*微积分的创立与发展。①

对导数的概念的具体要求是:

① 通过实例分析,经历由平均变化率过渡到瞬时变化率的过程,了解导数概念的实际背景,知道导数是关于瞬时变化率的数学表达,体会导数的内涵与思想;

② 体会极限思想;

③ 通过函数图象直观理解导数的几何意义。②

在本内容之前,学生对于导数的概念比较陌生,积累的相关经验很少。与导数的概念有关的知识链如物理中的平均速度、瞬时速度、直线的斜率,曲线的切线、函数的知识以及对无限趋近的经验与认识。《课标》强调通过实例分析,经历对具体问题的认识,再到抽象的导数概念,这也就是强调了以学生已有的经验和认识为基础建构新的知识,从导数概念的直观认识入手,逐渐抽象为一般函数的导数的概念,这一过程也体现了对学生抽象素养的提升。

导数是微积分最重要的概念之一,也是现代数学的基本概念。学生学习这部分内容,实际是掌握处理变量问题的基本工具,为今后进一步学习高等数学以及其他科学奠定基础,同时,微积分思想的学习与运用也对培养学生的数学思维有很大的促进作用。此外,微积分作为一个强大的工具,可以解决一些用初等数学思想处理比较繁琐的数学问题。

《课标》中要求“体会极限的思想”。实际上,由于导数的定义是函数的平均变化率当自变量改变值趋于零时的极限,所以学习导数之前自然需要涉及极限

①② 中华人民共和国教育部.普通高中数学课程标准(2017年版2020年修订)[M].北京:人民教育出版社,2020:39.

的概念。传统的导数学习过程应按下面的顺序进行:数列→数列的极限→函数的极限→导数。《课标》中没有极限的定义,主要原因是极限定义的“ε-δ”语言对于中学生来讲过于抽象,难以理解,极限定义也是高等数学分析课程中的一个难点。因此,一般情况下,教学中也不应增加极限的定义,可以通过各种方式让学生体验无限逼近的过程,体会极限的思想。

3. 数学教科书中导数概念的设计

(1) 人教A版教科书导数概念的设计

人教A版教科书的“导数的概念及其意义”一节引言是这样描述的:“我们研究了函数的单调性,并利用函数单调性等知识定性地研究了一次函数、指数函数、对数函数增长速度的差异,知道‘对数增长’是越来越慢的,‘指数爆炸’比‘直线上升’快得多。进一步地,能否精确定量地刻画变化速度的快慢呢?”

这里指出了导数作为定量刻画函数局部变化速度的工具性作用。这一节分为“变化率问题”与“导数的概念及其几何意义”两部分。在“变化率问题”中,以“高台跳水”和“抛物线的切线”作为背景,分别研究“在高台跳水运动中,运动员在运动过程中的重心相对于水面的高度与起跳后的时间存在函数关系,如何描述运动员从起跳到入水的过程中运动的快慢程度?”和“对于一般的曲线C,如何定义它的切线?”,这两个问题也代表了物理学和几何学两类问题。在研究计算平均速度到研究瞬时速度基础上,进而探究瞬时速度与平均速度的关系,并利用这种关系求瞬时速度。在探究的过程中,让学生不断体会“用运动变化的观点研究问题”“以直代曲”等微积分的重要思想,“有限与无限”“近似与精确”的关系,以及极限中“局部”“趋近”“附近”“逼近”等含义。

在“导数的概念及其几何意义”中,先对上述两类问题从解决问题的思想方法、答案的表示形式进行归纳,再推广至一般函数问题,由“函数的平均变化率”逼近“函数的瞬时变化率”,进而得到导数的概念。

(2) 人教B版教科书导数的设计

导数的概念这一内容在人教B版教科书中被安排在选择性必修的第三册的第六章“导数及其应用”中。教科书首先从一个有关药物动力学的实例入手,通过计算比较不同区间函数值变化的速度,给出了自变量的改变量、因变量的改变量,以及函数值闭区间上的平均变化率等概念。在此基础上,介绍函数平均变化率的意义和以直代曲的思想。

接下来,教科书从物体运动的瞬时速度引出问题,在以直代曲和平均速度的基础上,给出了物体运动的瞬时速度的定义,将物体运动的函数一般化,就得到函数的瞬时变化率的概念以及导数的概念。

(3) 北师大版教科书导数概念的设计

导数的概念这一内容在北师大版教科书中被安排在选择性必修第二册第二章中,先研究平均变化率与瞬时变化率。教科书从物体运动和服药后体温的变化两个实际问题,通过计算,抽象概括出一般函数平均变化率的概念。从汽车行驶过程中不断变化的速度表,提出汽车在某时刻的瞬时速度问题。然后借助小球的自由落体运动,通过计算,理解随着时间的缩短,平均速度"趋近"瞬时速度的过程。之后,教科书又给出了一个不均匀的合金棒在某处的"线密度"问题,再次通过计算,引导学生体会平均线密度和某处的线密度的关系。通过这些探索,将实际问题中的函数一般化,得到函数瞬时变化率的定义,也即导数的概念。

通过上述几个版本教科书对导数概念的设计分析,可以看到,教科书都非常重视函数瞬时变化率概念的形成过程。主要体现在以下三个方面:

一是三个版本的教科书都是从大量实例入手,如自由落体、高台跳水等运动变化的情境,通过具体问题,引发学生思考,让学生感受到进一步研究此类问题的必要性。

二是在研究问题的过程中,三个版本的教科书都设计了具体的计算问题。由于高中不讲极限的概念,教科书设计了大量计算过程(具体计算过程可以通过信息技术完成),例如,在北师大版教科书中瞬时变化率的"实例分析"呈现如表4-5所示,类似的表格多次出现。在具体数据面前,让学生直观感受"附近""逼近""无限趋近"等词语的含义,进而体会极限的思想。

表4-5

t_0/(s)	t_1/(s)	时间t的改变量 Δt/(s)	高度h的改变量 Δh /(m)	平均速度$\Delta h/\Delta t$(m/s)
5	5.1	0.1	4.949	49.49
5	5.01	0.01	0.49049	49.049
5	5.001	0.001	0.0490049	49.004 9
5	5.000 1	0.000 1	0.004 900 049	49.000 49
……	……	……	……	……

三是充分经历由平均变化率过渡到瞬时变化率的过程。从有限到无限,也是学生理解导数的关键。为了让学生更好地理解概念,各版本教材都设计了从不同角度、不断递进的过程。以人教A版教科书为例,设计中让学生经历4次由平均变化率过渡到瞬时变化率的过程:

过程1:物理学中由平均速度过渡到瞬时速度的过程——典型实例分析;

过程2:几何学中特殊曲线由割线过渡到切线、由割线斜率过渡到切线斜率的过程——典型实例分析；

过程3：一般函数 $y=f(x)$ 从平均变化率过渡到瞬时变化率的过程——给出导数的概念；

过程4：一般曲线 $y=f(x)$ 由割线过渡到切线、由割线斜率过渡到切线斜率的过程——给出导数的几何意义。①

过程3主要是对两个不同类型的典型实例进行属性的分析、比较、综合，概括它们的共同本质特征，得到本质属性，进而抽象概括出导数概念——用准确的数学语言表述的导数概念，属于概念教学一般进程中的“概念的形成”和“概念的明确与表示”环节。

过程4主要是对过程2中的曲线进行一般化处理，从特殊到一般，得到一般切线概念以及导数的几何意义的过程，学生通过再一次经历由平均变化率过渡到瞬时变化率的过程，建立多元联系，进一步理解导数的概念及其几何意义，帮助学生初步理解导数的内涵——导数是瞬时变化率。

对于导数概念的形成过程，三个版本教科书的设计都是从实际问题中引出函数平均变化率的概念，再从实际问题中提出瞬时速度问题，探究瞬时速度和平均速度的关系，继而得到瞬时速度的概念，再将具体情境中的函数一般化得到函数的瞬时变化率。这一过程充分体现了数学概念的抽象过程，通过典型丰富的实例抽象概括出导数的概念和一般切线的概念，得出导数的几何意义，其数学抽象是基于已有的基本概念和基本观念，是通过逻辑建构的，并以符号化、形式化呈现出来。以此希望学生能达到初步“感知微积分的基本思想，理解导数的内涵和思想，理解导数的几何意义，体会极限思想”的单元教学目标，提升数学抽象和直观想象等素养。

---

① 章建跃，李海东．高中数学教科书编写研究[M]．北京：人民教育出版社，2020：284.

第五章　高中立体几何内容的概念体系

几何学的课题就是去研究、理解空间的本质，是我们研讨大自然、理解大自然的自然起点和基石所在；它也是整个自然科学的启蒙者和奠基者，是理所当然的第一科学。不论在自然科学的发展顺序上，或在全局的基本重要性上，几何学都是当之无愧的先行者与奠基者，也是种种科学思想和方法论的自然发祥地。

——项武义《基础几何学》

第一节　立体几何内容概述

在数学中，几何学有着非常重要的地位，因为几何学的建立使得数学从经验转化为理性，从特殊上升为一般，从而成为一门科学。几何与代数作为高中数学课程的一个主题，立体几何是其主要内容。高中立体几何内容的主要结构及其蕴含的主要的数学思想方法和重点提升的学科核心素养等如图5-1所示。

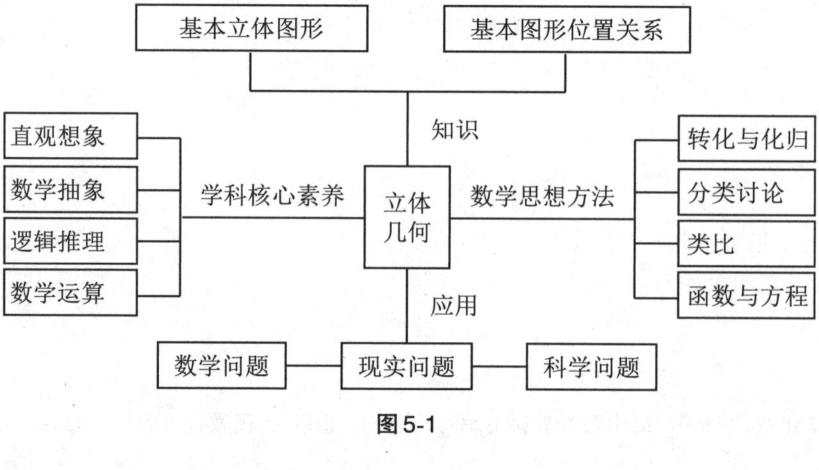

图5-1

一、立体几何的地位与作用

1. 立体几何在数学中的地位、作用

在古希腊时期通过对立体几何的研究,亚里士多德提出的论证思想给数学的发展带来了巨大的推动力,除了规定证明的前提之外,还规定了证明的形式,其中最重要的就是关于三段论的学说。亚里士多德不仅为数学家提供了演绎逻辑的方法,而且提出了建立这些方法的思维基础,即矛盾律和排中律。这些工作也为数学成为科学奠定了思想的基石。

通过对立体几何的研究,数学家实现了对几何图形的数学抽象。我们知道,数学抽象在本质上表现为对概念的抽象和对证明的抽象。①

(1) 几何学分类

从本质上看,几何学讨论研究空间图形的性质。空间图形千姿百态,它们的性质又是如此众多且各不相同,因此有必要把它们分类,构成不同的几何学。一种分类标准是建立在研究方法的基础之上。任何学科都有自己独特的研究方法,几何的研究方法可分为“综合”与“解析”两大类。综合几何运用公理化方法,将理论建立在纯粹的演绎推理基础之上,其中定理都是由一组称为公理或公设的原始命题推导出来的。公理化方法已成为现代数学中一个重要的思想方法;解析法是将几何建立在引入数值坐标的基础之上,通过代数运算进行几何研究。这种方法给数学学科带来深刻变化,将几何、代数、分析统一成一个有机体系,从运动变化的角度反映了数形结合与转化的数学思想。另一种分类方法是按照空间性质的深度和稳定性的不同层次,根据不同的研究对象而分成各种几何学,这种分类原则最初由德国数学家克莱因(F. Klein)在1872年就任德国Erlangen大学教授时发表的演说中提出来的,后称为爱尔朗根纲领。它把几何与变换群的概念紧密结合起来,这对以后的几何学发展具有巨大的影响。

(2) 公理化发展的三个阶段

几何学中的公理化方法主要是从数学(主要是几何学)和逻辑学的发展中产生的。一般认为公理化方法的历史发展,大致可划分为产生、完善和形式化三个阶段。

① 公理化的产生。公理化思想源于2000多年前古希腊的几何,在公元前7世纪以前,所谓的几何学都是粗糙的、零散的,是依据观察和实验获得的。公元前7世纪后,希腊学者开始对当时的数学知识做了有计划的加工整理,并试图将其组成一个严密的知识系统。公元前三百年左右,古希腊数学家欧几里得

① 师前. 高中数学教学“三思”[M]. 上海:上海交通大学出版社,2018.

(Euclid)在巴比伦、埃及几何的基础上,尤其是在古希腊几何的基础上,总结了前人塔利斯、毕达格拉斯、安提丰、德谟克利特、柏拉图、攸多克萨斯、门内马斯等在几何上的优秀成果,应用了亚里士多德的基本逻辑原理、基本逻辑推理方法和初步的公理系统,把从前眼花缭乱的、互不相关的几何知识加以整理和提炼,组成了一个有机的、系统化的整体,写出了人类历史上公认的第一部科学巨著——《几何原本》。它标志了几何学的形成,也标志了古代几何学公理化方法的诞生。

《几何原本》基于5条公设和5条公理,以及相关的定义,展开了13卷的内容,其中蕴含465个命题。亚里士多德认为,公理是一切科学所公认的真理,而公设是为某一门科学所接受的第一原理。

由于欧几里得的几何学公理系统有其特定的对象,而且这些对象都具有明显的直观背景——现实空间,因此,这种公理体系可称为实体的公理系统。简而言之,实体的公理系统就是"对象—公理—演绎"系统,而欧几里得所采用的古代几何学公理化方法,便可称为实体的公理化方法。

② 公理化的完善。《几何原本》虽然开创了数学公理化方法的先河,但是,不可否认,《几何原本》中存有逻辑结构缺陷与较多的默认的假定,而其公设又不能证明它所假定的事实。例如,第二公设断言:每条直线都可以无限延长。可是,此处不一定意味着直线是无限的,只能意味着直线是无端的或无界的;第五公设是否可用其他公理来证明或代替。这些问题成为后来许多数学家研究的课题,2000多年来,人们希望以清晰、简洁而又含最少量的初始概念来作为数学科学的可靠而充分的基础。

由《几何原本》的第五公设而导致的19世纪非欧几何的建立,在数学史上具有划时代的意义,标志着人们对空间形式的认识发生了飞跃,从直观空间上升到抽象空间。在建立非欧几何的过程中,公理化方法得到了进一步的发展和完善。自此,几何有三套逻辑体系——欧几里得几何、罗巴切夫斯基几何、黎曼几何。这三套逻辑体系的差异就在第五公设上,三种逻辑体系都是不矛盾的,只是出发点不同而已。而且,数学家已经证明,这三种几何中任何一种出现逻辑体系内在的矛盾,那么,另外两种也会出现对应的问题。实际上,我们可以这样来看一个三角形。如果在地球上画一个小三角形,那么对于这个三角形的三内角之和可以认为是180°(这样理解不会给我们带来致命的问题)。但是严格来说,如果你是在地层底下看这个三角形,那么它的三内角之和是小于180°的。但如果在地球外面看,则是大于180°的。就一般尺度的空间内,欧几里得几何已经够用了,但是如果涉及宇宙的尺度,就必须考虑到引力给空间造成的弯曲,这样非欧几何就派上用场了,这就是所谓的“相对论效应”。

③ 公理化的形式化。德国数学家帕斯(M. Pasch)认为,几何学如果要成为一门真正的演绎科学,最根本的是推导的进行必须完全独立于几何概念的涵义,同样地也必须不以图形为依据,而所考虑的只能是被命题或定义所确定的几何概念之间的关系。就是说,一个公理系统必然要有本系统里不定义的概念,通过这些概念就可以给其他概念下定义,而不定义概念的全部特征必须由公理表达出来。公理可以说是不定义概念的隐定义。有些公理虽然是由经验提出来的,但当选出一组公理之后,必须不再涉及经验及物理意义。公理绝不是自明的真理,而是用以产生任一特殊几何的假定。帕斯的这些思想已经表达了形式公理系统的特征。

希尔伯特几何公理系统,除了有几何模型外,还可以有其他模型(如算术模型),所以它是一个形式化公理系统。自从《几何基础》问世以后,不仅公理化方法进入了数学的其他各个分支,而且也把公理化方法本身推向了形式化的阶段。

希尔伯特指出,一个严格完善的公理系统,对于公理的选取和设置,必须具备三个基本要求:即相容性、独立性和完备性。相容性是指在一个公理系统中,不允许同时能证明某一定理及其否定理。公理系统的无矛盾性是一个基本要求,任何学科理论体系都必须满足这个要求。独立性是指一个公理系统中的每一条公理都独立存在,不允许有一条公理能用其他公理把它推导出来,同时使公理的数目减少到最低限度。完备性是指要确保从公理系统中能推出所研究的数学分支的全部命题,也就是说,必要的公理不能减少,否则这个数学分支的许多真实命题将得不到理论的证明或者造成一些命题的证明没有充足的理由。

从公理化思想的诞生、欧式几何的建立、非欧几何的提出和形式化公理体系的形成过程中,可以发现数学家们进行了不同阶段和层次的数学抽象。首先是对实体及其关系的抽象。对实体的几何抽象分为两个阶段:第一阶段是抽象出几何对象及其关系。从客观世界中存在的事物出发,数学家们抽象出几何对象及其图形的属性。比如,从笔直的绳子、路等实物中抽象出“线”的形象,并理想化为具有无限延长的属性,进而抽象出几何对象的关系,比如,两点确定一条直线,以一点和定长为半径可以画圆等。这些都已经是超越了经验直观的理想化抽象,此时人们从客观世界中抽象出了繁多的几何结论,但这些纷繁复杂的结论并没有形成体系,欧几里得运用公理化思想将它们系统化,建立了可以解释客观世界的几何模型体系,这是对实体的几何抽象的第二阶段。这些几何对象和关系与人们的经验实在如此的接近,以至于当时的人们认为就是生活在欧式空间里。

在实体公理化的基础上是对公理系统的再次抽象，这主要分为两个阶段：第一阶段是对公理的重新认识，从非欧几何的提出和被接受的过程可以发现，人们对公理的认知从实体经验上升到了理论假设，也就是公理不必来自实践经验，可以是假设的，只要逻辑体系无矛盾即可，这一下子打开了数学家的思路，但数学家们也认识到，好的数学体系是能够解释这个世界，能够被人们所接受的，因而随意假设的公理没有实际意义，这个阶段是对几何公理化体系的探索阶段。第二阶段是希尔伯特提出的形式化公理阶段，也就是从原始不定义概念和一组公理出发，通过演绎推理，建构公理化体系。特别的是，原始不定义概念已经完全形式化和符号化，它们的内涵是受公理制约的，而公理满足相容性、独立性和完备性的特点。这个阶段的抽象是对实体抽象的再抽象，是对几何体系不断精致化、系统化和形式化的过程，是高级抽象。

那么，反思中小学生学习几何的过程，也会有相似的阶段。在小学时，学生会从生活中丰富的几何形象中建立点、线、面、三角形、正方形等几何图形，通过直观实验探索几何图形之间的关系，这是第一层次的抽象，学生此时会掌握较多的几何结论，正如公元前7世纪到公元前3世纪的希腊数学。到了初中，会学习公理化思想，对已经知道的结论从基本事实出发，经过逻辑推理进行证明，探索新的结论，建立初中平面几何知识体系，再到高中的空间几何知识体系，这是第二层次的抽象，是对第一层次抽象的系统化和精致化的过程，正如欧几里得所做的工作。因此，在小学图形与几何的学习中，需要让学生丰富他们对图形及其关系的认识，在初中教会他们公理化的方法，体会公理化思想的作用，而不仅仅是教他们对基本事实和定理推论等静态知识的掌握。

2. 立体几何在中学阶段的地位和作用

(1) 立体几何在中学阶段的研究内容

“几何”在文言文中的含义是“多少”，在意大利传教士利玛窦(M. Ricci)和我国明朝末年的科学家徐光启合译的《几何原本》中，把它作为专有数学名词，一直沿用至今。

立体几何研究的是三维空间中物体的形状、大小与位置关系，通过立体几何的学习对我们认识、理解现实世界具有重要的意义。在小学和初中，学生已经认识了一些从现实物体中抽象出来的立体图形。小学阶段学生直观认识了长方体、正方体、圆柱体，并且学习了它们的体积与表面积的求法；了解了圆锥，知道了求圆锥体积的公式；通过球形的物体直观认识了球；知道观察立体图形时，角度不同，看到的形状可能不同。初中时学生学习了更多的立体几何知识，比如，了解了立体图形与平面图形的区别，直观认识了棱柱、棱锥，了解了点、线、面、体以及它们之间的关系，在求扇形面积时还学会了求圆锥侧面积及全面积的方法，学习了立体图形的三视图等。

学生在高中阶段学习立体几何，侧重于这样的三个方面：几何图形的分类、图形研究的基本问题和图形研究的基本思想方法。

① 几何图形的分类。在高中阶段，几何图形分类是对所学图形的分类，一般有两个角度，一个角度是按不同维度进行分类，分为平面图形和空间图形；另一个角度按照“直的”和“曲的”进行分类。

图形分类是几何学的基本问题，德国伟大数学家菲利克斯·克莱因做了开拓性工作，之后有很多数学家进行了拓展工作和深入研究。

② 图形研究的基本问题。图形研究基本问题主要有两个方面，一是从不同角度研究图形构成要素，获得定义和性质等，例如，对直线来说，可以从几何角度，得到“两点确定一条直线”；可以从解析几何角度（即代数角度），得到“在平面直角坐标系中，每一个二元一次方程表示一条直线”；也可以从向量几何角度（即向量角度），得到“给定一个点和一个非零向量，可以唯一确定过此点与向量平行的直线”。二是研究图形之间的关系，其中最主要的关系是图形之间位置关系和度量关系。例如，对于直线、平面之间位置关系有相交、垂直、平行；度量关系有距离、角度、面积、体积等。

③ 图形研究的主要思想方法。在高中阶段，主要利用综合几何法、解析几何法和向量几何法研究立体图形，在讨论一些特定问题时，还可以用变换几何方法、分析（微积分）方法等。在研究过程中，运用的主要数学思想方法有转化与化归、分类讨论、类比，如立体图形问题转化为平面图形问题、垂直问题类比平行问题来解决等，在解决数量关系时也用到函数与方程。

（2）立体几何在中学阶段的研究方法

几何学在研究方法上大致可以划分为以下几个阶段[①]：

① 实验几何：用归纳实验去发现空间的本质。

② 推理几何：以实验几何为基础，用演绎法以逻辑推理去探索新知，对已知的各种各样空间本质，做系统化的分析。在这方面，古希腊文明获得了辉煌的成就，也是全人类理性文明中的重大篇章。

③ 坐标解析几何：笛卡儿和费马通过坐标系的建立，把几何学和代数学结合起来，开创了近代数学的先河。促使微积分的产生和运用解析法研讨自然现象的方法。

① 项武义．基础几何学[M]．北京：人民教育出版社，2004：2.

④ 向量几何:向量几何在本质上是不依赖于坐标系的解析几何,它自然而然地化解了原来在坐标解析几何中,由坐标系的选取所引入的各种各样(非几何的)非不变量的困扰。

在高中阶段,几何的呈现形式是用综合几何的方法认识几何图形,用解析几何和向量几何的方法处理平面曲线和空间图形。高中教科书在"立体几何初步"这一章节的研究基本上属于欧几里得几何范畴,即推理几何。欧几里得几何学抓住最浅显的道理,以此为出发点,用逻辑推理把很不显然的几何事实推理出来,得出不显然但让人吃惊的东西,使人能用最基本的规律认识世界。两千年来欧几里得几何作为一切科学的楷模的文化与教育价值,使人类开始有这样一种信心:人能用最基本的规律认识世界。世界有它的规律性,我们要抓住最基本的规律性,用最简单的基本规律驾驭复杂现象。

几何是从实践中产生的,研究几何物体量的关系和相互位置。这里的几何体是舍弃了其他性质如密度、颜色、质量等,而仅从它的空间形式的观点来加以考察的现实物体。即采取"纯粹形式"的现实物体的空间形式和关系作为自己的对象,正是这种抽象程度把几何同其他也是研究物体的空间形式和关系的科学区别开来。

抽象引起了几何的思辨方法,对于没有任何厚度的直线、平面,对于"纯粹形式"是不能做实验的,只有用推理的方法从一些结论导出另一些结论。所以,几何定理应该由推理来证明,否则这定理就不属于几何,就与"纯粹形式"无关。几何发展的主要动力,就是实践和抽象思维的相互作用。

(3) 立体几何对于发展数学学科核心素养的作用

① 培养直观想象。直观想象是指借助几何直观和空间想象感知事物的形态与变化,利用空间形式特别是图形,理解和解决数学问题的素养。我们知道,几何直观的本质是将相对复杂、抽象的问题"图形化",利用图形描述问题,进而借助图形分析解决问题;而空间想象则是以现实世界为背景,基于对几何图形的运动、变换和位置关系的把握,对事物的几何表象进行加工、改造,甚至去创造新的空间形象。由此可见,两者既有各自的侧重点也有较多的交融点,我们更多地关注其在相互交融基础之上价值取向的拓展。①

英国数学家M. 阿蒂亚(M. Atiyah)提出"几何是数学中这样的一个部分,其中视觉思维占主导地位,我们也许用'洞察'这个词来刻画更好,它在真正的数学研究中起着本质的作用。"阿蒂亚的这段话讲的是几何直觉,它是指对几何

① 史宁中,王尚志. 普通高中数学课程标准(2017年版)解读[M]. 北京:高等教育出版社,2018:114-115.

图象迅速而直接的洞察和领悟，这种洞察和领悟是对几何图象的敏锐把握，它能透过图形的复杂表象，把握住图形之间的内在联系，这也是直观想象中关键一步。就具体的立体几何问题而言，由实物、几何模型或图形带来的直觉，帮助学生理解问题的本质，进而更迅速、准确地解决问题。

正因如此，弗赖登塔尔(H. Freudenthal)认为："把这种从学生在物理空间的具体活动通过抽象、绘图、做出模型的有限步骤达到几何直觉的最高阶段的道路清楚地描绘出来是有巨大的教育学方面的好处的。"

② 提升空间想象能力。空间想象能力是对空间形式的观察、分析、抽象的能力，主要表现为识图、画图和对图形的想象能力。识图是指观察、研究所给图形中几何元素之间的相互关系，想象出其直观形象；画图是指将文字语言和符号语言转化为图形语言，以及对图形添加辅助图形或对图形进行分解、组合与变换；对图形的想象主要包括有图想图和无图想图两种，运用图形与图表等手段形象地揭示问题的本质。

我们生活在空间与图形的世界里，图形直观、几何模型、几何图形的性质，是准确描述现实世界空间与图形关系，解决学习、生活和工作中各种问题的工具。随着计算机制图和成像技术及人工智能的发展，处理空间与图形问题的几何方法更是被广泛运用到人类生活和社会发展的各个方面。因此，把握空间与图形的空间想象力是学生应具备的基本数学素养，对于学生更好地认识、理解生活的空间，更好地生存与发展具有重要意义。

③ 发展数学抽象和逻辑推理素养。几何发展的主要动力是实践和抽象思维的相互作用，几何学基本的问题来自大自然，发展更依赖于一级又一级的抽象。

立体几何学作为一个严谨的逻辑体系，其精密的推理过程呈现在学生面前，有利于他们形成科学的世界观和理性精神；立体几何具有深刻的逻辑结构，丰富的直观背景和鲜明的认知层次，是一种有效的训练手段，有助于培养学生良好的思维习惯；立体几何是对思维进行系统的、较为严格训练的一门科学，是抽象和推理系统自然发展的一部分，从大量现实世界中空间几何体的各种几何元素间的位置关系及度量关系中抽象概念和定理，需要数学抽象；对定理和几何问题进行判断、推理、论证，能有效地发展学生逻辑推理能力。尤其在锻炼和培养学生的逻辑推理能力方面，立体几何在高中数学教学中占据着特殊的地位。因为立体几何证明题的方法不是很多，要得到某种结论通常是要先通过证明另一个结论来实现的，每一步的证明都是环环相扣、步步推进的，这一点在高中数学的教学上是任何其他知识所无法替代的。

立体几何发展逻辑推理素养:一是在证明中,要以典型三段论的形式,严格按照逻辑推理的步骤完成推理和论证;二是在计算中,立体几何中的计算,往往需要先画出或作出有关的几何量,然后再进行计算,这里的作图是需要证明的,证明过程更体现出逻辑推理的作用。立体几何的计算并非单纯的数字计算,而是与作图和证明相结合的。立体几何计算题的主要步骤可以归纳为"画""证""算"三步。"画"是画图,添加必要的辅助线或画出所要求的几何量,或进行必要的转化;"证"是证明,用三段论的方法证明所画的几何量即为所求;然后进行最后一步计算。这三步之间紧密相连,环环相扣,互相制约,形成了解决立体几何计算问题的思维程序。

3. 立体几何在后续学习中的作用

一方面,由于几何图形本身具有很强的直观性,以直观图形为载体的逻辑推理层次清晰、结论明确、可信度强;在代数分析中出现的众多几何术语表明:在某种意义上,几何直观已经渗透到一切数学领域中,甚至在那些看来几何是无所作为的领域内,几何直观仍然保持着强盛的生命力,其原因就在于几何直观所能启示的东西是重要的、可接近的和有趣的。另一方面,随着计算机的普及,几何语言(如图形、表格、图象)已经成为日常生活中一种重要的工具,从而也为几何直观在其他领域的广泛迁移提供了条件。

大学高等几何课程是在学生具备初等几何、解析几何、高等代数、数学分析、近世代数等知识的基础上,系统地学习射影几何的基本知识,使学生能用变换群的观点来看待几何学,加深对几何学的理解,拓展几何空间概念。 高等几何蕴含的基本数学思想有公理化思想、几何变换思想和对偶原理思想等。高等几何中的变换是把初等几何的正交变换扩大到仿射变换,再扩大到射影变换,几何变换用近代数学的观点来看是"几何运算"。

4. 立体几何与其他学科的联系

几何学,作为一门数学分支,是刻画和反映现实空间性质的学说。从宏观上看,立体几何在研究宇宙空间中发挥巨大的作用。如1915年,爱因斯坦创立"广义相对论",把宇宙看成是弯曲的四维空间,让微分几何学和高维几何学结合起来,从而发现宇宙空间原来也是一种流形,而拓扑结构,流形上的距离,高维几何对象的描述方法,一下子提出了无数的几何学问题。几何学在20世纪下半叶,成为数学发展的主流学科。直到今天,几何学仍然是当代数学的生长点。[①]从微观上看,立体几何作为一种模型常在物理、化学、生物等学科中研究物质之间的关系与性质,如对分子结构的研究为新材料学的发展,为科技的进

① 张奠宙,沈文选.中学几何研究[M].北京:高等教育出版社,2006:1.

步做出了巨大贡献。另外，立体几何在土木建筑、机械设计、航海测绘等大量实际问题中都有着广泛的应用。

二、高中立体几何初步的总体分析

1.《课标》对立体几何内容的总体设置

(1) 关于立体几何的内容

《课标》对立体几何内容的设置主要分为两部分，如图5-2所示(必修部分结构图选自人教A版教科书培训资料)：一是在必修中，先介绍基本立体图形和基本图形的位置关系。基本立体图形包括柱、锥、台、球及其简单组合体。基本图形的位置关系包括围绕点、直线和平面的3个基本事实，以及空间中直线与直线、直线与平面、平面与平面的平行和垂直关系。接下来还安排了几何学的发展作为选学内容。二是在选择性必修中，作为空间向量的应用，运用向量的方法研究空间基本图形的位置关系和数量关系，让学生体会向量方法和综合几何方法的共性与差异。

《课标》在必修内容中，几何与代数主题建议42课时，对于立体几何初步内容，A版教科书安排了19课时，B版教科书安排了13课时；在选择性必修内容中，几何与代数主题建议44课时，对于空间向量的应用，A版教科书安排了6课时，B版教科书安排了9课时。

(2) 关于立体几何的定位

《课标》在课程性质中，首先介绍了数学的特征："数学是研究数量关系和空间形式的一门科学。数学源于对现实世界的抽象，基于抽象结构，通过符号运算、形式推理、模型构建等，理解和表达现实世界中事物的本质、关系和规律。"在课程内容方面，突出了贯穿高中数学课程的四条主线，即函数、几何与代数、统计与概率，以及强调应用的数学建模活动和数学探究活动。

"图形与几何"是义务教育阶段数学学习的主要内容，研究平面图形是重点，也初步了解了空间图形、曲边图形(如圆)、曲面图形(如球)。

在高中阶段，几何与代数作为高中数学课程的主线之一，图形作为基本研究对象，图形研究成为重点。立体几何作为几何与代数主题的重要内容，主要研究现实世界中物体的形状、大小与位置关系。通过直观感知、操作确认、推理论证、度量计算等认识和探索空间图形的性质，建立空间观念。同时高中阶段几何与代数主题中包含向量内容，向量既是代数研究对象，也是几何研究对象，是沟通代数与几何的桥梁。在选择性必修内容中，空间向量与立体几何结合，从不同角度解决立体几何问题(如距离问题、角度问题)，突出了几何直观与代数运算之间的融合，即通过形与数的结合，感悟数学知识之间的关联，加强对数学整体性的理解。

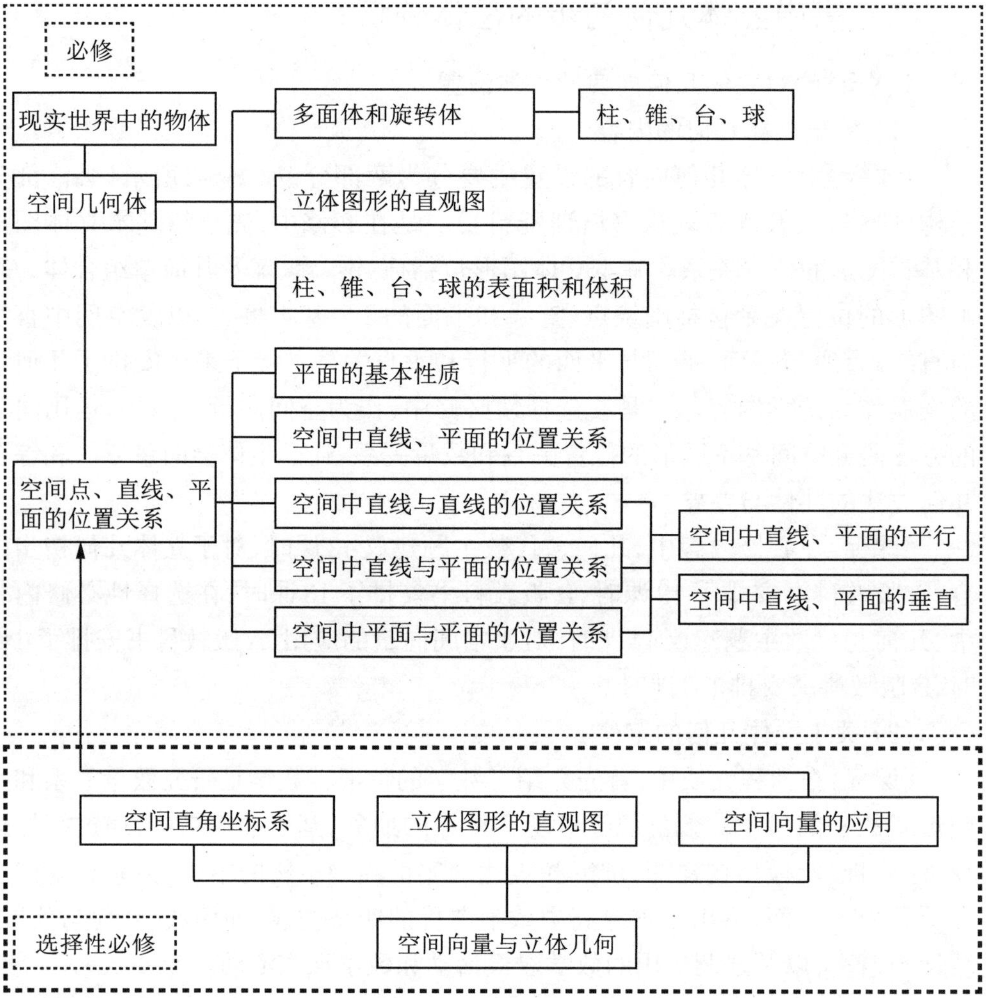

图5-2

2. 与《实验版课标》立体几何内容设置的比较

新中国成立以来，立体几何的教学目标有始终不变的要素，即几何的基础知识、基本技能（特别是画图的技能）、空间想象力、逻辑推理能力、解决实际问题的能力。

在《实验版课标》中，立体几何初步是必修课程数学2的内容，空间中的向量与立体几何是选修课程2-1的内容。《实验版课标》对立体几何初步内容的基本要求是“认识空间图形，培养和发展学生的空间想象能力、推理论证能力、运用图形语言进行交流的能力以及几何直观能力”。

与《实验版课标》相比,《课标》中立体几何初步内容的主要变化有四个方面:

一是删掉了与三视图相关的内容。《实验版课标》要求“能画出简单空间图形(长方体、球、圆柱、圆锥、棱柱等的简易组合)的三视图,能识别上述的三视图所表示的立体模型。”“通过观察用两种方法(平行投影与中心投影)画出的视图与直观图,了解空间图形的不同表示形式。”主要是由于在义务教育《课标》中对于图形的投影内容,要求“会画直棱柱、圆柱、圆锥、球的主视图、左视图、俯视图,能判断简单物体的视图,并根据视图会描述简单的几何体。”“通过实例,了解上述视图与展开图在现实生活中的应用”。为避免重复,《课标》删掉三视图内容。

二是在研究基本图形位置关系的过程中,反复强调了“借助长方体”。长方体是空间中最简单,学生最熟悉,构成要素(点、直线、平面)的位置关系最典型的模型。因此,《课标》强调借助长方体,直观认识空间点、直线和平面,认识空间中直线与直线、直线与平面、平面与平面的平行和垂直关系,突出了基本模型的作用。

三是调换了性质定理与判定定理的顺序。《实验版课标》对内容要求呈现的顺序是“定义—判定定理—性质定理”,《课标》对内容要求呈现的顺序是“定义—性质定理—判定定理”,这也体现了对数学对象研究的不同脉络。

四是增加了选学内容——几何学的发展。《课标》要求“收集、阅读几何学发展的历史资料,撰写小论文,论述几何学发展的过程、重要结果、主要人物、关键事件及其对人类文明的贡献。”让学生了解数学史也是人类文明的重要组成部分,感受数学的科学价值、应用价值和文化价值,也是文化育人的体现。

由此可见,《课标》更加关注利用几何课程提升学生的直观想象、逻辑推理等学科核心素养,引导学生以基本图形为载体认识事物的位置关系、形态变化与运动规律;利用图形描述、分析数学问题;建立数与形的联系,构建数学问题的直观模型,探索解决问题的思路。这里,虽然在语言表达上有一些变化,更加关注“过程”,注重发展学生认识和解决几何问题的能力,本质上还是以几何知识为载体,使学生在掌握双基的过程中发展相关的能力。在确定几何课程的教学目标时,还是要注意发挥几何的独特育人功能,更加注重几何直观、空间想象和逻辑推理等方面的能力。①

① 章建跃.核心素养统领下的立体几何教科书变革[J].数学通报,2017,56(11):1-7.

3. 几个版本教科书中立体几何初步内容的设置

人教A版、人教B版和北师大版教科书在“立体几何初步”这一章中，内容的安排及课时的对应大致相同，具体如表5-1所示。

表5-1

人教A版必修2	人教B版必修4	北师大版必修2
8.1 基本立体图形 8.2 立体图形的直观图 8.3 简单几何体的表面积与体积 8.4 空间点、直线、平面之间的位置关系 8.5 空间直线、平面的平行 8.6 空间直线、平面的垂直 小结	11.1 空间几何体 11.2 平面的基本事实与推论 11.3 空间中的平行关系 11.4 空间中的垂直关系 本章小结	1. 基本立体图形 2. 直观图 3. 空间点、直线、平面之间的位置关系 4. 平行关系 5. 垂直关系 6. 简单几何体的再认识 本章小结
19课时	20课时	16课时

三个版本的教科书都遵循从整体到局部、从具体到抽象的原则，先整体介绍空间几何体，再研究空间线面之间的特殊位置关系——平行和垂直，即以“整体——局部”的顺序展开。各版本教科书在整体结构上是一致的，但在编写中对具体内容呈现的顺序、方式，以及具体要求等方面存在差异。

(1)关于直观图的呈现

对于“直观图”这一节内容，人教B版在第一节中就出现了“斜二测”画法，教材通过这样处理，是希望对后续学习柱、锥、台、球的概念时，面对抽象出来的图形，有一个清晰的直观的认识。另外，在空间几何体的基本元素与空间中点、线、面的位置关系学习中，教科书主要选用“长方体”模型作为例子进行说明，而长方体如何画在二维平面上，“直观图”的学习则提供了依据。

人教A版和北师大版教科书，对该知识的处理顺序比较一致，都是在空间几何体概念学完之后，再进行讲解。主要是由于学生在小学和初中对立体几何具有一定的学习经验，尤其是对长方体、球等直观图的认识，只是没有深入解释作图的标准，所以延续之前学习对图象认识的经验，学完特殊几何体概念后再学习作图标准，这更符合学生认知过程。

相对来说，人教B版对“直观图”内容设置整体上更符合逻辑，更利于学生自己动手作图，人教A版和北师大版对“直观图”内容设置更符合学生认识过程，从已有经验迁移到理性分析。

(2) 关于柱、锥、台、球表面积、侧面积、体积的呈现

对于柱、锥、台、球的表面积和体积的位置，人教A版和B版更偏向于保留

已有的传统，在柱、锥、台、球的概念学完之后学习该内容，人教A版和B版认为，几何体中相关几何量的学习难度要低于公理化体系的学习难度，本着知识先易后难的原则设置教学内容。

北师大版把此内容放在整章最后学习，将公理化体系建立在对柱、锥、台、球认识的基础上，即先有空间几何体位置特征分析，再进行数量特性的研究。这种差异性体现了教材编写者对知识系统性、对学习者认知规律的不同理解。

对于柱、锥、台、球的体积公式如何呈现，三个版本教科书也有差异，人教B版对空间几何体体积的内容设置是先学习祖暅原理，然后以此推导柱、锥、台的体积公式，在阅读材料中通过牟合方盖介绍用祖暅原理如何推导球的体积公式，强调公式推导原理和推导的过程。人教A版是从以前学习过的柱、锥体积公式学习经验迁移到台的体积公式，采用的是归纳的方式，而球体的体积公式也是从锥体体积公式出发，通过分割、逼近、研究极限状态得到球的体积公式，最后在"探索与研究"给了祖暅原理的阅读素材，人教A版更强调如何利用初中学习经验迁移、归纳。北师大版则是直接给出公式，学生会进行应用即可。

(3) 关于基本事实(公理)的呈现

人教B版将"基本事实"单独作为一节内容进行讲解，放在直观认识了空间中的点、线、面位置关系之后，讲解了三个基本事实及基本事实1的三个推论，而将基本事实4放在后面平行关系中。人教B版之所以单独以三个基本事实为一节内容，首先，强调基本事实在平面中的应用，例如，截面问题以及点在线上、线在面内、三线共点的证明问题等；其次，作为公理化体系学习的开端，为后续学习奠定了基础。

人教A版是在空间基本元素的位置关系学习中，在对平面这一概念的学习中设置了4个基本事实和3个推论，是将基本事实作为平面的性质以及对平面的深入理解来设计的，将其放在空间基本元素位置关系知识体系中。

北师大版与人教A版类似，将基本事实也放在空间基本元素位置关系这一节中，但知识引入方式有所不同，北师大版是通过回顾初中平面几何基本事实的学习内容，然后迁移到空间中，给出4个基本事实及3个推论，更强调学习经验的延伸，同时以是否共面为标准将直线进行分类，分为共面直线与异面直线。

(4) 关于平行关系的抽象

人教B版在平行关系的教材内容设置中，借助长方体，直观感受线线平行与异面直线的基础上，再系统学习平行直线与异面直线，以及空间四边形，在应用中提到了空间中的等角定理，然后再讲空间中线面平行、线线平行的判定定理与性质定理，教材内容设置上侧重从生活情境引入，通过观察及进一步的抽象得到定理，再对定理进行严格证明过程。

人教A版在内容设置上与人教B版比较接近，只是定理并不都需要严格证明。例如，线面平行的判定定理是直接从情境中归纳所得，面面平行的判定定理是辨析“两条平行直线平行于平面”与“两条相交直线平行于平面”的不同，再借助长方体，通过归纳得到相应的定理。人教A版强调理解定理并会使用即可。

北师大版主要利用的是长方体作为模型引入定理，只有平面与平面位置关系的判定用到了生活实例，同样两个判定定理直接归纳得到，也不强调严格证明。

(5) 关于垂直关系的抽象

人教B版主要是通过引入空间中线线角与二面角的概念后，再通过几何度量引入线线垂直与面面垂直的概念，空间角的概念只为垂直定义服务，并不以空间中角概念体系的完备为教学目的。对于线面垂直与面面垂直的判定定理与性质定理，遵循观察生活实例，抽象归纳、严格证明的过程，唯一例外的是线面垂直的判定定理没有给出证明，只是归纳得到结论。整个公理化体系强调理解的过程以及如何去应用，在线面垂直概念给出后，进一步给出空间中点到平面的距离的概念。

人教A版与B版类似，强调观察生活实例、抽象归纳，不强调每条定理都证明，但利用探究活动对定理进行辨析，如让学生思考直线与平面垂直判定为何不能用直线与平面内两平行线分别垂直，深化对定理合理性的理解，不严格证明。北师大版与人教A版类似，强调对定理的理解，而非严格证明，更侧重于如何运用定理解决问题。

三个版本的教科书，在平行与垂直关系内容的处理上，人教B版对定理的严格证明有较高要求，强调如何去应用定理解决问题，对教材知识内容的逻辑性，学生的思维深度与广度要求较高。而人教A版和北师大版关注学生对定理合理性理解，对定理不一定非要证明，更侧重于如何运用定理解决问题。对于定理是否要求证明的处理上，人教A版和北师大版更符合《课标》要求。

第二节 基于数学抽象的立体几何核心概念

一、点、直线、平面、长方体

1. 点、直线和平面概念的历史发展

高中立体几何课程的研究对象可以分为两类:一类是基本立体图形、包括柱、锥、台、球及其组合体,它们是“有界图形”;另一类是点、直线和平面,它们是最基本的空间图形,直线、平面都具有无限延展性。定义这些数学对象的数学方式是怎样的呢?我们不妨回顾一下几何图形的定义的发展历程。

欧几里得《原理》的开篇给出了23个定义,这些定义描述了平面几何研究的基本对象,这些研究对象包括:点、线、面、角、多边形、平行线等。根据历史文献记载,这些名词并不是欧几里得创造的,欧几里得的主要贡献是科学地总结了古希腊学者的工作。在日常生活和生产实践中,人们已经发明了这些术语,并能用这些术语进行交流,也就是说,当时的人们已经清楚这些术语的含义,但要对这些术语给出确切的定义却是困难的,不仅需要把握术语含义的本领,还需要高度抽象概括。

欧几里得《几何原本》中关于点、线、面的定义如下所述(其中的序号是原文中的序号):

1. 点是没有部分的。
2. 线只有长度没有宽度。
4. 直线是它上面的点一样平放着的线。
5. 面只有长度和宽度。
6. 平面是它上面的线一样地平放着的面。

欧几里得《几何原本》中的定义显然是存在问题的。一方面是涉及内涵的:在定义中使用了没有给出定义的术语。比如,长度和宽度,需要先给出长度的定义,那么很可能要用到“两点间的距离”这样的术语,这不仅要定义什么是距离,还会涉及“两点间直线段最短”这样的命题,甚至可能会出现定义和命题的恶性循环。另一方面是涉及外延的:在定义中使用了“没有部分的”“一样地平放着”等令人费解的描述,虽然这个世界上不存在“没有部分的”东西,但数学的抽象就是要脱离具体内容,这就意味着数学的定义在现实生活“不存在”恰恰是

合理的。但欧几里得更重要的工作是给出了公理和公设(前面提到),然后用演绎方法构建了一个公理化体系,使得人们对数学的认识可以从经验上升到理性,从具体上升到一般。

1899年希尔伯特《几何基础》一书的发表,不仅给出了欧氏几何的一个形式公理系统,而且解决了公理化方法的一系列逻辑理论问题。该书所讨论的基本元素是“点、直线、平面”,它们之间的基本关系是“点在直线之上、点在平面之上、一点在另两点之间、线段合同、角合同”,它们相互之间的关系用结合、顺序、合同、平行、连续五组公理制约(每一组表达了直观的某种相互联系的基本事实)。即:

- 基本概念
  - 基本元素(点、直线、平面)
  - 基本关系
    - 结合关系
    - 顺序关系
    - 合同关系

- 公理
  - 结合公理
  - 顺序公理
  - 合同公理
  - 平行公理
  - 连续公理

上述这些初始概念和公理看成是没有数学内容的,数学内容是通过解释赋予它们的。例如,希尔伯特是这样定义并解释“点、线、平面”的:

定义设想有三组不同的对象:第一组的对象叫作点,用$A,B,C,\cdots$表示;第二组的对象叫作直线,用$a,b,c,\cdots$表示;第三组的对象叫作平面,用$\alpha,\beta,\gamma,\cdots$表示。点也叫作直线几何的元素;点和直线叫作平面几何的元素;点、直线和平面叫作空间几何的元素或空间的元素。

设想点、直线、平面之间有一定的相互关系,用“关联”(“在……之上”“属于”)“介于”(“在……之间”)“合同于”(“全合于”,“相等于”)等词来表示。

2. 数学课程标准中的点、直线、平面和长方体概念的定位

点、直线和平面是立体几何中最基本的概念,是构建几何图形的基本素材,是进一步研究复杂图形的基础。这些基础的、看似简单的图形定义起来是困难的,数学课程中对这些概念的学习是从实际生活中逐步抽象、彼此关联、循序渐进的方式。

(1) 义务教育《课标》中点、直线、平面和长方体的定位

学生对于“点、直线、平面和长方体”的认识是从小学阶段就开始了。第一学段(1～3年级)要求“能通过实物模型辨认长方体、正方体、圆柱体和球体等几何体”。第二学段(4～6年级)要求“结合实例了解线段、射线和直线”。“通过观察、操作,认识长方体、正方体、圆柱和圆锥,认识长方体、正方体和圆柱的展开图。”第三学段(7～9年级)要求“通过实物和具体模型,了解从物体抽象出来

的几何体、平面、直线和点等”。“会画直棱柱、圆柱、圆锥、球的主视图、左视图、俯视图,能判断简单物体的视图,并会根据视图描述简单的几何体。了解直棱柱、圆锥的侧面展开图,能根据展开图想象和制作实物模型。”

这样的安排,一方面是由于这些概念是从现实生活中抽象得到的。数学源于现实,又高于现实,数学对象来源于现实原型,是抽象思维的产物,也是理想化的产物。在现实生活中,是不存在真正数学中的“点”“直线”和“平面”的。面对千变万化、丰富多彩、造型各异的现实世界中的物体,人们只关注它们的形状、大小和位置关系,抽象得到数学中的“点”“直线”“平面”等基本概念。数学中的点、直线和平面包含了对于客观现实原型的必要简化、纯化和完善,强调突出了现实原型的量的特征,完全舍弃了质的特征。

另一方面,这样的安排也符合学生的认知规律。先通过观察现实生活,从整体上感受生活中的物体,抽象成数学中的几何图形,再通过动手操作(如画图),得到数学中的点、直线、平面的定义。

(2) 高中《课标》中点、直线、平面和长方体的定位

高中《课标》中对于点、直线、平面的要求是:借助长方体,在直观认识空间点、直线、平面的位置关系的基础上,抽象出空间点、直线、平面的位置关系的定义。

对于点、直线、平面和长方体这些构建几何图形的基本概念,由于义务教育阶段已经初步了解,学生具有一定的基础,所以高中阶段主要研究平面,并以此为核心进一步理解直线的“无限延伸”和“直”,平面的“无限延伸”和“平”,这些内容是很抽象的,也不容易描述和表达。《课标》首先要求借助长方体,长方体作为最基本也是最重要的基本图形,生活中长方体的原型较多,学生熟悉长方体中点、线、面之间的关系;其次,通过四个基本事实和等角定理来理解点、线、面之间关系,并通过它们之间的关系来进一步理解这些基本概念。

长方体是特殊的棱柱,所以按照《课标》中对基本立体图形的要求,对于长方体,能利用实物、计算机软件等观察、认识长方体的结构特征,能运用这些特征描述现实生活中的简单物体的结构,知道表面积和体积的计算公式,能用斜二测法画出长方体的直观图。在体会到长方体特殊的结构特征基础上,后续对于基本图形位置关系的研究,《课标》中反复强调“借助长方体”,即:

① 借助长方体,通过直观感知,了解空间中直线与直线、直线与平面、平面与平面的平行和垂直的关系,归纳出性质定理,并加以证明;

② 借助长方体,通过直观感知,了解空间中直线与直线、直线与平面、平面与平面的平行和垂直的关系,归纳出判定定理。

长方体也是典型的从现实生活中抽象出来的基本模型，通过观察长方体的构成要素，能比较直观地“发现”基本图形之间的平行和垂直，进而探究平行与垂直的性质和判定方法。由此可见，长方体的作用贯穿立体几何初步的全过程。

3. 数学教科书中点、直线、平面和长方体概念的设计

(1) 初中教科书中点、直线、平面和长方体概念的设计

人教版教科书第4章“几何图形初步”中，通过观察长方体，由实物到图形，从整体到局部，按照“体—面—棱—顶点”顺序来认识长方体的，如图5-3所示。

图 4.1-2（1）是一个纸盒，它有两个面是正方形，其余各面是长方形. 观察纸盒的外形，从整体上看，它的形状是长方体（图 4.1-2（2））；看不同侧面，得到的是正方形或长方形（图 4.1-2（3））；只看棱、顶点等局部，得到的是线段、点（图 4.1-2（4））等. 类似地观察罐头、乒乓球的外形，可以得到圆柱、球、圆等.

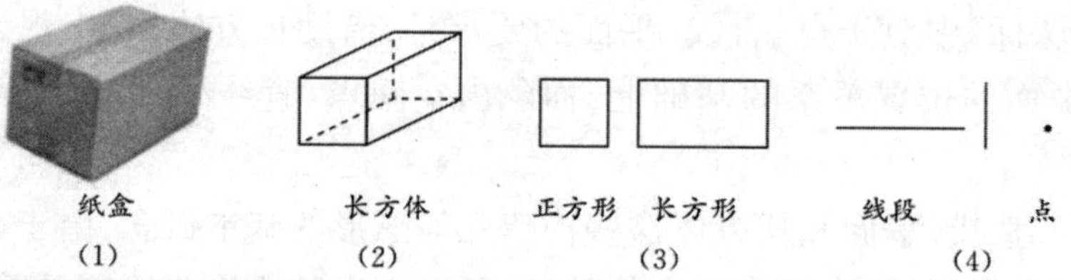

图5-3

然后，给出立体图形的描述性定义：“有些几何图形（如长方体、正方体、圆柱、圆锥、球等）的各部分不都在同一平面内，它们是立体图形。”接下来，借助长方体、正方体、圆柱、圆锥、球等，按照“体—面—线—点”的顺序，进行直观的描述，这里并未给出数学的严格定义，如图5-4所示。最后，又利用实例说明“点动成线、线动成面、面动成体”。由此可见，教科书是通过具体的实例，以描述性的语言阐述“点—线—面—体”之间的内在联系。这也是一种典型的数学抽象，是基于现实的理想化抽象，是从图形与图形之间的关系中抽象出数学概念和数学概念之间的关系。教科书中对“点”“线”“面”概念的处理，既采用了欧几里得《几何原本》定义中的直观特点，又采用了希尔伯特《几何基础》公理化定义中对各概念之间关系的分析。

长方体、正方体、圆柱、圆锥、球、棱柱、棱锥等都是几何体. 几何体也简称体（solid）.

包围着体的是面（surface）. 面有平的面和曲的面两种. 平静的水面给我们以平面的形象，而一些建筑物的屋顶（图 4.1-11）则给我们以曲面的形象. 你能再举出一些平面与曲面的例子吗?

图 4.1-11

夜晚流星划过天空时留下一道明亮的光线，节日的焰火画出的曲线组成优美的图案（图 4.1-12），这些都给我们以线（line）的形象. 面和面相交的地方形成线. 长方体 6 个面相交成的 12 条棱（线）是直的，圆柱的侧面与底面相交得到的圆是曲的.

天上的星星、世界地图上的城市等都给我们以点（point）的形象. 线和线相交的地方是点.

图 5-4

(2) 高中教科书中点、直线、平面和长方体概念的设计

① 人教A版教科书中点、直线、平面和长方体概念的设计。人教A版教科书在“8.4　空间点、直线、平面之间的位置关系”第1小节中给出“平面”的概念。在此之间，已经学习了“8.1　基本立体图形”“8.2　立体图形的直观图”和“8.3　简单几何体的表面积与体积”，对于“平面”已经有了一定的认识。本节内容又包括三个基本事实，即三个公理，由此，该节内容的重心在三个基本事实，所以“平面”的概念是直接给出的，如图5-5所示。教科书中两次提到了“抽象”一词，通过类比初中对点和直线的学习，形成对“平面”概念的认识。

在初中，我们已经对点和直线有了一定的认识，知道它们都是由现实事物抽象得到的. 生活中也有一些物体给我们以平面的直观感觉，如课桌面、黑板面、平静的水面等. 几何里所说的“平面（plane）”就是从这样的一些物体中抽象出来的. 类似于直线向两端无限延伸，平面是向四周无限延展的.

图 5-5

教科书处理的方式是建立在初中已有的学习经验基础上，从特殊到一般，通过类比“点”和“直线”，从实例中抽象出“平面”的概念。这对于部分学生而言，“平面”概念有了一个明确的出处，有积极的一面。从另一面来看，教科书虽然对“平面”概念进行了明确的解释，但整个概念生成抽象的过程过于简单，被告之概念是抽象的结果，然后直接给出相应的结论。

② 人教B版教科书中点、直线、平面和长方体概念的设计。人教B版教科书在“11.1.2　构成空间几何体的基本元素”中给出了“面”的概念。由于之前只学习了“11.1.1　空间几何体与斜二测画法”，并且对于空间几何体只是直观感知并未详细研究，因此，对于本节中“面”讲解得比较细致。

教科书从已经学过的几何体入手，采用静态观察与动态观察两个方面让学生去体会感受“平面”概念的生成。在静态观察中，主要复习了初中教科书中关于点、线、面的相关内容，在动态观察中，通过笔作画，笔尖运动能描出线的形象；塔的侧面，可以看成一条线段运动的结果；最后回到学生最熟悉的长方体，可以看成一个底面沿垂直方向运动的结果，如图5-6所示。

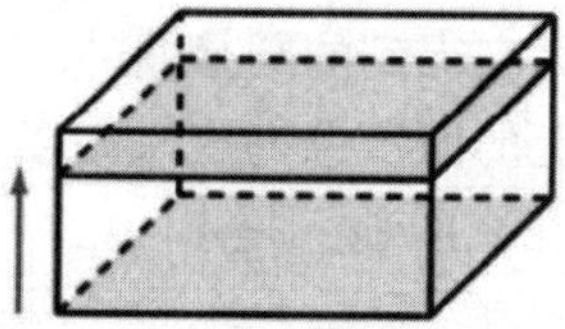

图5-6

动态观察长方体，教科书强调教师通过演示等手段引导学生想象，体会“点动成线、线动成面、面动成体”，从运动变化的角度，感受“面”，以及“面”与其他知识的关联。这种处理一方面复习、回顾初中的相关内容，另一方面强调了运动变化，先静后动的方式让学生去理解空间几何体的生成过程，既是对已有知识的提升，又是高中研究立体图形的一个新的角度。

人教B版教科书中所强调的“面”，是包含曲面和平面两类的，教科书中并没有具体去区分它们，更没有给出“平面”的定义，只是希望学生能从线的运动状态中去感受“曲面”与“平面”的生成过程，不刻意区分二者，对于后续学习柱体、旋转体侧面会有更统一的认识。基于上述情境，如果给“平面”下定义，应理解为“直线沿某方向运动的结果”。

③ 北师大版教科书中点、直线、平面和长方体概念的设计。北师大版教科书在“1.1　构成空间几何体的基本元素”一节中对“平面”概念进行了说明。这也是教科书“立体几何初步”的第1节。教科书先对空间几何体做了“抽象”的处理，强调研究对象为舍弃了一切物理性质的空间几何体，再结合学生最熟悉的长方体对空间几何体的基本元素进行举例说明，加深理解，如图5-7所示。从特殊到一般，对“平面”这一概念进行解释说明，包括符号语言及图形语言，教科书对平面无限延展的性质进行了说明，但这一性质的得到同样是直接给出的，概念抽象的过程主要源自生活经验。

> 舍弃了一切物理性质的空间几何体，由点、线（直线和曲线）、面（平面和曲面）等最基本的几何元素构成.
>
> 如图 6 - 1，长方体由六个面围成，每个面都是矩形（包括它的内部）；相邻两个面的公共边，叫作长方体的**棱**；棱和棱的公共点，叫作长方体的**顶点**. 长方体有 6 个面，12 条棱，8 个顶点. 观察长方体和各种几何体的构成可以发现，任意一个几何体都是由点、线、面构成的，点、线、面是构成几何体的基本元素.
>
> 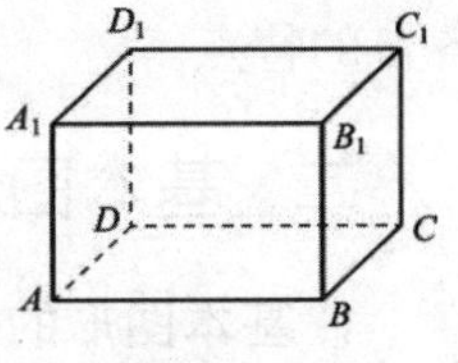
>
> 图 6 - 1
>
> 平面是空间最基本的图形. 平整的桌面、平静的湖面都给人平面的印象，平面是无限延展的. 一般地，用平行四边形表示平面（如图 6 - 2）. 当平面水平放置时，通常把平行
>
> 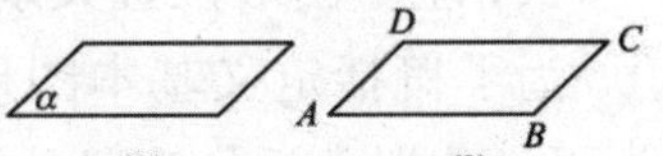
>
> (1)　(2)

图 5-7

三个版本对于“平面”概念的处理有很多相同之处，主要体现在：

一是三个版本教科书都体现了概念的数学抽象过程。“平面”来自现实生活，也是理想化的产物。教科书都是从现实生活中的桌面、湖面等原型，到长方体、正方体等几何模型，再到数学化的“平面”。

二是三个版本的教科书都体现了课标中对“借助长方体”的要求。人教A版教科书是在“8.1　基本立体图形”一节中，通过长方体等多面体，给出“面”的概念。在8.4节直接给出“平面”，过程比较简洁。人教B版教科书和北师大版教科书都是借助长方体得到“平面”的概念。

三是注重了与初中教科书等衔接与提升，体现了螺旋上升。“平面”是学生初中就“熟悉”的概念，高中再学习，如何体现螺旋上升更是教科书关注的。相对初中内容，人教B版教科书动态展示“面动成体”的过程，是以长方体为背景的。结合学生已有的知识基础，三个版本的教科书都强调了“平面”与“直线”的类比，如人教A版教科书在基本事实内容中，反复强调用直线的“直”刻画平面的“平”，用直线的“无限延伸”刻画平面的“无限延伸”。也反复强调了“长方体”的载体和基本图形的作用。

另外，高中教科书增加了“平面”的画法、符号语言和集合语言的表示。如图5-8所示，平面α，也可以表示为：平面$ABCD$、平面AC或者平面BD。如图5-9所示，点A在平面α内，记作$A\in\alpha$；点B在平面α外，记作$B\notin\alpha$。

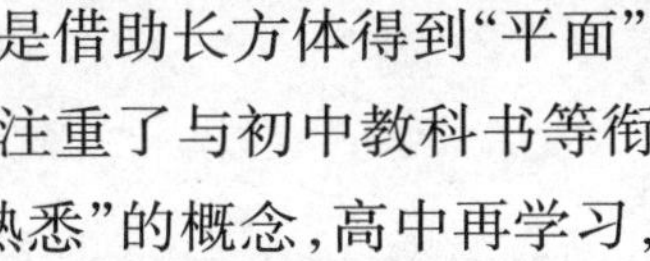

图5-8

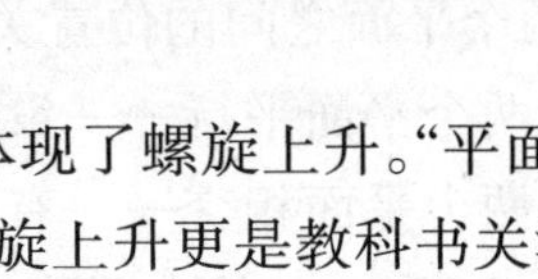

图5-9

由于“平面”在每本教科书中的具体位置不同(主要指在“立体几何初步”章中位置),所以呈现时繁简程度不同,对“平面”理解程度的要求不同,也体现了各自的特点。

二、基本图形的位置关系——平行与垂直

1. 基本图形的位置关系——平行与垂直

(1) 基本图形位置关系的划分

为了概括定义基本图形位置关系中使用的数学思想方法,我们把空间直线、平面位置关系的定义放在一起,分析一下它们的共性。

① 空间两条直线的位置关系:

- 共面直线
  - 相交直线:同一平面内,有且只有一个公共点
  - 平行直线:同一平面内,没有公共点
- 异面直线:不同在任何一个平面内,没有公共点

② 直线与平面的位置关系:

直线在平面内——有无数个公共点;

直线与平面相交——有且只有一个公共点;

直线与平面平行——没有公共点。

③ 两个平面之间的位置关系:

两个平面平行——没有公共点;

两个平面相交——有一条公共直线。

可以发现,定义基本图形的位置关系,先从两个图形有无公共点及公共点的个数上进行分类,当仅从公共点角度不能确定位置关系时,再利用“公共直线”。

我们知道,点是0维的,是直线、平面的基本组成元素;直线是1维的,是平面的组成元素;平面是2维的。“公共点”“公共直线”都是几何图形组成元素的一种相互关系。

所以,空间基本图形位置关系的定义方式是:通过基本图形组成元素的相互关系定义它们的位置关系,这样的定义也是基于直观的。

(2) 平行与垂直的核心作用

正如项武义先生所说:“一般来说,我们对于事物的研究,大体上都先作定性的探讨,然后再作定量的分析。这是一种由表及里、逐步深入、精益求精的自然进展,平面几何学的研究当然也遵循着这样一种自然的顺理成章的途径。由上一章的讨论中可以看到,在定性地探讨几何中的‘等’与‘不等’时,我们要对

于不等长的两个线段，不同大小的两个角或者不同大小的两个区域，赋予两者之间定量的比值去度量两者之间的差别。在这个时候，平行性扮演着一个举足轻重的'角色'，其作用是大大简化了定量几何的基础理论和基本公式。"[①]

"回顾几何学产生的背景可以知道，几何学的本质是研究空间的图形，研究图形的性质以及图形之间的关系。其中有两个内容是极为重要的：一个是关于图形全等，一个是关于平行线。前者引发图形的变换，因为变换不同，变换中几何不变量的不同，形成了现代几何学的若干分支；后者决定了空间是平直的还是弯曲的，进而产生了结构完全不同的几何学。"[②]

在《几何原本》给出的第十个定义是关于垂直的："当一条直线和另一条直线交成的邻角彼此相等时，这些角的每一个叫作直角，而且称这一条直线垂直于另一条直线。"[③]第二十三个定义关于平行的，"平行直线是在同一平面内，而且往两个方向无限延长后在两个方向都不会相交的直线。"[④]这里涉及"直线""相交""直角""平面"等更基本的概念，后续的有关平行的命题，如命题28"如果一直线和二直线相交所成的同位角相等，或者同旁内角的和等于二直角，则二直角互相平行"[⑤]，与"同位角""同旁内角"，以及5条公设、5条公理，以及距离等概念密切相关。所以"平行"与"垂直"是几何中两个非常基础的也是重要的核心概念。

提到平行，自然会提到欧几里得《几何原本》中的第五公设："同平面内一条直线和另外两条直线相交，若在某一侧的两个内角的和小于二直角，则这二直线经无限延长后在这一侧相交。"也就是现行平面几何中的平行公理的原始等价命题。欧几里得在23个定义、5个公理、5个公设的基础上，运用逻辑推理，得到许多命题，共同构成了欧几里得几何学。随着几何学的发展，对于第五公设的讨论越来越多。罗巴切夫斯基在1829年提出，用"过给定直线外一点，存在着至少两条直线与给定直线不相交"代替平行公理，并由此演绎出与欧氏几何迥然不同的一套几何体系，被称为非欧几何。数学家黎曼在1854年用"同一平面上的任何两直线一定相交"代替平行公理，又提出了一个非欧几何，人们把这种几何称为椭圆几何。

对于图形的研究还有很重要的性质就是对称性。而对称性和垂直紧密联

① 项武义. 基础几何学[M]. 北京：人民教育出版社，2004：41.

② 史宁中. 数学基本思想18讲[M]. 北京：北京师范大学出版社，2017：88.

③ 欧几里得. 几何原本[M]. 兰纪正，朱恩宽，译. 北京：译林出版社，2014：1.

④ 欧几里得. 几何原本[M]. 兰纪正，朱恩宽，译. 北京：译林出版社，2014：2.

⑤ 欧几里得. 几何原本[M]. 兰纪正，朱恩宽，译. 北京：译林出版社，2014：24.

系在一起，比如到两个定点距离相等的点集是一条直线，而这条直线就是这两个点为端点的线段的垂直平分线；反过来也是成立的，也就是上述关系是充要条件。“平面上的反射对称和垂直平分线之间的简洁关系在空间的推广乃是立体几何极为基本的要点。”①

由此可见，在几何学中，平行与垂直自身就是两个非常重要的概念，表示的位置关系是非常重要的。由于平行、垂直与定量几何紧密，因此，对这两个概念的界定既要依赖现实背景，又要实现符号抽象。这时的抽象需要建立在逻辑分析基础上，是实现从理性具体走向理性一般的过程，也就是我们前面所说的第二次抽象。

2. 数学课程标准中基本图形位置关系的定位

在中学阶段，基本图形之间位置关系主要研究平行与垂直，具体包括直线与直线平行、直线与平面平行、平面与平面平行；垂直包括直线与直线垂直、直线与平面垂直、平面与平面垂直。其中直线与直线平行、直线与直线相交垂直在初中阶段学习，其他内容在高中阶段学习。

(1) 义务教育《课标》中平行与垂直的定位

根据义务教育阶段的课程标准的要求，在小学阶段，学生通过观察、操作，初步感知平行与垂直。在初中阶段，对于垂直和平行及其相关内容有如下要求：

① 理解垂线、垂线段等概念，能用三角尺或量角器过一点画已知直线的垂线。

② 掌握基本事实：过一点有且只有一条直线与已知直线垂直。

③ 理解平行线概念；掌握基本事实：两条直线被第三条直线所截，如果同位角相等，那么两直线平行。

④ 掌握基本事实：过直线外一点有且只有一条直线与这条直线平行。

⑤ 掌握平行线的性质定理：两条平行直线被第三条直线所截，同位角相等。

⑥ 能用三角尺和直尺过已知直线外一点画这条直线的平行线。

⑦ 探索并证明平行线的判定定理：两条直线被第三条直线所截，如果内错角相等(或同旁内角互补)，那么两直线平行；平行线的性质定理：两条平行直线被第三条直线所截，内错角相等(或同旁内角互补)。

⑧ 了解平行于同一条直线的两条直线平行。

⑨ 理解线段垂直平分线的概念，探索并证明线段垂直平分线的性质定理：

① 项武义．基础几何学[M]．北京：人民教育出版社，2004：111.

线段垂直平分线上的点到线段两端的距离相等;反之,到线段两端距离相等的点在线段的垂直平分线上。

⑩ 能用尺规完成以下基本作图:作一条线段的垂直平分线;过一点作已知直线的垂线。

⑪ 通过具体实例了解轴对称的概念,探索它的基本性质:成轴对称的两个图形中,对应点的连线被对称轴垂直平分。

⑫ 通过具体实例认识平移,探索它的基本性质:一个图形和它经过平移所得的图形中,两组对应点的连线平行(或在同一条直线上)且相等。

由此可见,围绕垂直与平行,课标对于相关概念、性质、判定,以及作图等都有明确的要求,这些内容是继续学习立体几何中图形之间位置关系的基础。

(2) 高中《课标》中平行与垂直的定位

《课标》中立体几何初步内容包括基本立体图形和基本图形位置关系,基本图形位置关系中最重要的就是平行与垂直,因此,平行与垂直是高中立体几何初步的重要内容。具体内容有基本事实4(平行公理)、等角定理、直线与平面平行的性质定理、平面与平面平行的性质定理、直线与平面垂直的性质定理、平面与平面垂直的性质定理,以及直线与平面平行的判定定理、平面与平面平行的判定定理、直线与平面垂直的判定定理、平面与平面垂直的判定定理。

对于上述内容,《课标》要求借助长方体,了解基本事实4(平行公理)和等角定理。对于基本图形位置关系的性质定理和判定定理,《课标》要求"借助长方体,通过直观感知,了解空间中直线与直线、直线与平面、平面与平面的平行和垂直的关系",归纳出性质定理和判定定理,对于性质定理要求加以证明,对于判定定理不要求证明。在这个过程中,一方面强调了长方体的作用,另一方面强调了归纳,也就是定理的探究过程,另外,要求能用上述定理证明空间基本图形位置关系的简单命题。

3. 数学教科书中基本图形位置关系的设计

各个版本对于基本图形的位置关系的设计,都力求体现数学抽象的过程。

(1) 初中教科书中基本图形位置关系的设计

人教版教科书中对于垂直的概念,是利用两条直线相交的角度来定义垂直,如图5-10所示,也就是用数量来定义位置关系。接下来,通过画图来理解"过一点有且只有一条直线与已知直线垂直",如图5-11所示。

在相交线的模型（上面练习插图）中，固定木条 a，转动木条 b. 当 b 的位置变化时，a，b 所成的 $\angle\alpha$ 也会发生变化. 当 $\angle\alpha=90°$ 时（图 5.1-4），我们说 a 与 b 互相垂直（perpendicular），记作 $a\perp b$.

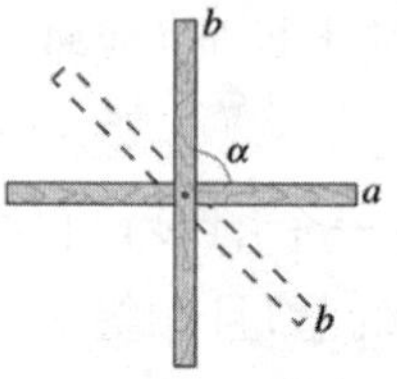

图 5.1-4

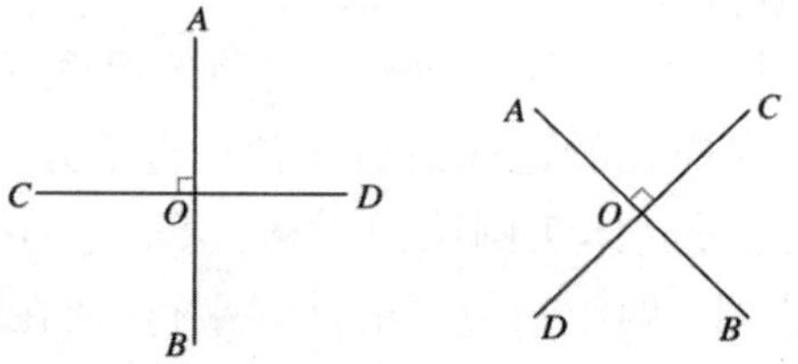

图 5.1-5

垂直是相交的一种特殊情形，两条直线互相垂直，其中的一条直线叫做另一条直线的垂线（perpendicular line），它们的交点叫做垂足（foot of a perpendicular）. 在图 5.1-5 中，$AB\perp CD$，垂足为 O.

图5-10

探究

如图 5.1-7.

(1) 用三角尺或量角器画已知直线 l 的垂线，这样的垂线能画出几条？

(2) 经过直线 l 上一点 A 画 l 的垂线，这样的垂线能画出几条？

(3) 经过直线 l 外一点 B 画 l 的垂线，这样的垂线能画出几条？

图 5.1-7

图5-11

对于平行，如图5-12所示，通过观察图形的运动过程，通过想象，理解存在一个临界状态，用不相交来定义平行。接下来，也是通过画图理解“过直线外一点有且只有一条直线与这条直线平行”，如图5-13所示。

思考

如图 5.2-1，分别将木条 a，b 与木条 c 钉在一起，并把它们想象成在同一平面内两端可以无限延伸的三条直线. 转动 a，直线 a 从在 c 的左侧与直线 b 相交逐步变为在 c 的右侧与 b 相交. 想象一下，在这个过程中，有没有直线 a 与直线 b 不相交的位置呢？

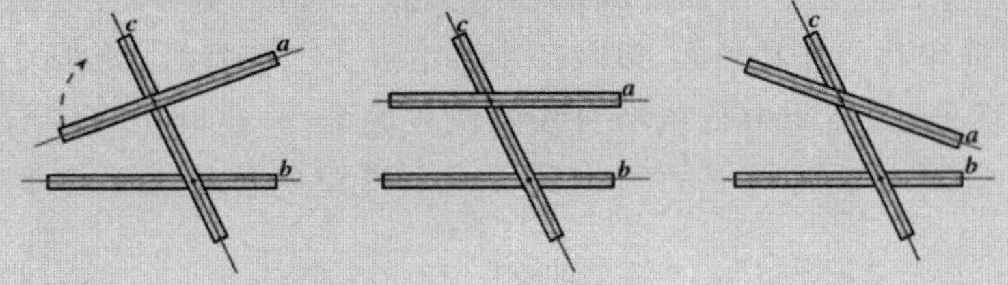

图 5.2-1

可以发现，在木条转动过程中，存在直线 a 与 b 不相交的情形，这时我们说直线 a 与 b 互相平行（parallel），记作 $a // b$.

平行线在生活中是很常见的（图 5.2-2），你还能举出其他一些例子吗？

在同一平面内，不重合的两条直线只有两种位置关系：相交和平行.

图 5-12

思考

在图 5.2-1 转动木条 a 的过程中，有几个位置使得直线 a 与 b 平行？如图 5.2-3，过点 B 画直线 a 的平行线，能画出几条？再过点 C 画直线 a 的平行线，它和前面过点 B 画出的直线平行吗？

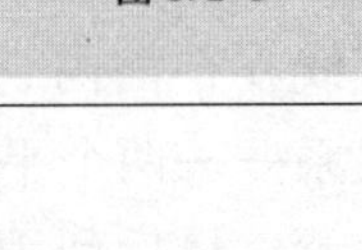

图 5.2-3

图 5-13

在教科书中相交、不相交是没有定义的，该章引言中第一句：“同学们对两条直线相交、平行一定不陌生吧！”这里是默认为学生理解相交和平行的。平行与垂直概念的形式主要是通过观察实物、具体的模型和图形，给出描述性的定义，然后通过画图操作，理解基本事实，再通过后续画对称、距离、平行线的判定和性质等内容，不断深化对概念的理解，构建概念体系。

教科书这样处理，一是由于概念本身，从三维视角看二维平面的内容更“直观”、更“具体”，对于初中生来说更容易理解，所以教科书从观察、画图入手引入概念；二是概念与及其内容紧密相连，相互补充，彼此促进对概念内涵的理解，如“平行线间的距离”可以更好地理解“平行”，所以教科书的设计采用彼此关联、循序渐进、螺旋上升的方式。

(2) 高中教科书中基本图形位置关系的设计

① 人教A版教科书中基本图形位置关系的设计。人教A版教科书在必修二“8.4.2　空间点、直线、平面之间的位置关系”中给出基本图形的位置关系。之前学习了简单几何体和平面，以及三个基本事实。这节内容包括引言及三部分内容，分别是：a. 空间中直线与直线的位置关系；b. 空间中直线与平面的位置关系；c. 空间中平面与平面的位置关系。这里的位置关系主要是平行与相交。

教科书在引言中通过观察栏目，观察长方体模型中的点、线、平面之间的关系，再结合所在教室，去描述点、直线、平面之间的位置关系，如图5-14所示。

观察

我们知道，长方体有8个顶点，12条棱，6个面．12条棱对应12条棱所在的直线，6个面对应6个面所在的平面．观察如图8.4-11所示的长方体 $ABCD\text{-}A'B'C'D'$，你能发现这些顶点、直线、平面之间的位置关系吗？

观察你所在的教室，你能找到上述位置关系的一些实例吗？你能再举出一些表示这些位置关系的其他实例吗？

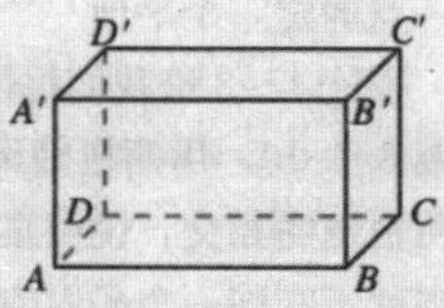

图8.4-11

图5-14

结合引言中的图形，根据两条直线是否共面，给出异面直线的概念，结合是否共面和公共点的个数，给出空间中直线的三种位置关系——相交直线、平行直线和异面直线。类似地，结合长方体给出直线与平面的三种位置关系——直线在平面内、直线与平面相交、直线与平面平行；两个平面之间的两种位置关系——两个平面平行、两个平面相交，以及每种位置关系的符号语言和图形表示。最后利用开放性的问题，借助长方体，通过举例并用符号语言表示图中的直线与平面的位置关系，如图5-15所示，以此帮助学生理解空间图形的位置关系。

探究

如图 8.4-15，在长方体 $ABCD\text{-}A'B'C'D'$ 中，连接 $A'B$，$D'C$，请你再举出一些图中表示空间直线、平面之间位置关系的例子，并用符号表示这些位置关系.

与其他同学交流一下你的结果.

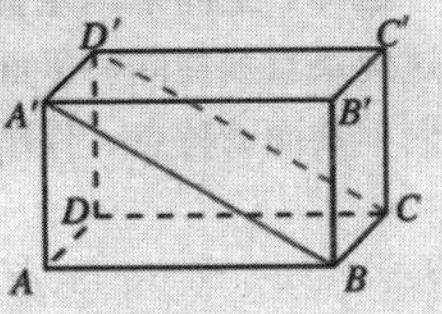

图 8.4-15

图 5-15

上述内容包含了三种平行：直线与直线平行、直线与平面平行、平面与平面平行。对于垂直关系是在“8.6　空间直线、平面垂直”中分别给出直线与直线垂直、直线与平面垂直、平面与平面垂直的定义。

对于直线与直线垂直的定义。根据初中已有的内容，主要讨论异面直线的位置关系。类比两条相交直线垂直的定义，即用夹角刻画两条直线的相对位置关系，得到用“异面直线所成角”刻画两条异面直线的位置关系，再通过“异面直线所成角”的大小来定义“两条异面直线互相垂直”，补充完善了直线与直线垂直。研究异面直线所成角时，利用了平移，把异面直线转化为相交直线，相交直线是共面的，异面直线所成的角转化为平面几何中的角。这是研究空间图形的一种基本思路，即把空间图形问题转化为平面图形问题。

对于直线与平面垂直的定义。如图 5-16 所示，通过“观察”旗杆与地面影子的关系，用直线与平面内的直线垂直来定义直线与平面的垂直的。平面内的直线具有任意性，这里分两种情况：一是过点 B 的任意一条直线 l，直线 AB 与 l 是相交直线互相垂直；二是对于不过点 B 的任意一条，直线 AB 与其是异面直线互相垂直。

观察

如图 8.6-8，在阳光下观察直立于地面的旗杆 AB 及它在地面的影子 BC. 随着时间的变化，影子 BC 的位置在不断地变化，旗杆所在直线 AB 与其影子 BC 所在直线是否保持垂直？

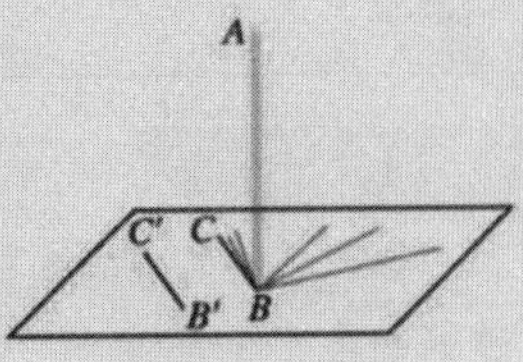

图 8.6-8

图 5-16

对于平面与平面垂直的定义。这个定义对于学生是全新的、陌生的，因此，教科书从回顾以往研究的垂直的过程入手，“在定义直线与平面垂直时，我们利用了直线与直线的垂直。所以，直线与直线垂直是研究直线、平面垂直问题的基础。”这里指明了直线与平面三种垂直关系的关系。“在平面几何中，我们先定义了角的概念，利用角刻画两条相交直线的位置关系，进而研究直线与直线互相垂直这种特殊情况。”这里回顾以往研究直线与直线垂直的研究过程，也是后续研究平面与平面垂直的基本脉络。接下来，首先定义二面角，然后分析如何刻画二面角的大小，引出二面角的平面角概念，此时二面角的大小问题转化为平面角的大小问题，最后用平面角是直角定义直二面角，再用直二面角定义两个平面互相垂直。从两个平面互相垂直的定义的形成过程来看，其核心还是空间图形的位置关系转化为平面图形问题。

② 人教B版教科书中基本图形位置关系的设计。人教B版教科书在“11.1.2　构成空间几何体的基本元素”中给出基本图形的位置关系。之前只学习了“11.1.1　空间几何体与斜二测画法”，后续将学习“11.1.3　多面体与棱柱”“11.1.4　棱锥与棱台”“11.1.5　旋转体”等。本节对基本图形的位置关系设置了四个内容，分别是：a. 空间中点与直线、直线与直线的位置关系；b. 空间中直线与平面、平面与平面的位置关系；c. 直线与平面垂直；d. 用信息技术作直线与平面。

首先，教科书强调“空间中的一条直线可看成这条直线上所有点组成的集合，从而也就能用集合符号来表示空间中的点与直线、直线与直线的关系”，同时借助长方体作为模型举例说明该关系。

其次，通过“尝试与发现”栏目提出问题，如图5-17所示，让学生观察长方体，分两种情况进行分析：一是当两条直线在空间中某同一平面内时的位置关系；二是两条直线分别在两个不同的平面内时的位置关系，归纳出结论，当两条直线在空间中某同一平面内时，要么平行，要么相交；当两条直线无论如何无法处在同一平面内时，既不是平行的，也不是相交的，此时，一种新型的关系被发现了。

> **尝试与发现**
>
> 同一平面内的两条直线，如果不相交，就一定平行．这一结论可以推广到空间中的两条直线吗？
>
> 结合图 11-1-16，总结空间中两条直线①的位置关系．
>
> 一般地，空间中的两条直线，可以既不平行，也不相交，此时称这两条直线异面．图 11-1-16 中，直线 l 与 k 异面．

图5-17

然后,教科书同样强调了“空间中的一个平面也可看成这个平面上所有点组成的集合,从而也就能用集合符号来表示空间中的点、线、面之间的关系。”教科书在此时给出平面可以无限延展的性质及平面的表示方法。然后仍然借助长方体模型,对直线与平面的位置关系进行分类——直线在平面内、直线在平面外。引导学生直观观察,再利用集合知识进行逻辑分析,由直线在平面外分为直线与平面相交、直线与平面平行,平面与平面也分为相交和平行两种情况。

最后,教科书给出了直线与平面相交的特殊情况,即垂直相交。教科书在这里强调先进行感性认识,“尝试与发现”栏目,以长方体为载体,如图5-18所示,感受AA_1都与底面$ABCD$内的所有直线垂直,并给出直线与平面垂直的概念;“一般地,如果直线l与平面α相交于一点A,且对平面内任意一条过点A的直线m,都有$l\perp m$,则称直线l与平面α垂直”。这里定义是从“尝试与发现”中的问题归纳得到的,对于平面任意一条直线也是有条件的,要求过定点,也就是垂足。紧接着,教科书进一步给出射影、垂线段、点到平面的距离、平面之间的距离等概念。最后要求利用GeoGebra软件作出直线与直线、直线与平面、平面与平面的位置关系。

尝试与发现

观察图 11-1-18 中的长方体.

(1) 判断A_1A与AB是否垂直,A_1A与AD是否垂直,并说明理由;

(2) 判断A_1A与AC是否垂直;

(3) 若直线l在平面$ABCD$内,且l过点A,判断A_1A与l是否垂直.

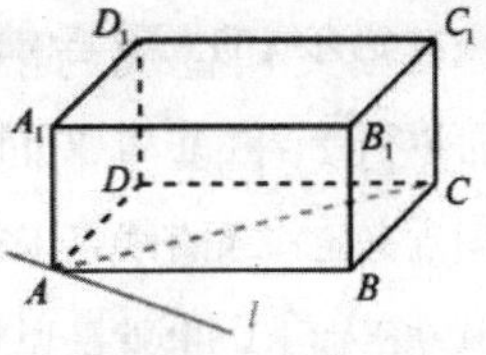

图 11-1-18

图5-18

至此B版教科书给出了直线与直线平行、直线与平面平行、平面与平面平行、直线与平面垂直的定义,后续在“11.4　空间中的垂直关系”中给出直线与直线垂直、平面与平面垂直的定义。

对于直线与直线垂直,先回顾初中两条直线相交形成的对顶角和邻补角,然后讨论利用角的大小来区分不同的异面,给出异面直线所成角,利用异面直线所成角的大小定义两条直线垂直。

对于平面与平面垂直,通过观察提出如何刻画面面“夹角”的问题,如图5-19所示。然后给出二面角和二面角的平面角定义,利用二面角、平面角的大小来定义平面与平面垂直。

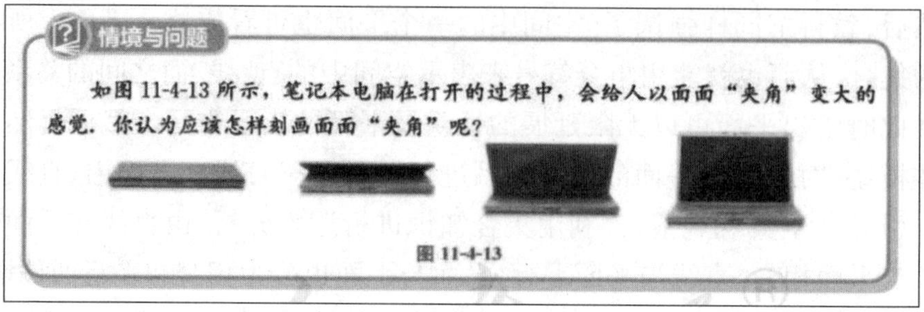
情境与问题

如图 11-4-13 所示，笔记本电脑在打开的过程中，会给人以面面“夹角”变大的感觉. 你认为应该怎样刻画面面“夹角”呢?

图 11-4-13

图 5-19

③ 北师大版教科书中基本图形位置关系的设计。北师大版教科书在“6.3.1　空间图形基本位置关系的认识”中给出基本图形的位置关系。之前学习了基本立体图形和直观图。本节内容由引言和三部分内容组成，分别是：a. 点与直线、点与平面的位置关系；b. 直线与直线、直线与平面的位置关系；c. 平面与平面的位置关系。

首先，教科书在引言中提到了研究空间的点、线、面的关系是研究立体几何的基础。其次，引入长方体，让学生通过观察，先直观感受模型中的点、线、面的位置关系。结合长方体模型，教科书给出点与直线、点与平面的位置关系，分别用文字、符号、图形语言进行了描述。

结合图 5-20 中长方体模型，教科书给出点与直线、点与平面、直线与直线（相交、不相交）、直线与平面的位置关系（直线在平面内、直线与平面相交、直线与平面平行）、平面与平面的位置关系（相交、不相交）。这里面包括空间中的平行关系，但是没有相交中的特殊情况——垂直。在后一节“3.2　刻画空间点、线、面位置关系的公理”中，平行公理之后，给出异面直线的概念，进而给出直线与直线垂直的定义，在“5. 垂直关系”中，给出直线与平面垂直、平面与平面垂直的定义。这三个垂直的定义与人教 A 版教科书的呈现过程大体相同，尤其是直线与平面垂直的定义表述与人教 A 版是一致的。

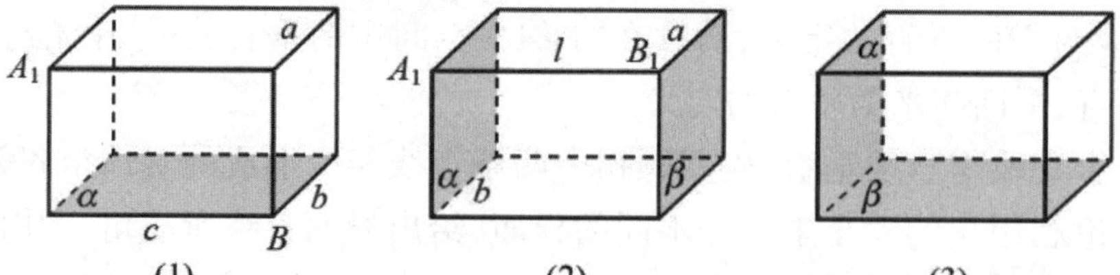

图 5-20

从“基本图形位置关系”的内容，尤其是平行与垂直概念，三个版本教科书都注重数学抽象的过程，具体体现在：

一是充分感知实例和模型,为数学抽象奠定基础。充分利用生活中实例,如旗杆与地面的关系。注重发挥“长方体”的作用,三个版本在概念形成过程中,反复借助长方体模型,通过直观观察,思考探究问题,逐步抽象出图形之间的位置关系,并进行数学化的表达得到相关定义。

二是注重基本活动经验的积累,形成研究新几何对象的基本方法。对于一个数学研究对象,首先要下定义,如何下定义?教科书给出了示范,即从已有经验中寻找解决问题的方法。比如如何研究异面直线的位置关系,回顾了如何研究两条相交直线的位置关系;如何研究两个平面垂直的问题,回顾了直线与直线垂直、直线与平面垂直的定义过程。这些对于学生都是非常好的示范,面对新问题该如何入手。

三是注重数学思想方法的渗透。在概念形成过程中,通过平移,将空间几何问题转化为平面几何问题,这是研究空间几何问题的基本,也是非常重要的数学思想方法。这种方法的渗透为后续学生解决空间中几何问题奠定基础,在后续的复习中,教科书再次强调了平行与垂直之间的相互转化,人教A版的章小结中给出平行与垂直相互转化的关系(图5-21),也是对立体几何中的转化进行了提炼和提升。

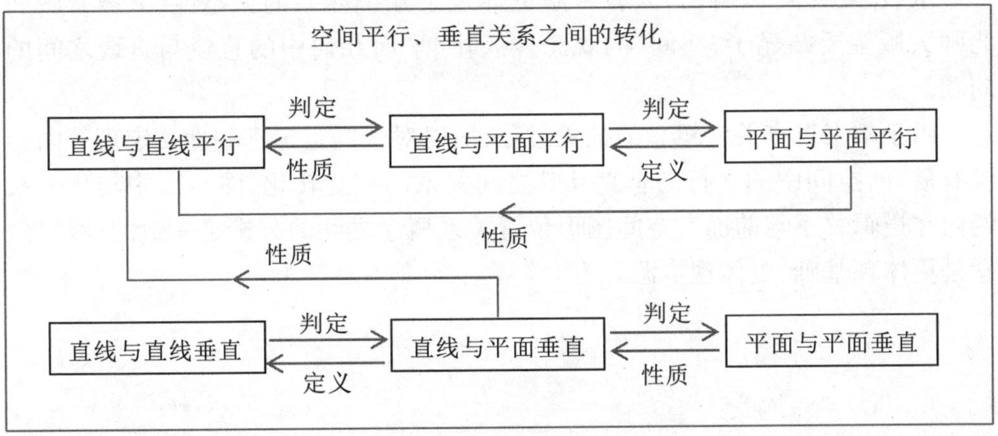

图5-21

由于本内容在各自教科书章节中的位置不同,导致三个版本教科书在该节知识处理的节奏明显不一样。人教A版将三个基本事实放在前一节学习,本节内容相对简洁,分类清晰,内容集中;人教B版设置“探索与发现”的问题多,引导学生观察探究,并增加了射影、距离等概念;北师大版将四个基本事实作为刻画空间点、线、面位置关系的公理,放在接下来一节,作为对“空间图形基本位置关系的认识”的进一步深化。

《课标》对平行与垂直的内容还有进一步的要求:从定义和基本事实出发,借助长方体,通过直观感知、了解空间中直线与直线、直线与平面、平面与平面的平行和垂直的关系,归纳出性质定理和判定定理,并加以证明(判定定理不用证明);能用已获得的结论证明空间基本图形位置关系的简单命题。这些内容是立体几何初步的重要内容,同时也是对相关概念的精致化和系统化的过程,尤其是平行与垂直概念。对于上述内容,人教A版、B版和北师大版教科书具体内容安排如表5-2所示。

表5-2

人教A版必修2	人教B版必修4	北师大版必修2
8.5 空间直线、平面的平行	1.3 空间中的平行关系	4. 平行关系
8.5.1 直线与直线平行	1.3.1 平行直线与异面直线	4.1 直线与平面平行
8.5.2 直线与平面平行	1.3.2 直线与平面平行	4.2 平面与平面平行
8.5.3 平面与平面平行	1.3.3 平面与平面平行	5. 垂直关系
8.6 空间直线、平面的垂直	1.4 空间中的垂直关系	5.1 直线与平面垂直
8.6.1 直线与直线垂直	1.4.1 直线与平面垂直	5.2 平面与平面垂直
8.6.2 直线与平面垂直	1.4.2 平面与平面垂直	
8.6.3 平面与平面垂直		

从表5-2中可以看出,人教A版更体现了知识体系的完整性,人教B版和北师大版主要凸显了“空间”的观念,“淡化”平面几何中的直线与直线之间的问题。

由于本书重点关注概念的抽象过程,所以对于判定定理和性质定理等内容没有展开,空间中的平行与垂直及其之间关系的相互转化,图5-21中转化关系的内在逻辑关系与前面对空间图形位置关系概念之间的分析是一致的,所以概念是更体现基础、更体现本源。

第六章　高中平面解析几何内容的概念体系

Descartes和Fermat在坐标解析几何学上的创建，把当代新兴的代数学系统地用来研究几何……几何学与代数学从此得以密切结合、相辅相成、相得益彰。它不但促进了两者的大幅度进展，而且也使得微积分学的展现变得水到渠成。所以坐标解析几何的创见，是整个人类理性文明发展史上的一件大事。

——项武义《基础几何学》

第一节　平面解析几何内容概述

"解析几何"(Analytic Geometry)又名"坐标几何"，是几何学的一个分支。解析几何的基本思想是用代数的方法来研究几何问题，基本方法是坐标法，包括"平面解析几何"和"空间解析几何"两部分。高中研究的是平面解析几何，属于选择性必修内容，其主要内容及其蕴含的思想方法，需提升的数学素养等结构如图6-1所示。

一、平面解析几何的地位与作用

1. 在中学数学中的地位与作用

平面解析几何是《课标》中选择性必修主题二《几何与代数》的内容。通过平面解析几何的学习，"可以帮助学生在平面直角坐标系中，认识直线、圆、椭圆、抛物线、双曲线的几何特征，建立标准方程；运用代数方法进一步认识圆锥曲线的性质以及它们的位置关系，运用解析几何方法解决简单的数学问题和实际问题，感悟解析几何中蕴含的数学思想"；[①]提升数学抽象、直观想象、数学运

① 中华人民共和国教育部．普通高中数学课程标准(2017年版2020年修订)[M]．北京：人民教育出版社，2020：5.

算、数学建模、逻辑推理的素养。

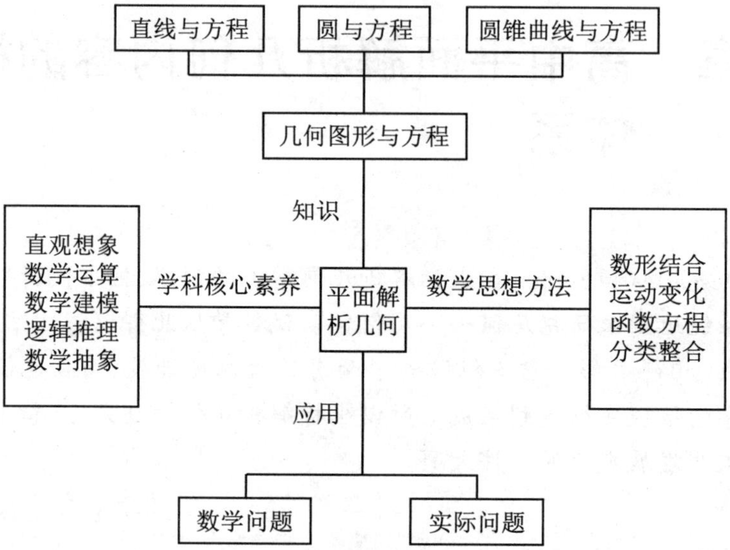

图 6-1

从古至今，几何学的研究方法大致可以划分为实验几何、推理几何、坐标解析几何、向量几何。坐标解析几何是笛卡儿与费马通过坐标系的建立，把当代数学的两大主角——几何学和代数学，简明有力地结合起来，开创了近代数学的先河[①]。平面解析几何的基本思想是通过坐标把几何问题表示成代数形式，通过代数方程来表示和研究曲线，这也是研究平面几何的重要方法。

在初中平面几何中，直线、圆是两类基本的几何研究对象，学生已经用综合法研究了它们的形状、大小及位置关系，从函数的角度认识了特殊的抛物线和双曲线。在高中平面解析几何内容中，研究的图形主要是直线、圆和圆锥曲线，讨论的核心问题是"曲线与方程"，基本的思想是"用代数方法解决几何问题"。首先通过确定直线和圆的几何要素，即点与方向、圆心与半径，定量刻画倾斜角和距离，获得过两点的直线斜率公式和两点间的距离公式，运用它们建立直线的方程和圆的方程；然后用方程研究图形的形状、距离，以及平行、垂直等图形的位置关系。接下来，利用类似的方法研究圆锥曲线，让学生感受坐标法在研究图形性质方面的作用，初步体会解析几何的基本内涵和思想方法。

平面解析几何在高中数学中起着重要的作用：

第一，让学生体会解析几何的基本思想，感悟数形结合思想。解析几何本

① 项武义．基础几何学之一[M]．北京：人民教育出版社，2004：引言 v-vi.

身是沟通几何与代数的桥梁。在学习平面解析几何的过程中,学生不断经历将几何问题代数化以及代数结果几何化的过程,反复体会贯穿其中的数形结合思想的本质,学习并掌握一种普适的、必要的解决问题的方法。

第二,在平面解析几何中,圆与圆锥曲线都是用满足某种条件的动点的运动轨迹进行定义的,接着用代数方程进行描述,让学生反复体会定量描述运动变化的规律,感悟运动变化的思想。

第三,通过直线、圆与圆锥曲线的研究,体会坐标法研究几何图形的基本路径,即用满足某种条件的动点的轨迹定义图形,建立平面直角坐标系,将图形的几何特征代数化,求得图形的方程,再用方程研究图形的几何性质。这为学生进一步学习其他几何理论知识作好知识和研究方法的储备。

第四,在研究直线、圆、圆锥曲线的位置关系的过程中,会涉及距离、中点、面积等问题,在研究这些问题时,依然利用直线、圆、圆锥曲线的方程去研究,而当距离、中点、面积等变化时,常常会构造函数去研究其变化的规律;当直线、圆、圆锥曲线的方程中含有参数时,有时也会进行分类讨论,感受函数与方程、分类与整合的数学思想方法。

因此,高中平面解析几何是培养学生观察、推理论证、提出问题和分析问题、归纳总结等能力,以促进学生提升直观想象、数学运算等素养的重要载体。

2. 平面解析几何对学生后续学习的作用

(1) 解析几何的基础性作用

解析几何作为现代数学中的重要分支和促进科技发展的基本数学工具,是现代人所必需熟悉的。平面解析几何主要研究直线、二次曲线以及三次以上的高次曲线。空间解析几何以空间向量及其运算(线性运算、数量积、向量积)为工具,研究平面、直线、曲线、曲面(主要是二次曲面),建立它们的方程,用方程研究它们的性质。①因此,解析几何是高等数学的基石,平面解析几何是空间解析几何的基础,可以为学生后续进一步在大学数学课中学习相关内容奠定良好的基础,提升学生的思维水平。

(2) 射影几何与解析几何

射影几何学亦称投影几何,它是研究图形在射影变换下不变性质的学科。射影几何有助于我们从几何学的全局与整体来理解和把握几何内容。

在射影几何里,两条平行直线在无穷远处相交,该点称为无穷远点。无穷

① 张劲松. 建立直线和圆的方程,用方程研究它们的性质[J]. 中学数学教学参考,2020(12):6-13.

远点的轨迹是一条无穷远直线，椭圆、抛物线、双曲线与无穷远直线分别有零个交点、一个交点、两个交点。或者说，无穷远直线分别与椭圆、抛物线、双曲线“相离”“相切”“相交”。椭圆、双曲线各有一个中心且为有穷远点，抛物线的中心为无穷远点。这样，就得到三种曲线的演变规律：$0<e<1$，$e=1$，$e>1$。[①]

① 椭圆的两焦点连线先演变成抛物线轴上自焦点出发的射线（曲线中心由有穷远点演变成右边无穷远点），继而演变成双曲线轴上自焦点出发的两条无重合的射线（曲线中心由右边无穷远点演变成左边有穷远点）；

② 椭圆的右顶点先演变成抛物线轴上的无穷远点，继而演变成双曲线上的左顶点；

③ 椭圆内部含焦点区域（或外部不含焦点区域），先演变成抛物线的右侧含焦点的区域（或左部不含焦点区域），继而演变成双曲线的左右两支含焦点的区域（或左右两支中间不含焦点的区域）。

由此可以看出，平面解析几何是射影几何的基础，射影几何拓展了我们对平面几何图形的认识和理解。

（3）解析几何是微积分的基础

笛卡儿之前，方程是静态的，人们只关注如何求出方程的根，几何研究虽然把曲线看作运动的轨迹，但是曲线不能计算。1637年，笛卡儿给出了坐标几何的思想，他把动点形成的曲线看作“坐标（数）”变化的结果，变数才破土而出。牛顿在这一基础上，把物体的运动轨迹表示为参数$x=x(t)$，$y=y(t)$，然后研究流数$x'(t)$，$y'(t)$，由此产生了微积分。莱布尼茨从曲线的切线入手研究曲线的性质，在坐标系上观察，函数在一点的切线的斜率变化，对函数性质的研究有重大价值。因此，解析几何对微积分的产生与发展起着重要的作用。

3. 与其他数学内容的联系

（1）点的坐标与向量、复数的联系

在平面直角坐标系中，点是用有序实数对(x,y)来表示的，而平面的位置向量也由有序实数对来表示。在复平面内，复数与有序实数对一一对应。因此，有序实数对(x,y)既可以表示一个点的坐标，也可以表示一个位置向量，还可以表示一个复数。不同的是点没有运算，而向量有加法、减法、数乘、数量积和向量积，复数也有加法、减法、乘法和除法等运算。解析几何问题也常用向量法等运算解决。

（2）与方程、函数的关系

在平面直角坐标系中，用坐标表示点，使得几何中的“点”与代数中的“数”

① 张奠宙，沈文选．中学几何研究[M]．北京：高等教育出版社，2006：181.

建立了对应关系，这也使得曲线上的“几何点集”与满足方程的“坐标数集”对应，并且能够互相转换。[①]平面解析几何中，每一条直线、曲线都可以用代数方程来表达，直线方程用二元一次方程刻画，圆、椭圆、双曲线、抛物线都是用二元二次方程刻画的。例如，经过点(0,2)，斜率为3的直线的方程为$y=3x+2$，以(1,0)为焦点，$x=-1$为准线的抛物线的标准方程为$y^2=4x$。因此，我们可以通过曲线的几何要素建立曲线的方程，也可以通过曲线的方程研究曲线的几何性质。

函数与方程、不等式是中学数学中的重要概念，三者之间有着密切的联系。同一个等式或不等式，可以从不同角度进行分析。直线的方程为$y=3x+2$，抛物线方程$x^2=2py$分别可以看成关于x的一次函数、二次函数；圆的方程、椭圆的方程、双曲线的方程、抛物线的方程都是多值函数。利用方程与函数之间的关系，平面解析几何里的一些问题，例如，距离、面积等最值问题，常常借助函数和不等式来处理。

(3) 与三角函数的联系

平面解析几何中的曲线是用代数方程刻画的，其中圆的方程、椭圆的方程、双曲线的方程也可以选择角作为参数，获得参数方程。

例如，圆$(x-a)^2+(y-b)^2=R^2$的参数方程为

$$\begin{cases}x=a+R\cos\theta\\y=b+R\sin\theta\end{cases}\quad(0\leqslant\theta<2\pi)$$

椭圆$\dfrac{x^2}{a^2}+\dfrac{y^2}{b^2}=1$的参数方程为

$$\begin{cases}x=a\cos\theta\\y=b\sin\theta\end{cases}\quad(0\leqslant\theta<2\pi)$$

双曲线$\dfrac{x^2}{a^2}-\dfrac{y^2}{b^2}=1$的参数方程为

$$\begin{cases}x=a\sec\theta\\y=b\tan\theta\end{cases}\quad\left(0\leqslant\theta<2\pi\text{且}\theta\neq\frac{\pi}{2}\right)$$

这些参数方程都与三角函数有着密切的联系。由于三角变换形式多样，三角函数易于解决最值等问题，同时参数的几何意义能为解决问题提供几何直观，因此，与三角函数联系的参数方程不仅是方程呈现的一种形式，也是处理几何问题的一种方法。

① 张奠宙，沈文选．中学几何研究[M]．北京：高等教育出版社，2006：186.

4. 在实际生活中的应用

地球与其他行星绕太阳运行的轨道，月亮及人造地球卫星绕地球运行的轨迹都是圆锥曲线。[①]另外，圆锥曲线的光学性质在生活中有着广泛的应用。

椭圆的光学性质是指从椭圆的一个焦点发出的光线，经过椭圆反射后，反射光线都聚交于椭圆的另一个焦点上，[②]如图6-2所示。

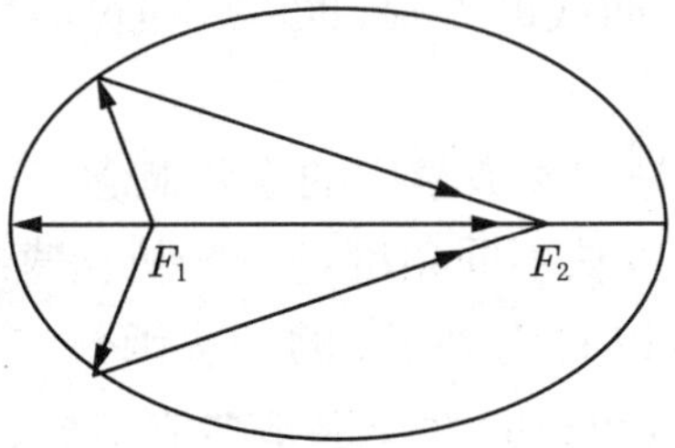

图6-2

双曲线的光学性质：从双曲线的焦点发出的光线，经过双曲线反射后，反射光线的反向延长线交于另一个焦点(称为虚焦点)；反之，从双曲线的一个焦点(也称为虚焦点)发出的光线，经过双曲线反射后，反射光线都聚交于双曲线的另一个焦点上。[③]

抛物线的光学性质：从抛物线的焦点发出的光线，经过抛物线反射后，反射光线都平行于抛物线的对称轴；反之，沿着平行于抛物线的对称轴的方向发出的光线，经过抛物线反射后，反射光线都聚交于抛物线的焦点上。[④]

圆锥曲线的光学性质在生产和科学技术上有着广泛地应用。电影放映机的聚光灯有一个反射镜，它的形状是旋转椭圆面，就是利用椭圆光学性质的一个实例。[⑤]我国首先研制成功的"双曲线电瓶新闻灯"，是利用双曲线的光学性质。手电筒是根据抛物线的光学性质制作的。在手电筒的小灯泡后面有一个反光镜，镜面的形状是抛物面，把小灯泡装在圆柱形手电筒里，经过适当调节，当灯泡调节到焦点位置时，就能射出一束比较强的平行光线。又如，汽车前灯中的远灯、近灯，也是根据这个原理设计的，只是汽车前灯中的近灯的光源不在焦点上，所以发出的光经抛物面反射后不是平行的，而是发散的，所以照的距离比较近。[③]

---

①②③④ 张奠宙，沈文选．中学几何研究[M]．北京：高等教育出版社，2006：188.

⑤ 章南辉．圆锥曲线的光学性质及其应用[J]．中国西部科技，2008，7(10)：16.

③ 黄南辉．圆锥曲线的光学性质及其应用[J]．中国西部科技，2008，7(10)：16.

二、平面解析几何内容的总体分析

1.《课标》对平面解析几何内容的总体设置

（1）关于平面解析几何的内容

平面解析几何是《课标》中选择性必修课程的主要内容。从图6-3可以看出，平面解析几何内容的主要内容有直线与方程、圆与方程、圆锥曲线与方程、直线和圆的内容是在平面直角坐标中，以探索图形的几何要素为基础，根据确定的几何要素确定方程，再根据方程研究图形之间的关系。对于圆锥曲线，需要经历从具体情境中抽象出图形的过程，结合情境理解定义、方程和几何性质。平面解析几何的形成与发展作为选学内容，可以通过收集、阅读相关历史资料，以撰写论文的形式完成。

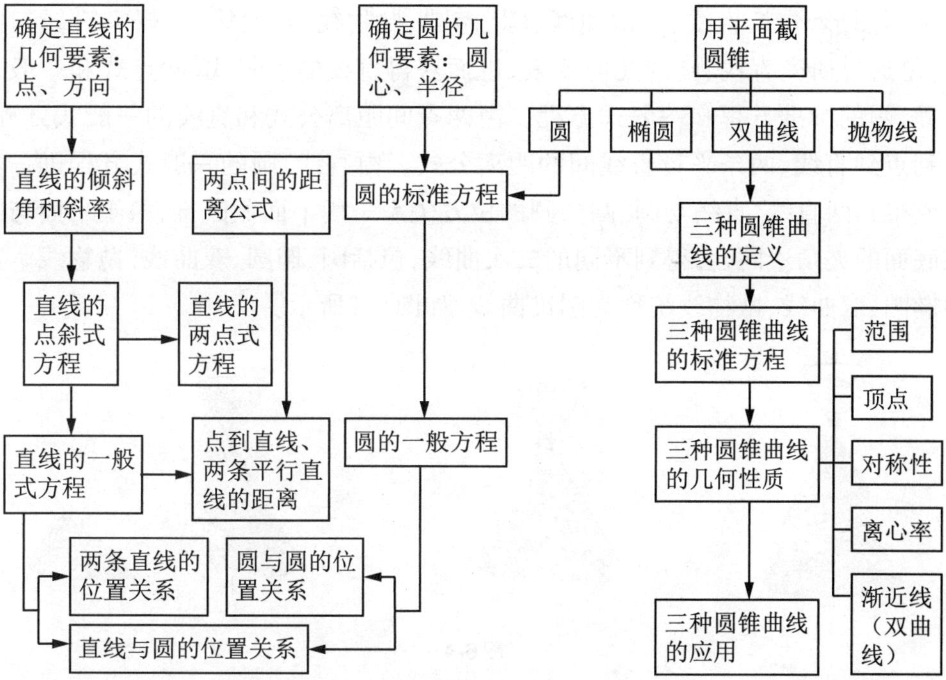

图6-3①

（2）关于平面解析几何的定位

《课标》指出：通过本单元的学习，“可以帮助学生在平面直角坐标系中，认识直线、圆、椭圆、抛物线、双曲线的几何特征，建立标准方程；运用代数方法进一步认识圆锥曲线的性质以及它们的位置关系；运用解析几何方法解决简单的

① 中学数学课程教科书研究开发中心．普通高教科书数学选择性必修第一册(A版)[M]. 北京：人民教育出版社，2020：100-143.

数学问题和实际问题,感悟解析几何中蕴含的数学思想;提升数学抽象、直观想象和数学运算素养。"

因此,解析几何内容除了要求学生理解掌握上述基本内容之外,关注了以下几个方面:整体把握几何图形→平面解析几何研究的基本问题→平面解析几何的基本思想→平面解析几何核心素养。

① 平面解析几何研究的对象。"图形与几何"是义务教育阶段数学学习的主要内容,主要研究对象是平面图形,包括直线、圆;直线型(如三角形,四边形等);曲线型(如圆等)。主要研究图形的定义和性质,图形变化(平移、对称、旋转)等;能够在平面直角坐标系中,描述点的位置及图形的变化,初步了解空间图形。这些都为学生学习平面解析几何奠定了基础。

在高中阶段,几何图形也是研究的重点内容。平面解析几何的研究对象也是平面图形,包括直线、二次曲线(圆、椭圆、抛物线、双曲线)。研究直线与圆时,是通过研究直线、圆的几何要素,进而获得直线的点斜式、两点式和一般式方程,圆的标准方程和一般式方程。由两点间距离公式和直线的一般式方程,得到点到直线、两条平行直线间的距离公式。由直线、圆的一般式方程进一步研究得到两直线、直线与圆、圆与圆的位置关系。用平面截圆锥,由于平面与圆锥底面的夹角不同,会得到不同的二次曲线,包括圆、椭圆、双曲线、抛物线。其中椭圆、双曲线、抛物线统称为圆锥曲线,如图6-4所示。

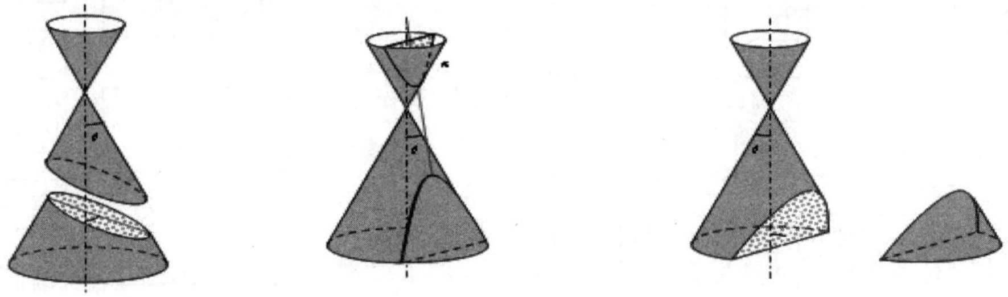

图6-4

通过建立恰当的平面直角坐标系,获得三种曲线的标准方程,再由方程研究圆锥曲线的几何性质,得到三种曲线的范围、顶点、对称轴、离心率,以及双曲线的渐近线等。

② 平面解析几何研究的基本问题。图形研究的基本问题主要有两个方面:一是用方程描述图形的几何特征;二是用代数方法研究图形的性质和图形之间的关系。例如,"在平面直角坐标系中,每一个二元一次方程表示一条直线";也可以从向量几何角度描述:即"给定一个点和一个非零向量,可以唯一确

定过此点与向量平行的直线”。对于几何图形的几何性质和图形之间的关系，平面解析几何是通过几何图形的代数方程来研究的。比如，通过解方程组或分析方程组解的情况来研究两条直线，直线与圆，圆与圆，直线与圆锥曲线的位置关系。

③ 平面解析几何的主要思想方法。高中阶段，几何图形研究的主要思想方法有：综合法、解析法、向量法。平面解析几何主要用解析法讨论直线与曲线的问题，也会用到向量法。解析法和向量法是沟通几何与代数的桥梁，从方法论的角度，更具有深远的意义。

2. 与《实验版课标》中解析几何内容设置的比较

我国数学课程改革经历了多次较大的变革，解析几何内容也经历了几番沉浮。1950年至1958年取消了解析几何课程。1961年制定的《中小学数学教学大纲》中明确提出，必须选择平面解析几何等各科的基本知识，在高中内容中增加了平面解析几何内容，力求做到缩短学制而提高程度。至此，解析几何作为高中数学主要内容延续至今。

在《实验版课标》中，平面解析几何的内容分为直线和圆、圆锥曲线两部分，分别在必修模块的必修2，必选模块2-1和必选模块1-1中。在《课标》中，平面解析几何的内容基本不变，依然是直线和圆、圆锥曲线两部分，属于主题二《几何与代数》的重要内容，全部放在选择性必修1中。具体内容的变化，主要是将“空间直角坐标系”内容移到“空间向量与立体几何”内容中，另外增加选学内容“平面解析几何的形成与发展”，要求是“收集、阅读平面解析几何的形成与发展的历史资料，撰写小论文，论述平面解析几何发展的过程、重要结果、主要人物、关键事件及其对人类文明的贡献。”这个内容也是为了突出解析几何在科学发展史中的地位和价值。

但是两个版本的课标对于平面解析几何提出的教学建议是不同的。《实验版课标》中要求教师帮助学生经历如下的过程：“首先将几何问题代数化，用代数的语言描述几何要素及其关系，进而将几何问题转化为代数问题；处理代数问题；分析代数结构的几何含义，最终解决几何问题。”这里，主要关注“从形到数”和“从数到形”的“数形结合”的过程。

《课标》中强调引导学生经历的过程：“首先，通过实例了解几何图形的背景……进而，结合情境清晰地描述图形的几何特征与问题……再结合具体问题合理地建立坐标系，用代数语言描述这些特征与问题；最后，借助几何图形的特点，形成解决问题的思路，通过直观想象和代数运算得到结果，并给出几何解释，解决问题。”可以看出，《课标》中强调了实例背景，并给出案例，强调了合理建系，更突出几何图形作为研究对象在解决问题中的作用，这也是通过平面解析几何的学习需要重点提升的直观想象和数学运算素养。

3. 三个版本教科书呈现方式的对比

人教A版、人教B版和北师大三个版本的教科书具体安排如表6-1所示。可以看出来，三个版本教科书整体上都体现了课标要求，研究的总体顺序：直线与方程—圆与方程—圆锥曲线与方程。每一部分的内容都研究了几何图形的定义—几何图形的方程—几何图形的性质—几何图形相关的位置关系。

表6-1

人教A版	人教B版	北师大版
第2章　直线和圆的方程	第2章　平面解析几何	第1章　直线与圆
2.1 直线的倾斜角与斜率	2.1 坐标法	1. 直线与直线的方程
2.2 直线的方程	2.2 直线及其方程	2. 圆与圆的方程
2.3 直线的交点坐标与距离公式	2.3 圆及其方程	
2.4 圆的方程	2.4 曲线与方程	第2章　圆锥曲线
2.5 直线与圆、圆与圆的位置关系	2.5 椭圆及其方程	1. 椭圆
	2.6 双曲线及其方程	2. 双曲线
第3章　圆锥曲线的方程	2.7 抛物线及其方程	3. 抛物线
3.1 椭圆	2.8 直线与圆锥曲线的位置关系	4. 直线与圆锥曲线的位置关系
3.2 双曲线		
3.3 抛物线		

三个版本的教科书在内容的安排和内容的顺序上还是有很大区别的。在内容安排上的不同主要体现在以下两个方面：

(1) 直线与方程

在内容方面，人教B版教科书增加了“坐标法”一节的内容，包括用坐标法解决几何问题的基本方法，两点间距离公式和中点坐标公式。点到直线的距离公式和两平行线间的距离公式是放在这部分最后一节内容里。人教A版把这些内容均放在“直线的交点坐标与距离公式”一节中。北师大版教科书也把所有的距离放在直线方程和位置关系之后；人教B版在“直线的倾斜角与斜率”一节内容中增加了“直线的法向量”，北师大版教科书在这一章的开始增加了“一次函数的图象与直线的方程”一节，增加了“直线方程的点法式”作为选学内容。

在内容顺序方面，人教B版教科书是在研究了直线的方程后研究两直线的位置关系，并且把两直线的位置关系分为：相交、平行、重合，以及相交中的特殊情况——垂直，对于每种位置关系都是从两个角度：即斜率和直线方程一般式的系数来研究各种位置关系的充要条件。而人教A版教科书是在研究直线的斜率后就研究两直线的位置关系,两直线的位置关系分为:相交、平行,也研究了相交中的特殊情况——垂直,但没有讨论重合的情况。此时,用斜率来表示各种位置关系的充要条件;没有用直线方程一般式的系数来研究各种位置关系的充要条件。北师大版教科书是在研究完直线方程后研究两直线的位置关系,直接研究的是两条不重合的直线的平行与相交,且研究了垂直,两种位置关系的充要条件均是用斜率和截距表达,而对于直线方程的一般式,是在学习了两直线的交点后,以是否有交点来区分的。

(2) 圆锥曲线与方程

人教B版教科书增加了“曲线与方程”和“直线与圆锥曲线”两节内容。北师大版教科书增加了“直线与圆锥曲线的位置关系”,具体包含“直线与圆锥曲线的交点”和“直线与圆锥曲线的综合问题”。

第二节 基于数学抽象的平面解析几何核心概念

在人类发展相当长的时期内,算数是几何的附庸。笛卡儿与费马将数与图形有机地结合在一起,开创了图形的数量化研究,实现了根本性的转变。图形数量化研究的基础是坐标系,研究的领域是图形的位置和图形的运动。从历史的发展看,两个基础性工作对坐标系的建立起到了重要作用,一个是发明了地球表面上和空间星座中的经纬线,用经纬线来确定点的位置,另一个是研究平面上满足某些条件的点的运动轨迹。笛卡儿在研究所谓“3条或4条直线的轨迹”问题的过程中,萌发了建立坐标系的设想,从而发明了解析几何。“解析几何”的核心思想就是建立一个参照系,借助参照系通过数量分析的方法研究几何图形及变化。①

在平面解析几何中,有很多重要的概念。现从几个核心概念:倾斜角与斜率、直线的方程、椭圆,从历史发展和现行课程设置方面进行阐述。

一、倾斜角与斜率

对于点、直线、角、平面等相关概念的历史发展已经在上一章呈现,在此不再赘述,我们主要分析这些概念在数学课程中的要求及教科书是如何呈现的。

① 史宁中.数学思想概论:第二辑[M].长春:东北师范大学出版社,2009:119.

1. 数学课程标准中倾斜角和斜率概念的定位

(1) 义务教育《课标》中倾斜角和斜率的定位

在小学的第一学段(1～3年级),通过实物和模型,体会的是直线的"直",从整体上感知、识别几何图形。在小学的第二学段(4～6年级),体会的是直线的"无限延伸",感受直线的两种位置关系。学生感知具体实例中的直线及其度量、位置关系,学生能够结合实例了解线段、射线和直线,体会两点间所有连线中线段最短,知道两点间的距离;知道平角与周角,了解周角、平角、钝角、直角、锐角之间的大小关系;结合生活情境了解平面上两条直线的平行和相交(包括垂直)关系。并且能够从宏观上体会不同直线的方向。

在初中阶段,学生认识抽象的点和直线。通过实物和具体模型,了解从物体抽象出来的点和直线,并能够画出图形,用字母描述图形;会比较线段的长短,理解线段的和、差,以及线段中点的意义;掌握两个基本事实:两点确定一条直线和两点之间线段最短;理解两点间距离的意义,能度量两点间的距离;理解角的概念,能比较角的大小;理解平行线概念;两条直线平行的判定与性质。学习了函数概念后,认识到一次函数的图象是一条直线。有了对坡度的认识,并能够通过角的正切值计算坡度。

(2) 高中《课标》中倾斜角和斜率概念的定位

在高中阶段,《课标》中对直线的倾斜角和斜率的要求是:

① 在平面直角坐标系中,结合具体图形,探索确定直线位置的几何要素。

② 理解直线的倾斜角和斜率的概念,经历用代数方法刻画直线斜率的过程,掌握过两点的直线斜率的计算公式。

③ 能根据斜率判定两条直线平行或垂直。

此时,点和直线放在平面直角坐标系内去研究,于是点和直线有了代数表达。首先将点与有序实数对(x,y)建立一一对应的关系,在这样的规则下,就出现了如何在平面直角坐标系中描述直线的问题。

首先要挖掘直线的几何要素,即不同直线最本质的区别是什么？如何刻画直线的几何要素?一条直线可以由两点确定或一点与一个方向确定,不同直线最本质的区别是直线的方向或倾斜程度,而这个方向或倾斜程度是相对的,需要一个参照系来描述。根据平面直角坐标系的构成,并且每条直线方向或倾斜程度有唯一的表述,用"倾斜角"来刻画。即:当直线l与x轴相交时,我们以x轴为基线,x轴正方向与直线l向上的方向之间所成的角α叫作直线l的倾斜角。倾斜角越接近$\frac{\pi}{2}$,倾斜程度越大。并规定倾斜角的范围为$[0°,180°)$。这也就建立了直线与角度之间的对应关系。

斜率是表示一条直线(或曲线的切线)关于(横)坐标轴倾斜程度的量。它通常用直线(或曲线的切线)与(横)坐标轴夹角的正切,或两点的纵坐标之差与横坐标之差的比来表示。①如果直线与x轴互相垂直,直角的正切值无穷大,故此直线不存在斜率。②斜率的本质是用代数的方法刻画一条直线相对于x轴的倾斜程度的量,可以看成是直线(不包括垂直于x轴的直线)集到实数集的映射。因此,倾斜角是从形上描述直线的倾斜程度的几何要素;斜率是从代数角度描述直线的倾斜程度的几何要素。由直线的倾斜角范围得到直线的斜率的取值范围。

在日常生活中,我们常用坡度来刻画道路的倾斜程度,坡度即坡面的铅直高度和水平长度的比,这个比值反映了物体在水平方向的改变量和铅直方向的量变的联系。显然,坡度越大,坡的倾斜程度就越大。坡度是用高度的平均变化率刻画道路的倾斜程度。与坡度的意义类似,在平面直角坐标系中,直线的倾斜程度利用点的坐标表示如下:

例如,设直线l的倾斜角为$\alpha(\alpha\neq 90^\circ)$,直线上两点$P_1(x_1,y_1)$,$P_2(x_2,y_2)$,则直线$l$的斜率为:

$$k=\tan\alpha=\frac{y_2-y_1}{x_2-x_1}=\frac{\Delta y}{\Delta x}$$

高中阶段还将学习向量、导数等内容,因此,我们可以从多个角度整体上来理解倾斜角和斜率:

第一,从实际意义来看,斜率就是我们所说的坡度,是高度的平均变化率。用坡度来刻画道路的倾斜程度,也就是用坡面的垂直高度和水平长度的比,相当于在水平方向移动一个单位,在垂直方向上升或下降的数量,这个比值实际上就表示了坡度的大小。

第二,从倾斜角的正切值来看。在同一个平面直角坐标系中,每一条直线都有唯一的倾斜角,但不是每一条直线都有斜率,倾斜角是90°的直线(即x轴的垂线)没有斜率;反过来,倾斜角相同或者说斜率相同的直线平行。

第三,从向量来看,$\alpha(\alpha\neq 90^\circ)$是直线$l$向上方向的向量与$x$轴正方向上的单位向量的夹角,因此,直线$l$的一个方向向量为$(1,k)$。

第四,从导数来看,斜率就是直线的瞬时变化率。过曲线上的某点切线的斜率反映了曲线在此点处变化的快慢程度。曲线的变化规律可以用过曲线上

① 沈以淡.简明数学词典[W].北京:北京理工大学出版社,2003:8.

② 袁世全,李修松,萧钧,等.中国百科大词典[W].北京:华夏出版社,1990:9.

一点的切线的斜率即导数来描述,高中导数概念的几何意义是函数曲线在该点处切线斜率。在区间(a,b)内,当$f'(x)>0$时,函数在该区间内单调递增,曲线呈向上的趋势;当$f'(x)<0$时,函数在该区间内单调减,曲线呈向下的趋势。

直线的斜率这个概念本身是用代数方法刻画直线的倾斜程度,因此,蕴含了数形结合的思想方法;斜率相等的两条直线是平行的;斜率之积为-1的两条直线垂直,直线的点斜式方程的探究,就是探究平面上任一点与一个已知点构成的直线的斜率是k的动点的轨迹方程,这些都体现了运动变化的思想方法。

2. 数学教科书中倾斜角和斜率概念的设计

(1) 人教A版教科书中倾斜角和斜率概念的设计

人教A版教科书利用“思考”栏目提出问题,通过观察具体图形,如图6-5所示,“确定一条直线的几何要素是什么?对于平面直角坐标系中的一条直线l,如何利用坐标系确定它的位置?”接下来,将平面几何中“两点确定一条直线”归结为“一个点和一个方向确定一条直线”,再将问题转化为“在平面直角坐标系中,如何确定方向?”这时需要先有“参照系”,因此教科书中“规定水平直线的方向向右,其他直线向上的方向为这条直线的方向。”接下来,在平面直角坐标系中呈现多条直线,如图6-6所示,观察并思考下列问题:

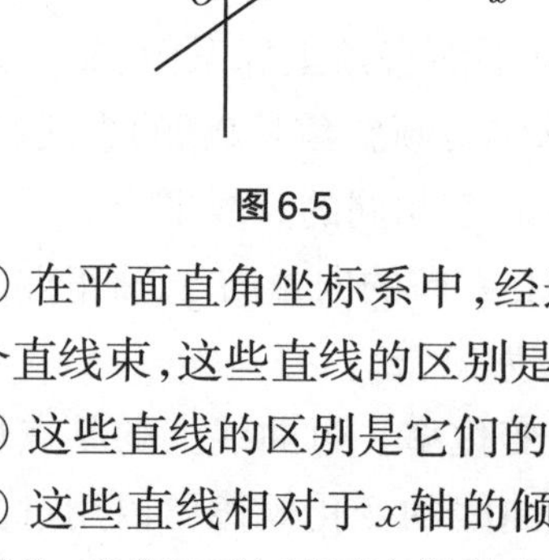

图6-5

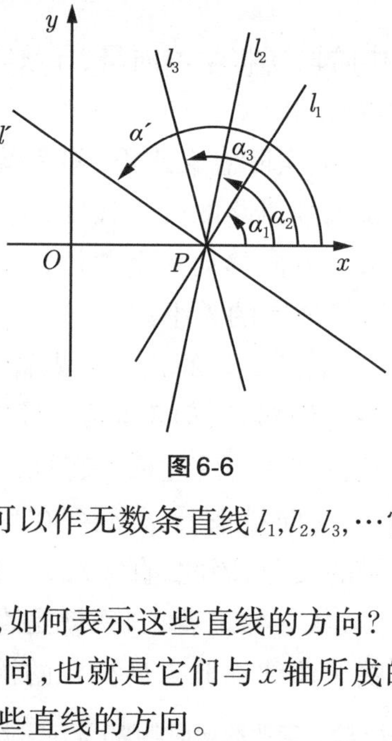

图6-6

① 在平面直角坐标系中,经过一点P可以作无数条直线$l_1,l_2,l_3,\cdots$它们组成一个直线束,这些直线的区别是什么?

② 这些直线的区别是它们的方向不同,如何表示这些直线的方向?

③ 这些直线相对于x轴的倾斜程度不同,也就是它们与x轴所成的角不同。因此,我们可以利用这样的角来表示这些直线的方向。

人教A版教科书中的定义是“当直线l与x轴相交时,我们以x轴为基线,x

轴正向与直线l向上的方向之间所成的角α叫作直线l的倾斜角(angle of inclination)。”并通过观察图6-6,给出了倾斜角α_1为锐角,倾斜角α'为钝角。

接下来,“规定当直线l与x轴平行或重合时,倾斜角为0°。因此,得到直线的倾斜角α的取值范围为$0°\leqslant\alpha<180°$。”进一步给出斜率的定义:“我们把一条直线的倾斜角α的正切值叫作这条直线的斜率(slope)。斜率常用小写字母k表示,即$k=\tan\alpha$。”

(2) 人教B版教科书中倾斜角和斜率概念的设计

人教B版教科书利用“尝试与发现”栏目,提出问题:“经过平面直角坐标系中的一点,可以有无数条不同的直线。如图6-7所示,过同一点的直线,它们彼此之间的不同点是什么?你能找到一个量来描述它们的不同点吗?你找到的量,能够使得图中任意两条不同的直线都有不同的取值吗?”图中四条直线的倾斜角分别是0°,90°,锐角和钝角,也是为后续倾斜角的范围做铺垫。

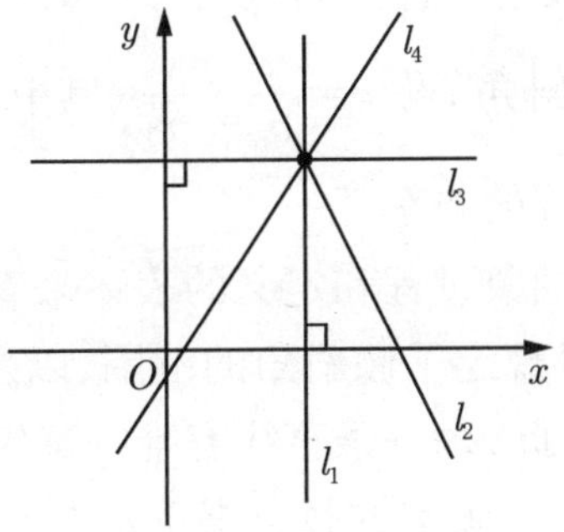

图6-7

人教B版教科书中的定义是[①]:“一般地,给定平面直角坐标系中的一条直线,如果这条直线与x轴相交,将x轴绕它们的交点按逆时针方向旋转到与直线重合时所转的最小正角记为θ,则称θ为这条直线的倾斜角;如果这条直线与x轴平行或重合,则规定这条直线的倾斜角为0°。”接着,给出斜率的定义:“一般地,如果直线l的倾斜角为θ,则当$\theta\neq 90°$时,称$k=\tan\theta$为直线l的斜率;当$\theta=90°$时,称直线l的斜率不存在。”

(3) 北师大版教科书中倾斜角和斜率概念的设计

北师大版教科书的设计是通过观察经过原点的直线有无数条,与x轴(正方向)所成的角为$\frac{\pi}{6}$的直线也有无数条,而经过原点,与x轴(正方向)所成的角

① 中学数学教科书实验研究组.普通高教科书数学选择性必修第一册(B版)[M].北京:人民教育出版社,2020:8.

为$\frac{\pi}{6}$的直线有且仅有一条。说明一个定点和与x轴的一个定夹角就唯一确定了一条直线,如图6-8,图6-9所示,进而给出倾斜角的定义。

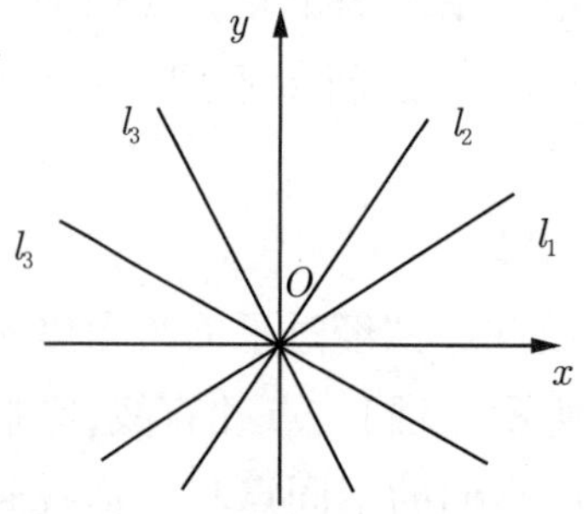

图6-8

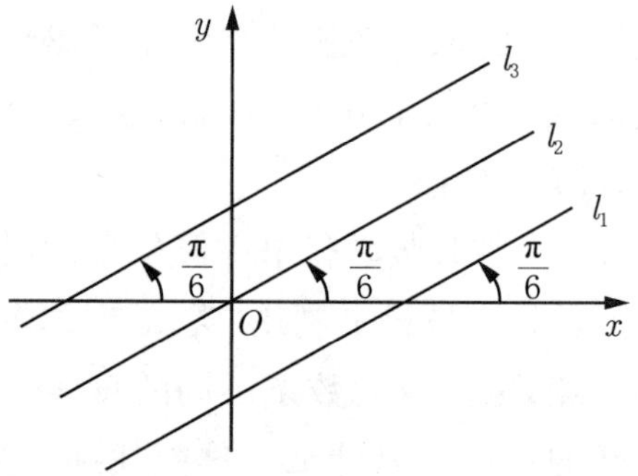

图6-9

北师大版教科书的定义是:[①]"在平面直角坐标系中,对于一条与x轴相交的直线l,把x轴(正方向)按逆时针方向绕着交点旋转到和直线l首次重合时所成的角,称为直线l的倾斜角,称$k=\frac{y_2-y_1}{x_2-x_1}$(其中$x_1\neq x_2$)为经过不同两点$P_1(x_1,y_1)$,$P_2(x_2,y_2)$的直线$l$的斜率。"

对于倾斜角和斜率的抽象过程和定义的表述来看,三个版本教科书的共同点是不仅定义了倾斜角,且规定了倾斜角的范围,以及特殊直线(与x轴平行或重合的直线的倾斜角)。由此,每一条直线有唯一确定的倾斜角,为后续研究直线方程奠定基础。另外,三个版本的教科书都从"一条直线如何确定"入手,基于图形的直观认识,再理性分析,都体现了倾斜角的抽象过程。

三个版本教科书对于概念的抽象过程和定义的表达上各有特点:

一是对于倾斜角定义的表述。人教A版与北师大版都强调了x轴正向的"基准作用";人教A版先定义了直线向上的方向,然后定义直线与x轴所成的角为倾斜角,并举例说明了倾斜角是锐角或钝角的情况,人教B版和北师大版都从运动的角度,通过旋转定义倾斜角。

二是对于斜率定义的表述。人教A版和B版相同,直接用倾斜角的正切值定义的,强调了用三角函数值刻画角的大小。而北师大版是用直线上两点坐标定义的,强调了直线上点的坐标与直线倾斜角的关系。

三是对于倾斜角概念的抽象过程。人教A教科书回到学生已有经验,由"两点确定一条直线"寻找等价条件,即一个点和一个方向也可以确定一条直

① 王尚志,保继光.普通高教科书数学选择性必修第一册[M].北京:北京师范大学出版社,2020:8.

线，然后再思考如何在平面直角坐标系中确定方向。而人教B版和北师大版从更具体更直观的直线（系）入手，通过观察和分析，寻找确定一条直线的条件。相比而言，人教A版教科书更关注如何想到的，人教B版和北师大版教科书则更关注对直观感知的结果进行理性分析。

四是对于斜率的概念的抽象过程。人教A版教科书通过“探究”栏目设计了系列问题，如图6-10所示。

探究

在平面直角坐标系中，设直线 l 的倾斜角为 α.

(1) 已知直线 l 经过 $O(0,\ 0)$，$P(\sqrt{3},\ 1)$，α 与 O，P 的坐标有什么关系？

(2) 类似地，如果直线 l 经过 $P_1(-1,\ 1)$，$P_2(\sqrt{2},\ 0)$，α 与 P_1，P_2 的坐标又有什么关系？

(3) 一般地，如果直线 l 经过两点 $P_1(x_1,\ y_1)$，$P_2(x_2,\ y_2)$，$x_1\neq x_2$，那么 α 与 P_1，P_2 的坐标有怎样的关系？

图6-10

人教B版教科书通过“尝试与发现”栏目设计了系列问题，如图6-11所示。

尝试与发现

平面直角坐标系中的两点可以确定一条直线，那么这两点当然也可以确定直线的倾斜角.

如图 2-2-2 所示，分别写出以下直线的倾斜角，并总结出一般的结论：

(1) 经过 $A(-1,\ -1)$，$B(3,\ -1)$ 的直线 l_1；

(2) 经过 $C(2,\ 1)$，$D(2,\ 2)$ 的直线 l_2；

(3) 经过 $E(-1,\ 0)$，$F(1,\ 2)$ 的直线 l_3.

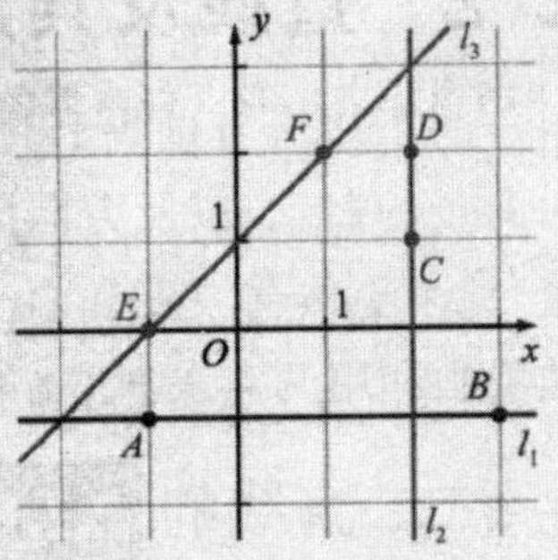

图 2-2-2

图6-11

教科书引导学生先计算三条具体的直线的倾斜角，包括平行于坐标轴的两条直线，为下面的一般情况的归纳做准备。

一般地，如果 $A(x_1,y_1)$，$B(x_2,y_2)$ 是直线上两个不同的点，直线 l 的倾斜角为 θ，则：

(1) 当 $y_1=y_2$，时（此时必有 $x_1\neq x_2$），$\theta=$_____；

(2) 当 $x_1=x_2$ 时（此时必有 $y_1\neq y_2$），$\theta=$_____；

(3) 当$x_1 \neq x_2$且$y_1 \neq y_2$时，可以构造以AB为斜边且两直角边分别平行于坐标轴或在坐标轴上的直角三角形，如图6-12(a)(b)所示，此时

$$\tan\theta = \frac{y_2 - y_1}{x_2 - x_1}$$

而且这个式子在$x_1 \neq x_2$且$y_1 = y_2$时也成立。[①]

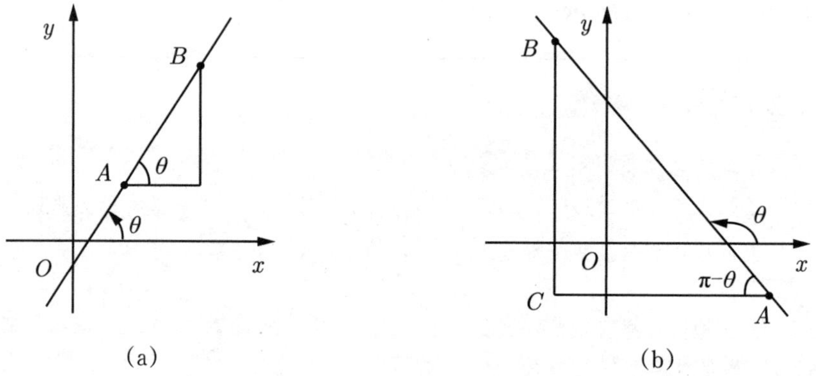

图6-12

北师大版教科书从日常生活中的坡度，直线上的任意两点$P_1(x_1, y_1)$, $P_2(x_2, y_2)$的纵坐标和横坐标的改变量的比值两个角度理解直线的倾斜程度，进而给出斜率的定义。

人教A版和B版教科书，强调通过具体计算，归纳概括，再一般化，得到倾斜角的正切值与直线上的任意两点坐标之间的关系，接下来，又给出直线的方向向量的概念，以及方向向量坐标与斜率的关系；北师大版教科书通过生活情境，让学生体会坡度和两点坐标的改变量的比值刻画直线的倾斜程度的意义，抽象出利用两点求斜率k的公式，并定义斜率。

二、直线的方程

1. 直线的方程的历史发展

费马将韦达的符号代数方法应用于阿波罗尼斯的轨迹定理，于1637年写出了名为《平面与立体轨迹引论》的小册子，书中包含了他的解析几何方法，“在最后的方程中出现两个未知量时，我们就得到一个轨迹，其中一个未知量的一端画出了一条直线或曲线。”这就是说，用代数方法解几何问题时，最后得到含两个未知量的方程，则所得结果表示一轨迹(直线或曲线)：取一条固定直线及

① 中学数学教材实验研究组．普通高教科书数学选择性必修第一册(B版)[M]. 北京：人民教育出版社，2020：72.

其上一固定点，当一条变线段(长度为一未知量)的一个端点(该端点离固定点的距离为另一未知量)沿直线移动时，另一端点的运动即确定了该轨迹。这简短的一句话历史性地引入了解析几何以及变量思想，无怪乎美国著名数学史家波耶(C. B. Boyer, 1906—1976)誉之为"数学史上最重要的论断之一"!①

欧拉在《分析引论》中系统地阐述了平面和空间解析结合，给出了现代形式下圆锥曲线的代数定义：在笛卡儿平面上，二元二次方程：$ax^2+2bxy+cy^2+dx+ey+f=0$的图象是圆锥曲线，这个二次方程包含了圆、圆锥、双曲线、抛物线以及各种退化情况，特别地，当$a=b=c=0$时，曲线的图象就是直线。

2. 数学课程标准中直线方程的定位

小学阶段，学生主要从实物和具体情境中认识直线，能区分直线、线段和射线。初中阶段，学生能理解直线的特征，学习了函数后，知道一次函数的图象是直线。

在高中阶段，把直线放在平面直角坐标系中，由点与有序实数对(x,y)建立了一一对应的关系，而直线是由满足一定条件的点构成的，因此，直线应该与关于x,y的关系式相对应。

《课标》对"直线的方程"要求如下：

① 根据确定直线位置的几何要素，探索并掌握直线方程的几种形式(点斜式、两点式及一般式)。

② 能用解方程组的方法求两直线的交点坐标。

③ 探索并掌握两点间的距离公式、点到直线的距离公式，会求两条平行直线间的距离。

对于直线方程我们可以从以下几个方面来理解：

① 直线是一种几何图形，直线的方程是在平面直角坐标系中对直线的代数刻画。对于二元一次方程$F(x,y)=0$，满足方程$F(x,y)=0$的解为坐标的点都在直线l上；直线l上所有的点的坐标都是方程$F(x,y)=0$的解。此时，方程$F(x,y)=0$叫作直线l的方程，直线l叫作方程$F(x,y)=0$的直线。

② 在解析几何中，直线方程的建立，是从分析直线的几何特征开始的。为了建立直线的方程，我们从直线的几何特征出发——点和方向，寻求几何特征的代数表示。从确定直线位置的几何要素出发，根据直线上点的规律，用代数方法表示这些几何要素。通过表示这些几何要素，建立直线上点的坐标满足的代数关系式，通过代数关系式研究直线。我们可以这样描述直线的几何特征：

① 汪晓琴．平面解析几何的产生(四)[J]．中学数学教学参考，2008(6)：56-59.

经过直线上任意两点的倾斜角不变。刻画确定直线位置的几何要素，是按照“方向→倾斜角→倾斜角的正切值→斜率→直线上任意两点的纵坐标的差与横坐标的差的比值”过程展开。这个过程是对“直线”这个几何研究对象逐步代数化的过程，把“形”逐步转化为“数”，用“数”表示“形”。这个过程是解析几何研究几何图形的基本过程，它是不断深化、不断精致的过程。对“直线”的研究是解析几何研究一个几何对象的范本。①

③ 直线的方程包括直线的点斜式、两点式和一般式方程，斜截式和截距式方程是点斜式和两点式方程的特例。已知一条直线的斜率，如果知道这条直线上的一个点，即可得到直线方程的点斜式。点斜式方程是其他所有方程的基础，它是在经过两点的直线斜率公式的基础上，利用给定的点和斜率建立直线上任意一点所满足的代数关系。它一方面表示直线上的点满足这个关系式；另一方面表示满足这个关系式的点都在这条直线上。如果直线上的这个点很特殊，是直线与y轴交点，即可得到直线方程的斜截式。两点式方程是点斜式方程的变式表达或推论，两者之间的桥梁是直线的斜率。

一般式方程揭示的是任意一个二元一次方程表示一条直线，任意一条直线都可以用一个二元一次方程表示。点斜式方程、两点式方程都可以化为一般式方程。

④ 有了直线的方程，可以进一步研究两直线的位置关系、两直线的交点、点到直线的距离公式、两条平行直线间的距离等。利用直线方程可以研究一条直线的性质，也可以研究两条直线之间或直线与其他曲线之间的关系等，如两条不重合直线的斜率相等，则这两条直线平行；两条直线的斜率之积为-1，则这两条直线互相垂直等。

3. 数学教科书中直线方程的设计

(1) 人教A版教科书中直线方程的设计

对于直线方程的引入，人教A版教科书的节引言如下：

“我们知道，给定一点和一个方向可以唯一确定一条直线。这样，在平面直角坐标系中，给定一个点$p_0(x_0,y_0)$和斜率k(或倾斜角)，就能唯一确定一条直线。也就是说，这条直线上任意一点的坐标(x,y)与点p_0的坐标(x_0,y_0)和斜率k之间的关系是完全确定的。那么，这一关系如何表示呢？下面我们就来研究这个问题。”②

① 张劲松. 建立直线和圆的方程，用方程研究它们的性质[J]. 中学数学教学参考，2020(12)：6-13.

② 中学数学课程教科书研究开发中心. 普通高教科书数学选择性必修第一册(A版)[M]. 北京：人民教育出版社，2020：59.

接下来，人教A版教科书的设计是直接研究经过点$p_0(x_0,y_0)$，且斜率为k的直线l的方程，由上述推导过程得到，“坐标满足关系式$y-y_0=k(x-x_0)$的点一定在直线l上；直线l上的任意一点的坐标一定满足关系式$y-y_0=k(x-x_0)$。我们把方程$y-y_0=k(x-x_0)$称为过点$p_0(x_0,y_0)$斜率为k的直线l的方程。”[①]这里给出特殊情况，即点斜式的直线的方程。

(2) 人教B版教科书中直线方程的设计

人教B版教科书直接通过“尝试与发现”栏目提出下列问题：

“设l_1,l_2是平面直角坐标系中的直线，分别判断满足下列条件的l_1,l_2是否唯一，如果唯一，作出相应的直线，并思考直线上任意一点的坐标(x,y)应该满足什么条件？

① 已知l_1的斜率不存在；

② 已知l_1的斜率不存在且l_1过点$A(-2,1)$；

③ 已知l_2的斜率为$\sqrt{3}$；

④ 已知l_2的斜率为$\sqrt{3}$且过点$B(1,2)$。”[②]

对于直线方程的定义，人教B版教科书先研究了过某具体点，已知斜率的具体直线的方程；对于具体的结果，从关于x,y的方程的角度分析；再一般化，得到直线方程的一般定义。接下来再推导特殊情况，即经过定点且斜率为定值的直线的点斜式方程。

人教B版教科书给出的直线方程的定义：“一般地，如果直线l上点的坐标都是方程$F(x,y)=0$的解，而且以方程$F(x,y)=0$的解为坐标的点都在直线l上，则称$F(x,y)=0$为直线l的方程，而直线l称为方程$F(x,y)=0$的直线。此时，为了简单起见，‘直线l’也可说成‘直线$F(x,y)=0$’，并且记作$l:F(x,y)=0$。”[③]

(3) 北师大版教科书中直线方程的设计

北师大版教科书先提出下列问题：

“我们知道，一点与一个方向可以确定一条直线。例如，如图6-13所示，直线经过点$P(3,0)$，且斜率$k=2$，则直线l上的每个点在平面直角坐标系中的位

① 中学数学课程教科书研究开发中心．普通高教科书数学选择性必修第一册(A版)[M].北京：人民教育出版社，2020：59-60.

② 中学数学教科书实验研究组．普通高教科书数学选择性必修第一册(B版)[M].北京：人民教育出版社，2020：78-79.

③ 中学数学教科书实验研究组．普通高教科书数学选择性必修第一册(B版)[M].北京：人民教育出版社，2020：79.

置就被确定了。也就是说,对于直线l上不同于点P的每一个点,其坐标都和已知点P的坐标与斜率存在某种恒定的数量关系。那么这一数量关系是什么呢?”①

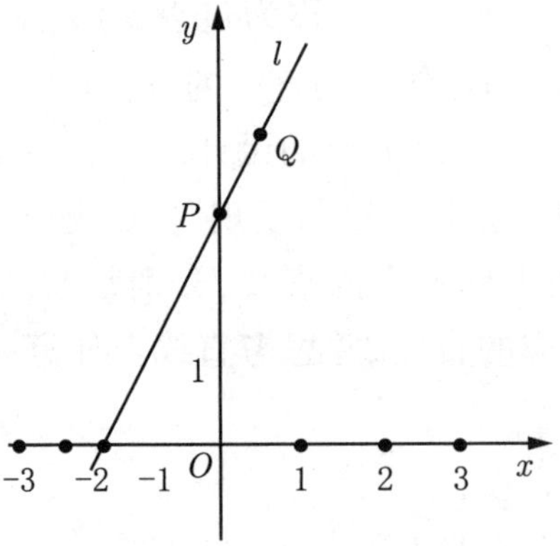

图6-13

对于直线方程的探究过程,北师大版和人教B版的类似,也是先研究了过某具体点,已知斜率的具体直线的方程;再一般化,得到直线方程的一般定义。接下来再推导特殊情况,即经过定点且斜率为定值的直线的点斜式方程。

北师大教科书给出的直线方程的定义:“一般地,如果直线l上的每一点的坐标都是一个方程的解,并且以这个方程的解为坐标的点都在直线l上,那么这个方程称为直线l的方程。”

综上,对于直线方程的设计,从引入环节来看,人教A版和北师大版教科书都是直接给出了“给定一点和一个方向可以唯一确定一条直线”,进而指明了继续研究问题的方向。而人教B版教科书是通过四个具体的问题帮助学生理解直线的几何要素。

对于直线方程概念的形成过程,人教A版教科书借助直线的点斜式方程给出直线方程的概念,直线方程的概念从纯粹性和完备性两个方面表达了直线l与关系式$y-y_0=k(x-x_0)$的对应关系。在讨论过直线方程的点斜式、斜截式、两点式、一般式后,给出结论“在平面直角坐标系中,任意一个二元一次方程是直角坐标平面上的一条确定的直线;反之,直角坐标平面上的任意一条直线可以用一个确定的二元一次方程来表示”,体现了在平面直角坐标中直线与二元一次方程之间的对应关系。此时,这个二元一次方程是这条直线的方程,这条直线也是这个二元一次方程表示的直线。教科书在这个过程中强调了“平面

① 王尚志,保继光.普通高教科书数学选择性必修第一册[M].北京:北京师范大学出版社,2020:8.

直角坐标系是把二元一次方程和直线联系起来的桥梁”。相比而言,人教B版和北师大版两个版本教科书在直线方程这个概念上,更注重从具体的直线方程到一般的直线方程概念,再到特殊的直线方程过程的研究。

三、椭圆

1. 圆锥曲线的历史发展

J. Wallis 在《论圆锥曲线》(《De Sectionibus Conicis》)中,第一次得到圆锥曲线的方程,他是为了阐明阿波罗尼斯(Apollonius)的结果,把Apollonius的几何条件翻译成代数条件,从而得到这些方程的。他把圆锥曲线定义为含x和y的二次方程的曲线,并证明这些曲线确实就是几何里的圆锥曲线。①

圆锥曲线研究的集大成者是阿波罗尼斯,他的《圆锥曲线论》对后世产生了很大的影响,并启发笛卡儿发明了直角坐标系。

在《圆锥曲线论》中,首先给出了圆锥的定义:对于给定圆心为O的圆,及圆所在的平面外一点A,连接点A与圆周上另一点B,并向两端延长得到一条直线,这条直线称为母线。以固定点A为轴心,令母线沿圆周转动一圈回到点B,则母线的运动轨迹就得到两个曲面,成为圆锥曲面,称A为圆锥的顶点,给定的圆为圆锥的底。如果AO垂直于底,则称这个圆锥为直圆锥,否则为斜圆锥②。如图6-14所示,如果用一个平面去截这个圆锥,因为平面与母线之间的夹角不同在圆锥曲线上可能截出不同的曲线,但就类型而言,可以得到三种曲线,统称圆锥曲线。如果平面只与两个曲面的一个相交,那么分两种情况:平面与曲面截出一条封闭曲线,则称这条曲线为椭圆;平面与曲面截出一条开放曲线,即平面与母线平行,则称这条曲线为抛物线。如果平面与两个曲面都相交,那么平面与曲面截出两条对称的开放曲线,则称这两条曲线为双曲线。这三种曲线的名字都是阿波罗尼斯给出的,沿用至今。

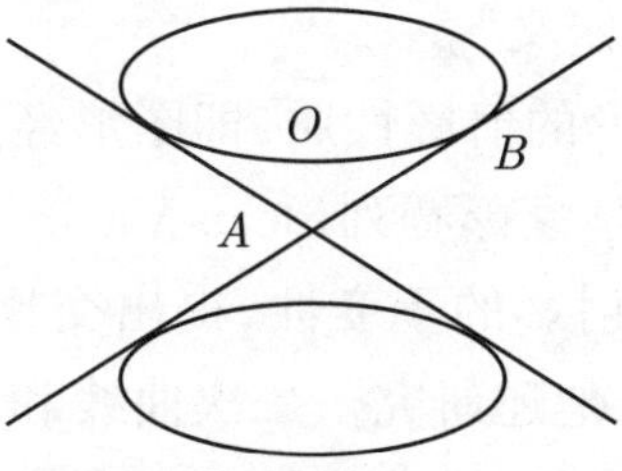

图6-14

① 莫里斯·克莱因.古今数学思想:第二册[M].朱学贤,等,译.上海:上海科学技术出版社,2002:8.

② 史宁中.数学思想概论:第2辑[M].长春:东北师范大学出版社,2008:123-124.

真正引发笛卡儿开始思考坐标系的是所谓“3条或4条直线的轨迹”的问题。阿波罗尼斯在他的《圆锥曲线论》第3卷中，把此问题描述为：在平面上给定三条直线，令一动点到其中一条直线距离的平方，与到另外两条直线的距离的积成正比，求这个动点的轨迹。如果给定的是四条直线，把到一条直线距离的平方，改为到两条直线的距离的积，阿波罗尼奥斯用几何的方法研究了这个问题，并证明这个动点的轨迹是圆锥曲线。

后来，数学家帕波斯(Pappus，约300—350年)把这个问题推广到四条直线以上及任意角，后来人们称这样的问题为帕波斯问题，笛卡儿正是在解决这样的问题的过程中萌发了建立坐标系的设想，后来发明了解析几何。

对于圆锥曲线的分析，主要从定义和方法两个方面进行分析。

① 从数学抽象的角度来看，圆锥曲线的定义经历了两次抽象过程。

第一次抽象聚焦“度量定义”。

阿波罗尼斯的《圆锥曲线论》中给出的圆锥曲线是用平面去截一个对顶的圆锥，根据平面与锥轴的角度和距离不同，来定义圆锥曲线，这是圆锥曲线的“度量定义”。其研究方法是综合法。这种研究方法没有把曲线看成是一种动点的轨迹，更没有给它以一般的表示方法，因此是静态的几何。

1637年，笛卡儿发表哲学著作《更好地指导和寻求真理的方法论》(简称《方法论》)，他通过具体的实例，表达了他的新思想和新方法，展现出一个从建立坐标系和方程到研究方程的循序过程。笛卡儿的解析几何有两个基本思想：一是用有序数对表示点的坐标；二是把互相关联的两个未知数的代数方程，看成平面上的一条曲线。这种思想和方法尽管在形式上没有现在的解析几何那样完整，但是在本质上它却是地道的解析几何。解析几何的诞生，把几何图形放在平面直角坐标系中，通过方程来研究图形的几何性质，实现了研究方法的突破。

第二次抽象聚焦“射影定义”。

射影几何用来研究图形的射影性质，即图形经过射影变换不变的性质，也叫作投影几何学。法国数学家彭赛列(Jean-Victor Poncelet，1788—1867)致力于研究图形经过任意中心射影的不变性，提出交比的概念。引进“无穷远”元素，并且作了系统的发展。他还研究了二次曲线和曲面的配极理论，并由此导致一般的对偶原理。至此，对圆锥曲线的研究更多的是从射影变换的角度，即研究投影变换下的不变性。

② 从研究方法的角度来看，圆锥曲线的研究也经历了两个阶段。

第一个阶段主要是从“形”到“数”。这个阶段的主要特点是从运动变化的角度，利用综合法的结论，将“形”转化为“数”。阿波罗尼斯从几何直观上给出了圆锥曲线静态的原始定义，严格来看，得到的曲线除了圆、椭圆、双曲线和抛物线外，还包括三种退化情形（一条直线、一个点、两条相交直线）。后来通过证明，得到“椭圆上任一点的焦半径之和等于长轴长”，即椭圆的第一定义。这是从运动变化的观点给出圆锥曲线的定义，是通过对于几何图形中的变量与不变量的分析，得到的图形性质。对于椭圆，用$2a$，$2b$，$2c$分别刻画其长轴长、短轴长、焦距；用$e=\frac{c}{a}$去刻画其离心率，使得椭圆的几何性质有了度量。

第二个阶段主要是从“数”到“形”。这个阶段的主要特点是利用曲线方程分析运动变化过程，强调了几何直观的“分析价值”，是分析与几何的结合。所以，在解析几何学习过程中，要注重数形结合与运动变化等数学思想方法。

2. 数学课程标准中椭圆的定位

在小学和初中阶段，课标和教科书中没有涉及椭圆的内容。但是根据生活经验，学生能从一些实物中辨认出椭圆。

高中阶段，椭圆作为圆锥曲线的典型代表，在课标中有明确的要求：

① 了解圆锥曲线的实际背景，感受圆锥曲线在刻画现实世界和解决实际问题中的作用。

② 经历从具体情境中抽象出椭圆的过程，掌握椭圆的定义、标准方程及简单几何性质。

高中阶段椭圆的定义是满足一定条件的动点运动的轨迹。椭圆的几何特征是：到两个定点的距离的和是一个常数，且这个常数大于两个定点的距离。研究椭圆的主要过程：首先，根据椭圆的对称性建立平面直角坐标系，如以两定点F_1，F_2所在的直线为x轴，以连接两定点的线段F_1F_2的垂直平分线为y轴，建立平面直角坐标系；其次，根据动点到两定点F_1，F_2距离之和为常数建立方程，即$|PF_1|+|PF_2|=2a$，列出代数方程$\sqrt{(x+c)^2+y^2}+\sqrt{(x-c)^2+y^2}=2a(a>c>0)$；然后化简方程，根据椭圆的对称性，设$b^2=a^2-c^2$，得到椭圆的标准方程：$\frac{x^2}{a^2}+\frac{y^2}{b^2}=1(a>b>0)$；最后根据椭圆的方程，研究椭圆的范围、对称性、顶点、离心率等几何性质。

学生要清楚椭圆是用平面截圆锥，得到二次曲线的一种情况。能够抓住椭圆的几何特征，从运动变化的角度描述椭圆的定义，通过建立适当的平面直角坐标系，获得椭圆的标准方程，利用椭圆的方程研究椭圆的范围、顶点、对称轴、离心率等几何性质，还要了解椭圆的一些简单的应用。

研究椭圆的过程体现了研究曲线的基本过程与基本方法，即根据具体问题情境的特点，建立平面直角坐标系，根据几何问题和图形的特点，用代数符号语言把几何问题转化为代数问题；根据对几何问题（图形）的分析，探索解决问题的思路；运用代数方法得到结论；给出代数结论合理的几何解释，解决几何问题。

3. 数学教科书中椭圆的设计

（1）人教A版教科书椭圆的设计

人教A版教科书从用一个不垂直于圆锥轴的平面截圆锥入手，得到不同的截口曲线，然后定义圆锥曲线，如图6-15所示。

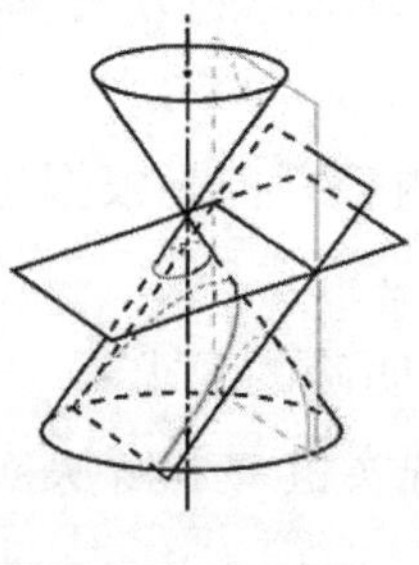

我们知道，用一个垂直于圆锥的轴的平面截圆锥，截口曲线（截面与圆锥侧面的交线）是一个圆．如果改变圆锥的轴与截平面所成的角，那么会得到怎样的曲线呢？

如图，用一个不垂直于圆锥的轴的平面截圆锥，当圆锥的轴与截面所成的角不同时，可以得到不同的截口曲线，它们分别是椭圆、抛物线和双曲线．我们通常把椭圆、抛物线、双曲线统称为圆锥曲线（conic sections）．

图6-15

关于椭圆定义的抽象过程，人教A版教科书直接给出“探究”活动，如图6-16所示。

探究

取一条定长的细绳，把它的两端都固定在图板的同一点，套上铅笔，拉紧绳子，移动笔尖，这时笔尖（动点）画出的轨迹是一个圆．如果把细绳的两端拉开一段距离，分别固定在图板的两点 F_1，F_2（图3.1-1），套上铅笔，拉紧绳子，移动笔尖，画出的轨迹是什么曲线？

在这一过程中，移动的笔尖（动点）满足的几何条件是什么？

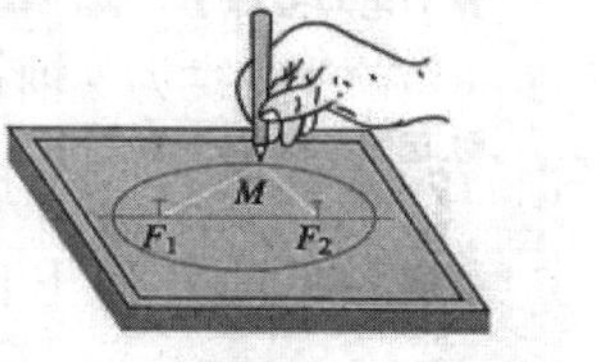

图3.1-1

图6-16

接着给出椭圆、焦点、焦距的概念：“把细绳的两端拉开一段距离，笔尖移动的过程中，细绳的长度保持不变，即笔尖到两个定点的距离的和等于常数。我们把平面内与两个定点 F_1,F_2 的距离的和等于常数（大于 $|F_1F_2|$）的点的轨迹叫作椭圆(ellipse)。这两个定点叫作椭圆的焦点(focus)，两焦点间的距离叫作椭

圆的焦距(focus distance),焦距的一半称作半焦距。由椭圆的定义,上述移动的笔尖(动点)画出的轨迹就是椭圆。”①

(2) 人教B版教科书椭圆的设计

人教B版教科书先给出图6-17,因为这些几何对象都能通过用平面截两个顶点相同、顶角相等、轴相同的圆锥面得到,所以通常被称为圆锥曲线。

关于椭圆定义的抽象过程,人教B版教科书首先给出了生活中椭圆的图片,让学生从图形的角度认识椭圆。

图6-17

“在日常生活与学习中,可以见到很多有关椭圆的形象,如图6-18(a)、(b)所示。”②

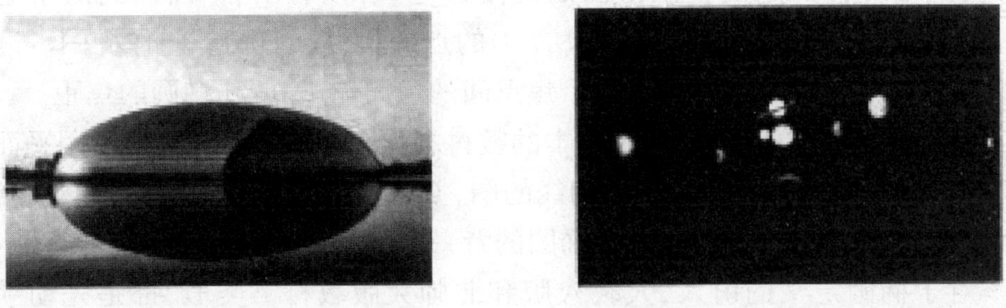

(a)　(b)

图6-18

① 中学数学课程教科书研究开发中心.普通高教科书数学选择性必修第一册(A版)[M].北京:人民教育出版社,2020:105.

② 中学数学教科书实验研究组.普通高教科书数学选择性必修第一册(B版)[M].北京:人民教育出版社,2020:123.

接着提出问题:“我们还知道,圆是平面内到圆心的距离等于半径的点的集合,圆上的点的特征是:任意一点到圆心的距离都等于半径。那么,你能说说到底什么是椭圆吗? 椭圆上的任意一点的特征是什么?”①

接着,教科书给出了椭圆形状的描述,以及椭圆的定义:“椭圆给人的印象是‘压扁的圆’,但这不是数学上椭圆的定义,事实上;如果F_1,F_2是平面内的两个定点,a是一个常数,且$2a>|F_1F_2|$,则平面内满足$|PF_1|+|PF_2|=2a$的动点P的轨迹成为椭圆,其中,两个定点F_1,F_2称为椭圆的焦点,两个焦点之间的距离$|F_1F_2|$称为椭圆的焦距。”②

(3) 北师大版教科书椭圆的设计

北师大版也在章头图中给出平面截圆锥的各种情况示意图,在章引入语中给出了圆锥曲线的定义:“用平面去截圆锥曲线,根据截面与圆锥曲线的轴的夹角不同,所得截线分别是圆、椭圆、抛物线、双曲线。所以,人们通常把圆、椭圆、抛物线、双曲线统称为圆锥曲线。”③

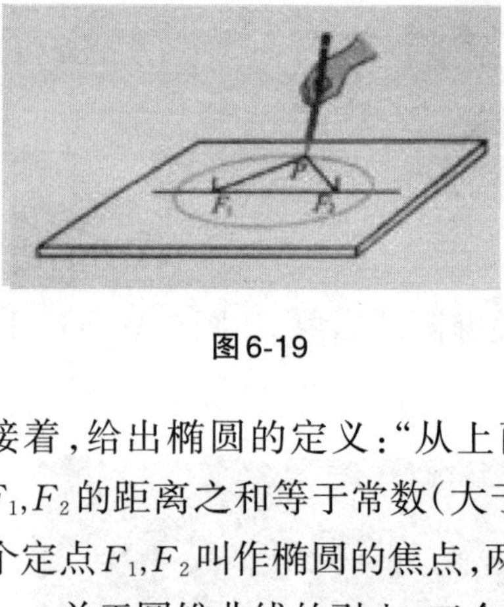

图6-19

关于椭圆的引入,北师大版教科书也是先让学生用细绳和笔画出一个椭圆,体会椭圆的形成过程,如图6-19所示,“我们已经知道用一根细绳和一支笔可以画出圆,那么仍然取一条一定长的细绳,把绳的两端分别固定在画板上的F_1和F_2两点,当绳长大于F_1和F_2的距离时,铅笔尖把绳子拉紧,使笔尖在画板上慢慢移动,其轨迹就是一个椭圆。”④接着,给出椭圆的定义:“从上面的画图过程,可以看出:平面内到两个定点F_1,F_2的距离之和等于常数(大于$|F_1F_2|$)的点的集合(或轨迹)叫作椭圆。这两个定点F_1,F_2叫作椭圆的焦点,两个焦点间的距离$|F_1F_2|$叫作椭圆的焦距。”⑤

关于圆锥曲线的引入,三个版本的教科书均在章节语首先给出了用平面截圆锥,从而得到椭圆、双曲线、抛物线的图,并且明确了椭圆、抛物线和双曲线,统称为圆锥曲线。帮助学生理解椭圆的背景。

对于椭圆定义的引入,人教A版和北师大版教科书类似,都是先动手操

①② 中学数学教科书实验研究组.普通高教科书数学选择性必修第一册(B版)[M].北京:人民教育出版社,2020:123.

③ 王尚志,保继光.普通高教科书数学选择性必修第一册[M].北京:北京师范大学出版社,2020:45.

④⑤ 王尚志,保继光.普通高教科书数学选择性必修第一册[M].北京:北京师范大学出版社,2020:46.

作,在操作的过程中,直观感受动点满足的条件,再进行理性分析各条件之间的内在联系,并用数学的语言表述,进而抽象出椭圆的定义。这样的呈现方式符合学生的认知规律,并且有助于学生对椭圆本质的理解。

人教B版教科书让学生通过椭圆的图形,类比圆的定义,抽象出椭圆的定义,这对学生是一件很难的事情。因为椭圆给人的直观感觉就是“压扁的圆”,但是对于学生,这个结论如何“数学化”?教科书此处也没有给出回答,接下来给出椭圆的定义,又利用“尝试与发现”栏目提出问题;“你能利用日常生活中的物品作出一个椭圆吗?”这个问题对于学生也比较突兀。最后,教科书给出了椭圆的画法,[①],通过画法理解椭圆。对椭圆概念理解的过程实际上是从抽象的符号表达到具体的图形表达的过程。相比之下,教科书前面对概念形成过程的设计大多是从特殊到一般、从具体到抽象,所以本内容这样的设计与以前学习内容的顺序完全不同,学生缺少相应的经验,会增加学生理解的难度。虽然三个版本教科书在章引言中,都给出圆锥曲线由平面截圆锥得到的,三种情况直观形象,但是每种截线的几何特征不明显,不利于代数化表达,所以教科书中的椭圆定义都没有采用这种形式。从历史发展的角度来看,教科书中给出的椭圆定义是从原始定义推出的性质,即“平面内与两个定点的距离的和等于常数的点的轨迹叫作椭圆”,这种表述几何特征非常明确,利于作图和代数表达,这与解析几何的核心思想“用代数的方法研究几何问题”是一致的。

① 中学数学教科书实验研究组.普通高教科书数学选择性必修第一册(B版)[M].北京:人民教育出版社,2020:124.

第三部分
基于数学抽象的单元教学案例

第七章　单元教学设计的基本理论

那种认为存在一种唯一的最佳教学设计模型的想法是不正确的。事实上,有多少设计者与设计情境,就有多少设计模型。每一个设计者都将自己对影响学习的原理与事件的理解以及如何最佳地安排教学结构的理解带到了设计过程中。但仍有一些我们可以带到设计过程中的基本的共同的假设。

——R. M. 加涅《教学设计原理》

第一节　单元教学设计的基本理论

一、单元教学与教学单元

在《现代汉语词典》中,“单元”是“整体中自成段落、系统,自为一组的单位(多用于教科书、房屋等)”。《辞海》中对“单元”有这样的解释:“教科书的基本单位。即一门学科中性质相同、相近或有内在联系的教科书组成的一个相对完整部分。”

单元教学的提出与欧美国家的“新教育运动”有直接关系,其倡导者认为学生的学习内容与学习活动应该是一个整体。美国自19世纪以来,从德国引入方法论单元,发展了基于思维过程进行教科书单元的编制原理,从此开发了多种单元:以建构式的作业与探究性经验为基础的项目单元与问题单元;以儿童的兴趣中心为主题的作业单元;基于社会经验的活动单元与经验单元等。[①]

随着教育教学研究的不断发展,尤其是新课程改革之后,关于单元教学的研究越来越多,目前对于单元教学设计的内涵,学者们的观点并不一致,比如对

---

① 钟启泉. 学会单元设计[J]. 新教育,2017(5):1.

于“单元”的理解，一种观点认为现成教科书已有的章节就是“单元”，另一种观点认为应该对教学内容进行重新组合成“单元”。在实际教学中，学科教学（尤其是新授课时）采用第一种观点的较多，综合实践课程中采用第二种较多。究竟采用哪种方式，需要考虑具体的教学内容和教学目标。也有学者进行了更深入的思考，比如，季萍教授提出“单元是实现教学目标的相对完整的过程，是教学过程的质的基本单位。单元是衡量教师教学与教科书驾驭能力的基本单位。单元是课程螺旋式上升的基本单位，也是课程设计的基本单位……单元是新课程理论转化为优质教学实践的过程的基本单位，也就是，我们的研究必须以单元教学研究作为具体的载体。如果站在学生学的角度，单元是发展学生知识、思维方法和情感态度价值观的基本单位。如果站在教师的角度，单元是教学设计的基本单位，也是教师专业知识结构诊断、形成和发展的基本单位。”①

与单元密切相关的是教学单元，教学单元“是教科书和教学活动的基本单位。最初由赫尔巴特倡导，包括两个侧面：一是依据儿童的思维结构和过程，对应于儿童形成概念的思维活动的段落，把教学内容划分成相对独立的各个部分；二是依据学科知识的逻辑体系，把性质相同或有内在联系的部分组织在一起。偏重于前者的教学设计称‘经验单元’（或‘过程单元’）；偏重于后者的教学设计称‘教科书单元’，以教科书为中心，在学科课程中较为常见，有助于在一段连续的时间内系统完整地进行某一方面的知识传授和技能训练”。②

由此可见，从单元教学设计的角度，单元与教学单元本质是一样的，大体分为两类：一类是以系统化的学科知识为基础所构成的学科单元，最常见的就是教科书单元；另一类是以学习者的生活经验为基础构成的生活单元，也是经验单元。我们后面的讨论的单元主要是指第一类，也就是学科单元。

二、单元教学的特点

单元教学是相对于课时教学而言的，也是在课时教学基础上发展形成的。《课标》指出，发展学生核心素养是一个长期的、持续的过程，需要“整体把握教学内容，促进学科核心素养连续性和阶段性发展”。课时教学关注一节课的完整性，容易导致知识割裂，不利于形成知识结构或知识体系。单元教学首先考虑的是按照知识体系划分“单元”，然后再设计教学的各个环节，这样更利于从整体上把握教学内容，使得每一课时的教学围绕核心内容展开。整体性正是单

① 季萍．如何落实三维目标（一）：对教学“单元”的再理解[J]．基础教育课程，2005(8)：18-22.

② 顾明远．教育大词典增订合编本上[M]．上海：上海教育出版社，1998：889.

元教学最突出、最本质的特点。

单元教学的整体性体现在:从整体上把握教学内容,确保知识结构的完整性,尤其利于整体把握蕴含的数学思想方法、研究问题的基本脉络等隐性知识;从整体上把握教学目标,使得教学目标的设计具有连续性和层次性,尤其利于对核心概念的整体把握;从整体上把握学生的认知规律;从整体上把握教学过程,使得教学过程的每一个环节都放到"单元"中考虑,紧密围绕单元教学目标、核心内容,有理有据地展开;从整体上把握教学检测环节,不局限于细枝末节等。

三、数学单元的划分

《课标》中关于课程目标明确提出"通过高中数学课程的学习,学生能获得进一步学习以及未来发展所必需的数学基础知识、基本技能、基本思想、基本活动经验(简称四基);提高从数学的角度发现和提出问题的能力、分析和解决问题的能力(简称四能)。在学习数学和应用数学的过程中,学生能发展数学抽象、逻辑推理、数学建模、直观想象、数学运算、数据分析等数学学科核心素养。"目标中的基础知识、基本思想,以及关键能力和学科核心素养也是数学单元划分的常见维度。

1. 以数学知识为主线的单元

这类"单元"的划分大多以数学学科框架体系内的学习内容来组织。具体操作主要是基于课标的主题和教科书章节。比如,《课标》对于必修课程分为五个主题,每个主题有具体的单元和建议课时,具体如表7-1所示。

表7-1

主题	单元	建议课时
主题一 预备知识	集合	18
	常用逻辑用语	
	相等关系与不等关系	
	从函数观点看一元二次方程和一元二次不等式	
主题二 函数	函数的概念与性质	52
	幂函数、指数函数、对数函数	
	三角函数	
	函数应用	

续表

主题	单元	建议课时
主题三 几何与代数	平面向量及其应用	42
	复数	
	立体几何初步	
主题四 概率与统计	概率	20
	统计	
主题五 数学建模活动与数学探究活动	数学建模活动与数学探究活动	6

教科书的编写依据《课标》,是对《课标》的细化,比如“平面向量及其应用”的单元,人教A版教科书分为4小节,同时设计了“阅读与思考”“小结”等,具体如表7-2所示。

表7-2

第6章 平面向量及其应用
6.1 平面向量的概念
阅读与思考 向量及向量符号的由来
6.2 平面向量的运算
6.3 平面向量基本定理及坐标表示
6.4 平面向量的应用
阅读与思考 海伦和秦九韶
小结
复习参考题6

《课标》与教科书已经以“单元”的形式呈现,在实际教学中,教师可以选择和设计具体的“单元”的范围,比如,可以以“平面向量及其应用”全章内容作为一个“单元”,也可以划分为4个单元,以每一节作为一个“单元”。

2. 以数学思想方法为主线的单元

数学思想是对数学及其对象、数学概念和数学结构以及数学常用方法的本质认识,它蕴涵在数学知识发生、发展和应用的过程中,是数学知识在更高层次上的抽象和概括。数学思想与数学方法既有联系又有区别,数学思想相对比较宏观,数学方法相对比较具体,并具有程序性、步骤性和可操作性。在一定条件下,两者也是相互转化的。多年实践积累的经验,一线教师对于中学数学课程内容中的思想方法有了一定的共识,比如常用的数学思想方法有:数形结合、函数与方程、分类与整合、化归与转化、特殊与一般、统计与概率等。

这些思想方法中，统计与概率思想蕴含在统计与概率内容中，相对比较独立，主要包含统计思想与概率思想两个部分，统计思想又包括统计推断思想、抽样思想等；概率思想包括随机思想、或然与必然思想等。其他思想方法蕴含在不同内容的主题中，在实际运用中并非完全独立，往往彼此关联，比如研究函数内容，蕴含函数与方程的思想方法，也蕴含特殊与一般的思想方法。

3. 以数学关键能力为主线的单元

关键能力是指运用数学的基础知识、基本技能和思想方法解决问题所必须具备的个性心理特征和思维品质。关于数学能力，1963年制定的《全日制数学教学大纲（草案）》首次提出培养学生的三大能力，即计算能力、逻辑思维能力、空间想象能力。我国学者林崇德教授主持了“中小学生能力发展与培养”的实验研究，从思维的角度分析了数学能力结构，认为“数学能力是以概括为基础，将运算能力、空间想象能力、逻辑思维能力与思维的深刻性、灵活性、独创性、批判性、敏捷性所组成的开放性动态系统的结构。”高考改革后，《全国高考大纲》的能力框架做了调整，包括空间想象能力、抽象概括能力、推理论证能力、运算求解能力、数据处理能力、应用意识和创新意识。在实际应用中进行了整合，为逻辑思维能力、运算求解能力、空间想象能力、数据处理能力、创新应用能力。这些能力也成为教学中“单元”划分的依据，具体要求如表7-3所示。

表7-3 数学能力层次的分项要求①

能力层次	能力要求
逻辑思维能力	会对问题或资料进行观察、比较、分析、综合、抽象与概括；会用演绎、归纳和类比进行推理；能准确、清晰、有条理地进行表述
运算求解能力	会根据法则、公式进行正确运算、变形和数据处理，能根据问题的条件，寻找与设计合理、简捷的运算途径；根据要求对数据进行估计和近似计算
空间想象能力	能根据条件作出正确的图形，根据图形想象出直观形象；能正确地分析图形中基本元素及其相互关系；能对图形进行分解、组合；会运用图形与图表等手段形象地揭示问题的本质
数据处理能力	会收集、整理、分析数据，能从大量数据中抽取对研究问题有用的信息，并作出判断。应用统计或统计案例中的方法对数据整理、分析，并解决实际问题
创新应用能力	能发现问题、提出问题，综合与灵活地应用所学的数学知识、思想方法，选择有效的方法和手段分析信息，进行独立的思考、探索和研究，提出解决问题的思路，创造性地解决问题，包括解决相关学科、生产、生活中的简单数学问题

① 任子朝，周远方，陈昂，等.《高考数学科考核目标研究》数学通报[J]. 2013(7)：1.

4. 以数学学科核心素养为主线的单元

《课标》中将发展学生数学学科核心素养作为课程目标，在教学建议中提到“数学学科核心素养的发展具有连续性和阶段性。教师要以数学学科核心素养为导向，抓住函数、几何与代数、概率与统计、数学建模活动与数学探究活动等内容主线，明晰数学学科核心素养中内容体系形成中表现出的连续性和阶段性，引导学生从整体上把握课程，实现学生数学学科核心素养的形成和发展。”由此可见，以数学学科核心素养为主线设计单元，是与单元的特点相吻合的，同时以学科核心素养为主线的单元也要与具体的教学内容相结合，学科素养是根植于学科知识体系的。由于六个学科核心素养之间既相对独立，又相互交融，紧密相连成为一个整体，在每个主题内容都有不同程度的体现，因此，在具体实施过程中难度较大。

第一种类型一般用于新授课，在实际教学中比较常见，第二种和第三种类型常用于综合复习课中，第四种类型主要是《课标》颁布之后，教育工作者展开积极的探索与研究。当然，还有其他不同类型的“单元”，如以“数学探究活动”为主的单元、以“项目式学习”为主的单元等。在实际教学中，教师要根据自身的实际情况（主要是驾驭教学内容的专业基础或能力）、教学目标（考虑内容的深度和广度）、学生的实际情况、具备的教学资源和条件以及课时跨度等具体因素，灵活选择和设计“单元”，“单元”划分是为了更好地教学。

第二节　单元教学设计的基本结构

一、单元教学设计的基本结构

1. 主题教学设计

《课标》以“案例36　函数单调性主题教学设计”为例，说明如何进行跨章节的主题教学设计。该案例指出[①]，主题教学的整体设计分为前期准备、开发设计、评价修改三个阶段，具体如图7-1所示。

① 中华人民共和国教育部制定．普通高中数学课程标准（2017年版）[M]．北京：人民教育出版社，2018：171-174.

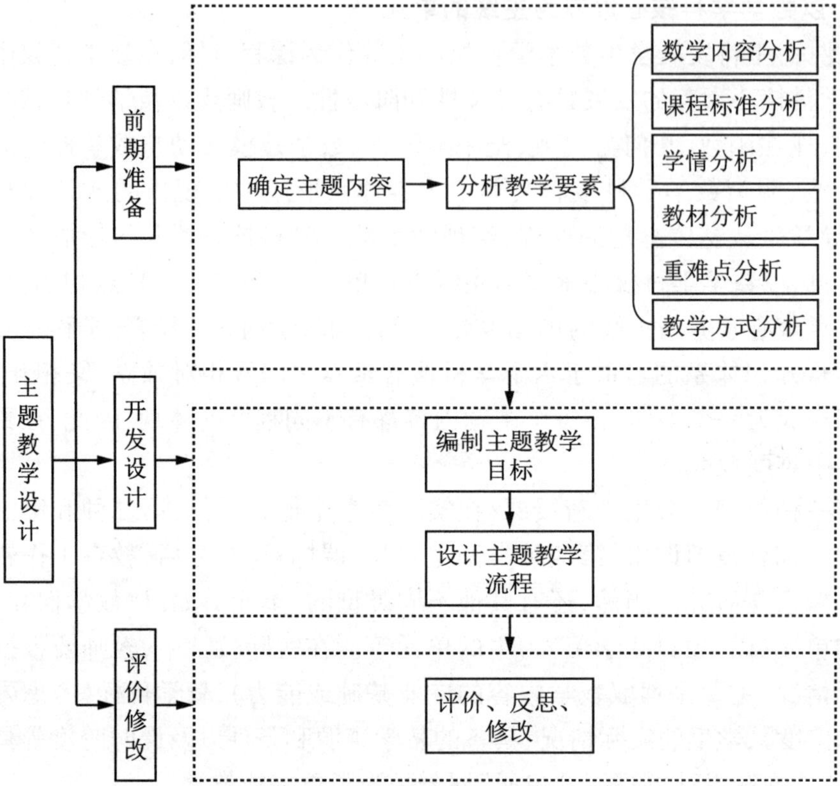

图 7-1

同时,也给出了教学要素分析的具体内容如表 7-4 所示。

表 7-4

要素	内容
数学内容分析	1. 本主题内容的数学本质、数学文化以及所渗透的数学思想等; 2. 本主题内容在本学段数学课程中的地位; 3. 本主题内容在整个中小学数学课程中的地位和作用; 4. 本主题内容在数学整体中的地位; 5. 本主题内容与本学段、前后学段以及大学其他知识之间的联系
课程标准分析	1. 课程标准中对本主题内容的要求; 2. 课程标准中对本主题内不同内容要求的关联
学情分析	1. 学生学习新知识的预备状态; 2. 学生对即将要学习的内容是否有所帮助; 3. 学生学习新知识的情感态度; 4. 学生的学习方法、习惯以及风格

续表

要素	内容
教科书分析	1. 比较不同版本教科书对本主题内容在概念引入、情境创设、例题和习题的编排方式等方面的异同,分析各自的特点; 2. 根据学情选择适当的内容及其处理方式
重难点分析	1. 主题整体教学重难点; 2. 具体课时重难点
教学方式分析	从主题整体角度出发,选择合适的教学方式(体现学生的主体性)

2. "ADDIE"模型

对于如何设计教学系统,加涅在《教学设计原理》中给出"ADDIE"模型[①],即分析(analysis)、设计(design)、开发(development)、实施(implement)和评价evaluation,具体关系如图7-2所示。

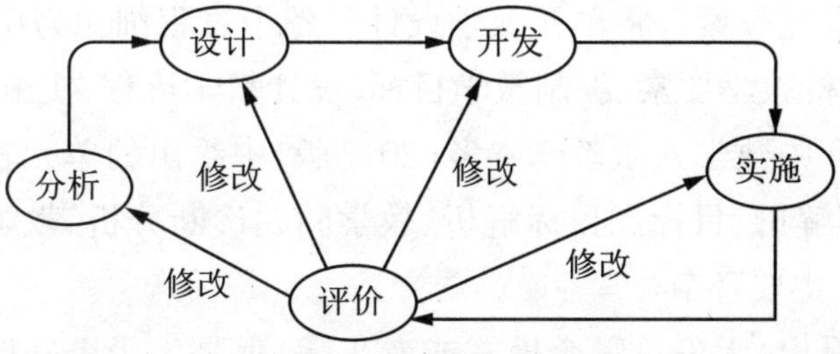

图7-2

模型构成成分与子成分如表7-5所示。

表7-5

成分	子成分
分析	1. 首先要确定需要,即要利用教学来解决问题; 2. 进行教学分析以确定教程的认知、情感与动作技能方面的目的; 3. 确定期望初学者需要具备的技能,以及哪些技能会影响对教程的学习; 4. 分析可利用的时间以及在这段时间内可以实现多少目的,有些学者还建议进行情境或资源分析
设计	1. 把教程的目的转换成表现性的结果与主要的教程目标(单元目标); 2. 确定所涵盖的教学主题或单元以及用于每一个主题或单元上的时间; 3. 依据教程目标安排单元顺序; 4. 充实教学单元,确定每一个单元所要达到的主要目标; 5. 确定每一个单元的课与学习活动; 6. 开发出评价学生已习得内容的具体标准

① 加涅,韦杰,戈勒斯,等. 教学设计原理[M]. 5版. 王小明,等译. 上海:华东师范大学出版社,2018:21-23.

续表

成分	子成分
开发	1. 确定学习活动与材料的类型； 2. 起草学习材料或者学习活动； 3. 在目的受众中进行材料与活动的试用； 4. 修改、精炼、生成材料与活动； 5. 开发教师培训或附加材料
实施	1. 购买材料以便为教师或学生采用； 2. 在必要的时候提供帮助与支持
评价	1. 实施学习评价计划； 2. 实施教学评价计划； 3. 实施教程维护与修改计划

对于单元教学设计的具体实施过程，钟启泉教授提出单元设计一般也遵循上述模型。吕世虎教授等将单元教学设计的整个过程细化为6个实施步骤：确定单元内容、分析教学要素、编制教学目标、设计教学流程、实施教学、评价反思及改进。人教高中数学A版教学参考(2017版)中给出的单元教学设计样例包括：内容和内容解析、目标和目标解析、教学问题诊断分析、教学过程设计和目标检测设计5个主要环节。

从中可以看出，无论是哪个模式或者步骤，都是为了更好地解决"教什么、怎么教、教得怎么样"这三个教学中的基本问题。单元教学设计的特点主要体现在：① 设计框架涵盖教学基本要素，体现单元教学设计的整体性；② 将"分析"贯穿设计始终，注重教学设计有理有据；③ 强调从"单元"到"课时"的过程，保障教学设计的层次性和有序性。

二、单元教学设计的具体实施

对于教师而言，单元教学设计形成了一个闭路，利于整体上把握单元教学的全过程。在具体实施的过程中，重点是对单元教学内容的分析角度、学情分析的关键点、单元教学目标的分析，以及在教学过程的设计中体现单元的整体性、层次性和有序性等。下面以"平面向量的运算"单元为例①，对实施过程中如何具体操作进行说明。

1. 单元教学内容分析的主线，是明确其学科地位，提升其学科核心素养

对于平面向量，按照课程标准要求包括：向量概念、向量运算、向量基本定

① 刘春艳.聚焦核心素养的单元教学设计：以高中"平面向量的运算"单元为例[J].数学通报，2020，59(7)：49-53

理及坐标表示、向量应用。从新授课的角度,结合课程标准对于平面向量内容和课时的要求,选择以“向量运算”作为一个单元的主题,属于“单元”类型的第一种情况。本单元主要内容包括:平面向量的加减运算、数乘运算和数量积,以及它们的运算规则、运算性质及其几何意义等。

对于单元教学内容分析,要以“四基”为基础,以明确学科核心素养为指向。具体分析时,可以先利用结构图等形式进行梳理,说明单元内容的知识结构,然后从知识的学科本质和上下位关系、蕴含的思想方法等方面具体分析;以此为基础,说明本单元在本学段或者中学数学体系中,甚至数学体系中的地位和作用,并进一步明确本单元的学习在提升能力和发展学科核心素养的具体作用。

平面向量的运算单元结构如图7-3所示。

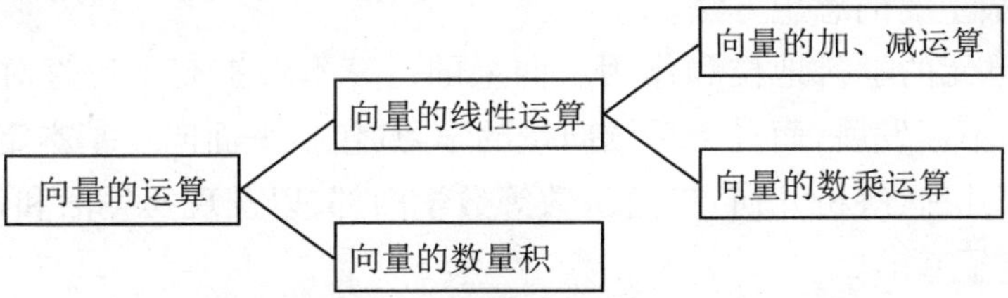

图7-3

(1) 本单元的知识内容

① 学科本质。本单元是以平面向量为研究对象,对其从运算的角度开展研究。由于向量既是代数研究对象也是几何研究对象,向量的运算自然有代数和几何两种意义,因此,向量的运算也要从代数、几何两个角度进行研究。

从代数的角度,向量的运算遵循一般的运算研究脉络,按照“背景→定义→法则→性质→应用”的顺序建立相应的运算体系。

从几何的角度,位置是空间最为基本原始的概念,向量理所当然地是空间最为基本原始的几何量,这使得向量的运算都具有几何意义,向量运算的运算律也具有丰富的几何内涵。如向量的加法用几何语言描述就是“三角形法则”或“平行四边形法则”。向量加法的交换律是平行四边形定理的向量表述形式。数乘运算的分配律是相似三角形定理的代数形式。数量积的分配律也是勾股定理代数化的一种表达形式等。

同时,由于向量理论具有丰富的物理背景,向量的概念源自物理学,因此,向量的运算也有明确的物理背景,如物理中的功是平面向量数量积的背景。

② 知识的上下位关系。本单元之前,学生已经学习了关于数、式、集合、函数等对象的运算。本单元是将运算对象进一步扩展到向量,因此向量的运算是一类特殊的运算。

在数学中，从运算的共性来看，运算是一种映射，是两个元到第三个确定元的一种特殊关系。用集合的语言可叙述为：设有集合A，B，C，把一个从$A\times B\to C$的映射叫作$A\times B$到C的一个代数运算或二元运算。特别地，若$A=B=C$，此映射称为A上的一个二元运算。由此可见，向量的加减法运算是向量集合上的一个二元运算；向量的数乘运算是实数集合与向量集合对应到向量集合的映射；向量的数量积也就是两个向量集合对应到实数集合的映射。

③ 本单元蕴含的思想方法。首先，向量集数形于一身，向量的运算也具有明显的几何意义，因此向量的运算中蕴含着数形结合的思想方法。其次，根据学生的认知基础和特点，类比数的运算研究向量的运算的研究方法贯穿本单元全过程，如类比数的减法来定义向量的减法。因此本单元学习过程中数形结合、类比是最主要的思想方法。

④ 本单元的学科地位和作用。向量的运算不仅扩充了运算对象，体现运算的形式在不断发展，而且为后续向量的学习(包括平面向量基本定理、空间向量等)、平面几何、解析几何、三角函数等数学内部，以及现实生活和物理中的广泛应用奠定了基础。

向量运算体系的建立也进一步体现了数学内部，如代数、几何、三角函数等知识之间的内在联系。从向量运算的角度来看，向量具有较好的代数结构：向量及其加法运算、数乘运算构成向量空间，这也为学习高等数学中线性代数奠定了基础。

⑤ 本单元重点提升的学科素养。本单元最主要的内容是向量运算的法则、性质及其几何意义。"运算法则是运算的基础，是推理的基础，也是运算结果具有唯一性的保障。在运用运算解决问题的过程中，运算法则可以帮助我们探索运算思路。"[①]理解向量运算法则的过程也是培养学生发现问题、提出问题、分析问题和解决问题能力的过程，同时，向量运算中蕴含的几何意义和代数意义，是沟通几何与代数的桥梁，帮助学生感受到几何直观与代数运算之间的融合，加强对数学整体性的理解，因此向量运算是提升数学运算、逻辑推理、直观想象等学科核心素养的良好载体。

2. 学情分析的关键，是找出学生已有认知与学习需要之间的差距

对于学生学习情况分析，一方面要分析学生已有的认知基础；另一方面要结合本单元内容，分析学习者需要具备的认知基础和经验，两者之间的差距，也就是学生学习本单元内容时可能遇到的困难。

由前面的分析，向量的运算需要从物理、几何、代数三个角度进行理解，对

① 章建跃. 章建跃数学教育随想录：上卷[M]. 杭州：浙江教育出版社，2017：333-334.

于学生情况我们也从这三个角度对于已有的认知基础和可能遇到的困难进行分析。

(1) 学生的认知基础

① 从物理角度，学生已经学习了位移、力、功等相关物理量。在具体问题中，学生能够用有向线段画出位移的合成、力的分解，能计算功的大小，并且在图中能准确找到两个向量(力与位移)的夹角。

② 从代数角度，学生已经学习了数、式、集合、函数等运算，也体会到运算是代数研究的重要内容。尤其对实数运算的研究过程，学生比较完整地经历了从运算对象到运算法则、运算律，直至运算应用的研究过程，初步积累了建立运算体系的经验。

③ 从几何角度，学生已经系统学习了平面几何，具备相应的知识基础以及一定的关于几何图形研究的经验。另外，学生已具备了一定的观察问题、分析问题的能力，具备能从简单的实际背景中抽象出数学概念的能力，这些都是学生学习本单元的良好基础。

(2) 学生可能遇到的困难

① 从物理角度，学生有利用数学知识研究物理问题的经验，如利用三角函数研究物理中的弹簧振子、交变电流等。在研究向量之前，学生不具备从物理背景引出数学内容的经验，所以，从具体的物理实例引出向量运算，学生会存在一定困难。

② 从代数角度，向量既有大小，也有方向。我们类比数的运算研究向量的运算，在向量的运算中，对于方向如何参与运算，学生没有直接的经验。学生很容易带着实数运算的思维定势来理解向量的运算，出现对向量运算理解不到位，甚至出现“负迁移”，如数量积的结合律$(\boldsymbol{a}\cdot\boldsymbol{b})\cdot\boldsymbol{c}=\boldsymbol{a}\cdot(\boldsymbol{b}\cdot\boldsymbol{c})$等典型的错误。

③ 从几何角度，向量加法的定义是用作图语言来刻画的，对直接通过作图定义向量运算这种处理方法，学生也是第一次接触。对于向量的数量积内容，两个向量数量积运算的结果是实数，其几何意义不如线性运算直观。除此之外，还涉及两个向量夹角、投影和投影向量的概念，研究这些概念的必要性，尤其投影和投影向量的概念让学生感到很陌生，也很抽象。

3. 单元教学目标分析的重点，是将目标中“行为动词”具体化、可操作化

教学目标是教学设计的核心，具体的教学过程设计围绕教学目标展开，教学评价也是以教学目标为依据。虽然课程标准对单元知识的内容有明确要求，但是过于抽象和概括，尤其行为动词“理解”和“掌握”等的具体含义，可以借鉴布鲁姆教育目标分类学中的认知目标,从解释、举例、分类、总结、推断、比较、说明等方面分析。同时,考虑学生需要经过什么样的过程、具有什么样的表现可以认为达到相应要求,以及本单元蕴含的思想方法体现在哪些具体环节等。通过深入分析,使教学目标明确、具体、可操作。

单元教学目标分析要与前面所述的单元教学内容分析和单元学情分析相衔接,同时要注意课程标准中的内容要求和教学提示。由于教科书的编写要贯彻数学课程的基本理念和要求,因此,教科书也是教学目标分析的重要资源。

如课程标准中对向量的加减运算的内容要求是:"借助实例和平面向量的几何表示,掌握平面向量的加减运算及运算规则,理解其几何意义。"对于向量的运算内容,课程标准中的教学提示是:"在平面向量及其应用的教学中,应从力、速度、位移等实际情境入手,从物理、几何、代数三个角度理解向量的概念与运算法则,引导学生运用类比的方法探索实数运算与向量运算的共性与差异。"人教A版教科书"向量的加法运算"一节,文本呈现的顺序是:"物理实例—向量的加法、向量加法法则—规定特殊情况—例题—向量的加法与数的加法联系—运算律—例题"。"向量的减法运算"一节,文本呈现的顺序是:"相反向量—向量的减法—减法的几何意义—特殊情况—例题"。对于向量的加法及运算法则是通过对图形的语义转换得到的,类比数的加法运算律,利用加法的几何意义验证运算律;类比数的减法,通过符号语言定义向量的减法;例题的设计主要是通过图形语言、符号语言的相互转换,帮助学生理解向量的加减运算。

因此,对于向量的加减法运算教学目标分析如下:

能借助物理中位移、力的合成和向量的几何表示,定义向量的加法、向量加法的三角形法则和平行四边形法则,并能说明两个法则的一致性;能借助向量加法的几何意义,通过类比数的加法运算律,探究向量加法的运算律;能类比数的减法,定义向量的减法;能通过作图表示两个向量的和或差。

通过向量加减运算的研究过程,体会研究运算对象的一般思路,即"运算概念—运算规则—运算性质",提升数学运算和逻辑推理的素养,通过向量运算中几何意义的理解与运用,提升直观想象的素养。

4. 做到单元教学设计整体有序,必须将单元教学要素逐步分解、细化到课时教学过程

具体的教学过程是以课时为单位进行设计的,首先根据前面的分析设计课时,将单元教学目标和重难点逐步分解到课时,再将课时教学目标细化为课时的主要教学环节,并以围绕核心问题展开问题串的形式设计教学活动。通过从单元到课时、从整体到局部,有逻辑、有顺序、有步骤地设计课时教学过程,充分体现了单元教学设计的整体性和有序性,是单元教学目标实现的重要保障。

对于向量的运算,建议用6课时。第一课时:向量的加法;第二课时:向量的减法;第三课时:向量的数乘运算;第四课时:向量的共线与数乘运算的关系;第五课时:向量的数量积和投影;第六课时:向量数量积的运算律及应用。以第一课时“向量的加法”为例。

(1) 将单元教学目标和重难点分解到具体课时

“向量的加法”主要与单元教学目标的第一条有关,课时教学目标:一是通过位移、力的合成,定义向量的加法、三角形法则和平行四边形法则;二是能借助向量的几何表示,作出两个向量的和;三是通过类比数的加法运算律,猜想向量加法的运算律并利用向量的几何表示验证,体会向量运算与数的运算的区别与联系,提升数学运算的素养。

课时教学重点是向量的加法法则和运算性质;难点是向量加法概念的形成过程,对向量加法法则的理解。

(2) 将课时教学目标细化为教学过程的主要环节

教学环节就是教学目标的细化,是紧密围绕课时教学目标逐步展开的教学过程。“向量的加法”的教学过程设计7个环节,每个环节与课时教学目标的对应关系如图7-4所示。

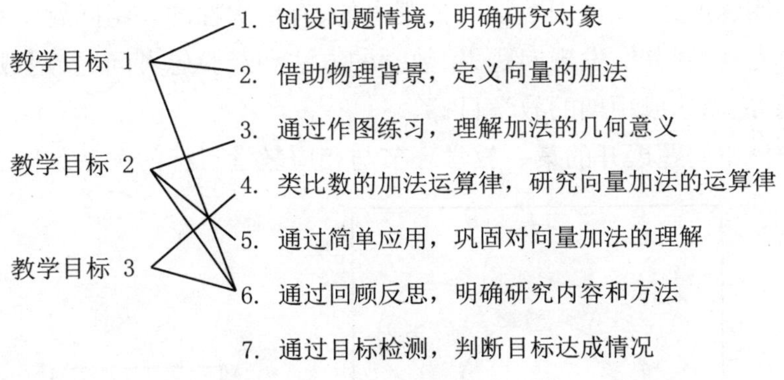

图7-4

(3) 再将教学环节具体化为围绕核心问题展开的师生活动

具体的教学活动应该创设合适的教学情境,提出合适的数学问题,引发学生思考与交流。向量的运算具有丰富的物理背景,因此在教学环节1中创设学生熟悉的物理情境,在第二个教学环节“借助物理背景,定义向量的加法”中,设计如下的系列问题，引导学生思考和讨论：

问题： 由位移的合成，你认为如何进行两个向量的加法运算？

追问1： 对于矢量的合成，物理学中还有其他方法吗？

备用问题：如图7-5所示，在光滑的平面上，一个物体同时受到两个外力F_1与F_2的作用，你能作出这个物体所受的合力F吗？由此你能给出向量加法的另一种法则吗？

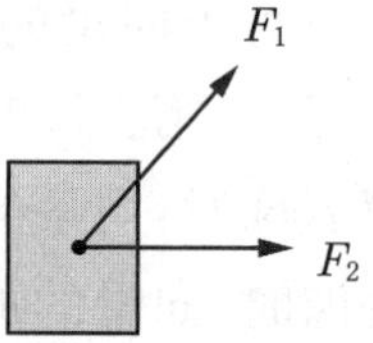

图7-5

追问2： 向量加法的平行四边形法则与三角形法则一致吗？为什么？

追问3： 以上的两个法则是否完整？如不完整，缺少什么？

“你认为如何进行两个向量的加法运算”就是一个核心问题，后续预设的追问不是固定的模式，授课中要根据学生的讨论情况及时调整顺序，甚至增加或者减少追问问题。比如，在讨论问题的过程中，学生可能提出“共线向量如何做加法运算”“零向量如何处理”等问题，此时需要把追问3分解成多个小问题，并调整顺序。围绕核心问题展开的系列问题的灵活处理，都是为了达到预期的教学目标1。

教学环节的设计要具有一定的开放性、引导性的核心问题，聚焦基本内容，形成认知冲突，激活学生思维，自然而然地思考“为什么”“怎么办”“还有什么”“有什么意义”“具体是什么”等问题，通过问题解决的过程理解基本内容。通过围绕核心问题展开的、体现数学内在逻辑的、有层次性的一组问题，引导学生用数学的眼光观察问题、发现问题，用数学的方法和经验思考问题，用数学的语言表达问题，进而达成预期的教学目标。

围绕核心问题展开的某一教学环节与相应教学目标的关系如图7-6所示。

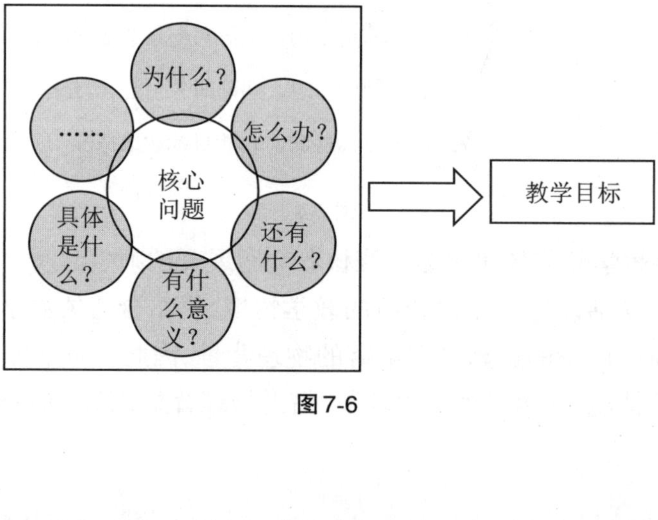

图7-6

(4) 通过单元引入和单元小结凸显单元设计的整体性

对于课时教学设计,引入和小结是两个重要的环节。对于单元教学设计,第一课时的引入和最后一课时的小结更要考虑立足“单元”进行整体设计,也就是要成为“单元引入”和“单元小结”。

① 单元引入。课时教学设计的第一个环节常常要考虑创设情境引入主题,单元教学设计也需要通过单元引入创设整个单元的教学情境,引入单元教学主题。本单元的引入可以借用人教A版必修第二册“6.2　平面向量的运算”中的节引言:

“我们知道,数能进行运算,因为有了运算而使数的威力无穷。那么向量是否也能像数一样进行运算呢?人们从向量的物理背景和数的运算中得到启发,引进了向量的运算。本节我们就来研究平面向量的运算,探索其运算性质,体会向量运算的作用。”

这段引言通过比较开放和具体统摄性的问题,帮助学生站在数学知识的整体高度认识问题、思考问题。帮助学生明确:引进一个量,就要研究它的运算;引进一种运算,就要研究它的运算性质;向量的运算是以物理实例为背景,以数的运算为类比对象展开研究的。单元引入要帮助学生体会本单元要研究什么、为什么研究,以及如何研究等基本问题,这些基本问题既要成为贯穿本单元教学始终一条主线,也要为学生提供一个有力的知识、方法的认知固着点。

② 单元小结。最后一课时的小结要概括性地总结提炼本单元的学习内容,以“如何研究向量运算?每种向量运算的共性与个性是什么?”作为核心问题,根据学生实际情况,可以预设如下的系列问题:

a. 本单元学习了向量的哪些运算?请举例说明。

b. 对于向量的每一种运算,研究了哪些内容?

c. 对于向量的每一种运算,研究的方法是什么?

d. 向量的各种运算,具有什么共性和个性?

e. 向量的运算与实数的运算之间,有什么共性与差异?

通过围绕核心问题的系列问题进行总结,以提纲的形式帮助学生梳理本单元学习的主要内容,形成本单元的知识结构,明确数学思想方法在研究问题中的具体作用,帮助学生明确应该落实的“四基”。通过对向量运算研究路径的梳理,帮助学生进一步明确研究数学运算对象的基本思路,把获取知识当作方法而不是最终目的,借此为提高学生发现问题、提出问题、分析问题和解决问题的能力做好示范,进而发展学生数学运算和逻辑推理等素养。

第八章 “函数的概念与性质”单元教学

克莱因认为函数是数学的“灵魂”，应该成为中学数学的“基石”。

——R. 柯朗，H. 罗宾《什么是数学：对思想和方法的基本研究》

第一节 “函数的概念与性质”内容分析

“函数的概念与性质”是高中数学的重要内容也是教学的难点，涵盖函数、函数的单调性、奇偶性等诸多概念。本研究组将其设定为一个单元，以第三章中的“基于数学抽象的概念形成模型”为理论架构进行单元设计。本研究组的全体教师全程参与了“文献研究—集体备课—磨课—试讲—修改—正式授课—后测试卷与访谈提纲的确定—后测访谈—后测编码”等过程。本研究组希望通过此研究帮助学生经历形成函数概念和函数性质概念的完整过程，建构函数知识网络，学会用联系的观点思考问题，并对所学内容进行分析、评价、整合与创造，实现学习进阶，更希望以此单元教学设计作为案例，进一步研究基于数学抽象的高中数学核心概念的教学。从本节开始比较详细地介绍“函数的概念与性质”单元教学设计与实施反思。

一、“函数的概念与性质”单元教学内容分析

1. 函数的概念

我们知道，研究函数是出于实际的需要，生活中的变化无处不在，我们需要用函数来刻画变量之间的相互依赖关系。函数的应用体现在通过建立函数模型解决与运动变化、对应关系、几何变换等有关的数学问题、现实问题和科学问题。函数模型的性态就是事物的变化规律，把握了函数的性态就掌握了事物的

变化规律[①]。基于此,函数是现代数学最基本的概念,也是高中阶段最重要的概念之一,是贯穿高中数学课程的主线。由于其高度的抽象性也让其成为学生最难理解的概念之一,从强调变化过程的“变量说”,到强调实数集合之间对应关系的“对应关系说”,再到完全形式化的“关系说”,抽象程度逐渐深入。

“函数概念”是“函数的概念与性质”单元的起始内容,包括函数的概念及表示方法。初中学习的函数概念,强调用函数描述一个变化过程,函数是两个变量之间的依赖关系,或者说是两个变量值之间的对应关系,因此也被称为函数概念的“变量说”。高中学习的函数概念,则强调用更抽象的集合语言和符号$f(x)$进行描述,认为函数是两个实数集合之间的对应关系,更进一步讲,强调两个实数集元素之间的对应,突出自变量x的作用,可视为一种运算,从而凸显了函数的本质特征。同时,更深入地理解函数常见的三种表示方法,并尝试进行相互转换,从而体会数形结合的思想方法,在解决简单实际问题的过程中,体会函数是刻画变量之间依赖关系的数学语言和工具。在函数概念的形成过程中,提升数学抽象素养;在利用函数工具解决问题的过程中,提升直观想象和数学建模素养。

对于函数这个数学对象来说,类比对集合、等式、不等式等数学对象的研究过程,还应该研究函数的性质、分类、应用等。这也是研究一个新的数学对象的一般过程。性质是变化中的不变性或规律性。函数性质是函数概念的延伸,对于深入理解函数概念、应用函数模型分析和解决相关问题起着承上启下的关键作用。对于函数性质的学习,一方面学生缺少系统地研究函数性质的经验;另一方面用数学符号语言表达函数性质,既严谨又抽象,所以在学习这部分内容时学生普遍感觉难度也很大。我们应帮助学生从整体上认识函数的不同性质、发现不同性质之间的共性,通过函数性质的学习,经历数学概念的抽象过程,积累研究性质的经验,进一步提升数学抽象素养。

2. 函数的性质

高中阶段学习的函数性质包括单调性、奇偶性、周期性、最值、极值、零点等。不同函数性质的本质都是当自变量变化时,对应的函数值在随之变化的过程中体现出的不变性或规律性,因此要紧扣函数的三要素来探索和发现函数的性质。变量的变化是指其取值的变化,即从一个值变到另一个值,对于实数集,序关系也就是通常的大小关系,是基本也是重要的关系。因此,我们会关注当自变量x增大时,对应的函数值y的变化是否保持同序(或变为反序),这就是函

① 章建跃.第三章“函数的概念与性质”教科书介绍与教学建议[J].中学数学教学参考,2019(10):17-24.

数单调性的本质特征，也是所有函数都可以研究的一个性质。单调性决定了函数图象的走势，这也是我们在研究函数图象时应首先考虑的特征。单调性与其他函数性质密切相关，如函数的最值、极值、零点等；由函数单调性还可以解决函数值的大小比较、求解不等式、方程根的分布等问题。从这个意义上讲，单调性是函数性质中应首先研究的性质，是函数最重要的性质之一。当自变量x呈特殊变化，如取相反数，由x变化到$-x$时，对应的函数值y不变或变为相反数，即为函数的奇偶性；当自变量x变化到$x+T(T\neq 0)$时，对应的函数值y不变，即为函数的周期性。对于具有奇偶性和周期性的函数，可以由函数的局部性质得到函数的整体性质，帮助我们简化研究过程。当自变量x在定义域内变化时，对应的函数值y是否有界及能否取到上界或下界，即为函数的有界性或最值问题。若将自变量x的变化范围缩小到定义域内某点附近的一个邻域，则函数在该邻域内的最值即为该函数的一个极值。若关注自变量x在定义域内取何值时，对应的函数值y为0，即为函数的零点。最值、极值、零点等性质对应了函数图象上的特殊点。

初中的函数概念是“变量说”，即“在一个变化过程中，如果有两个变量x与y，并且对于x的每一个确定的值，y都有唯一确定的值与其对应，那么就称y是x的函数”，函数可以用解析式、图象、表格等方法来表示。在学习高中函数概念之前，学生认知中的函数大都能用解析式表示，而且都能画出对应的大致图象。如何从情境中去除实际背景，归纳函数概念的本质特征，整合各个要素，用集合语言和对应关系给函数下定义，形成函数概念，这对很多学生来说都是不容易的。初中教科书没有对“函数性质”进行严格界定，只是从直观上分别对三类具体函数（一次函数、二次函数、反比例函数）的图象特征进行观察，发现图象的变化规律，再根据这些规律得出数值大小的性质，并用自然语言进行描述。对“函数性质”，没有明确的数学符号表达，也没有对三类函数的性质进行归纳。事实上，大多数学生能大致知道什么是“函数性质”，也能通过观察函数图象发现函数的一些性质，但还需体会严格定义函数性质的必要性，比如，我们画出的函数图象只是大致图象，由离散到连续的过程不能仅仅依靠直观感知，而需要通过严格定义的函数性质来规范函数图象。此外，对于初中不涉及的函数性质，如何观察发现，如何引入符号语言对定性描述的函数性质进行定量刻画，以及如何整合与性质有关的各个要素，归纳下定义等，都是学生在函数性质学习中会可能会遇到的困难。

二、“函数的概念与性质”单元教学目标分析

《课标》中,对“函数概念”的内容要求:① 在初中用变量之间的依赖关系描述函数的基础上,用集合语言和对应关系刻画函数,建立完整的函数概念,体会集合语言和对应关系在刻画函数概念中的作用。了解构成函数的要素,能求简单函数的定义域。② 在实际情境中,会根据不同的需要选择恰当的方法(如图象法、列表法、解析法)表示函数,理解函数图象的作用。③ 通过具体实例,了解简单的分段函数,并能简单的应用。

对“函数性质”的内容要求:① 借助函数图象,会用符号语言表达函数的单调性、最大值、最小值,理解它们的作用和实际意义。②结合具体函数,了解奇偶性的概念和几何意义。③ 结合三角函数,了解周期性的概念和几何意义[①]。

对于上述要求可进一步理解为:高中学习的函数概念并不是一个全新的概念,是初中学习的函数概念的发展,是进一步的抽象。应从初中“变量说”出发,在认识到其局限性的基础上,从情境中抽象出本质特征,提炼出三个关键要素,并明确要素之间的逻辑关系,接着用集合语言和对应关系进行刻画,从而形成函数概念。对于函数的定义域重在理解其是函数定义的根基,不必选用形式过于复杂的函数来说明。应在实际情境中体会如何选择恰当的方法表示函数,并进行不同表示方法的转换。尤其要关注函数的图象,它使得函数由抽象变得直观,通过描点、绘图建构函数图象有利于实现对函数的整体把握,同时还可由图象发现和解释x与y之间的对应关系,以及y是如何随着x的变化而变化的,进而得到函数的性质。分段函数是实际生活中很常见的一类函数,让学生接触广泛多样的函数有助于真正理解函数的本质特征,感受函数的广泛应用。

研究函数性质的一般方法是“图形直观—自然语言—形式化定义”[②],用“函数图象”和“代数运算”的方法来研究函数性质,这里体现了“形”与“数”的结合,即“通过几何建立直观,通过代数予以表达”[③]。借助一次函数、二次函数、反比例函数等学生熟悉的函数,将函数图象“从左至右看上升或下降”的直观描述与“函数值y随自变量x的增大而增大或减小”的性质相对应,会由“自然语言表

① 中华人民共和国教育部.普通高中数学课程标准(2017年版)[M].北京:人民教育出版社,2018(1):19.

② 钱佩玲.数学思想方法与中学数学[M].2版.北京:北京师范大学出版社,2008(8):118.

③ 史宁中.数形结合与数学模型[M].北京:高等教育出版社,2018:VI.

达”过渡到“符号语言表达”，进而得到函数单调性的定义。符号语言是指集合、逻辑用语，与函数有关的不等式符号等。类似地，可以得到最值的定义。能利用单调性、最值的定义判断、说明函数的单调性和最值；能举例说明单调函数与非单调函数、有最值的函数与无最值的函数；能根据单调性、最值对一些函数进行分类。奇偶性和周期性是初中阶段没有学过的函数新性质，可通过观察具体函数的图象“发现”对称性，由任意角的三角函数值的定义“体会”周期性，类比单调性的研究过程，用符号语言描述函数图象的直观特征，得到奇偶性和周期性的定义。在函数单调性、奇偶性等概念的形成过程中，经历由具体直观到抽象概括，由图形语言和自然语言到符号语言表达的过程，加深对函数概念的理解，把握函数性质的本质，体会数学抽象的思想与方法。

三、“函数的概念与性质”单元设计的整体思路

本单元教学设计以第三章中“基于数学抽象的概念形成模型”为基础，使得基于数学抽象的概念教学更有抓手。应用该模型，可设计如下教学过程：情境引入—分析建构—抽象概括—应用理解。

“函数”概念的抽象过程为：首先，创设情境，从学生熟悉的案例入手，识别关键要素；其次，利用集合语言进行刻画，分析与建构关键要素之间的逻辑关系，形成函数的概念；最后，通过函数的表示方法以及利用函数解决实际问题，实现函数概念的精致化与系统化。

“函数性质”概念的抽象过程为：首先，创设情境，从学生熟知的一些函数及其图象入手，识别关键要素；其次，利用符号语言对函数值y随自变量x的变化而变化的规律进行定量刻画，分析与建构关键要素之间的逻辑关系，形成函数性质的概念；最后，通过应用实现函数性质的精致化与系统化。

从以上分析可以看出，函数概念与性质的抽象过程具有共性与进阶性，因而本单元设计的整体性体现在两个方面：第一，经历“基于数学抽象的概念形成模型”中三阶段五环节的数学抽象的完整过程，即函数的概念与性质的抽象过程都需要经历简约、符号和普适阶段的三个阶段及五个过程；第二，数学抽象过程与阶段的螺旋递进性，这三个阶段五个过程并非一节课完成，比如，函数概念需要借助函数性质的学习进行精致化与系统化，在每节课的分布重点也并非均衡，而呈现螺旋递进性。下面具体阐述以上两个方面的整体设计。

函数单元教学的整体设计如图8-1所示。

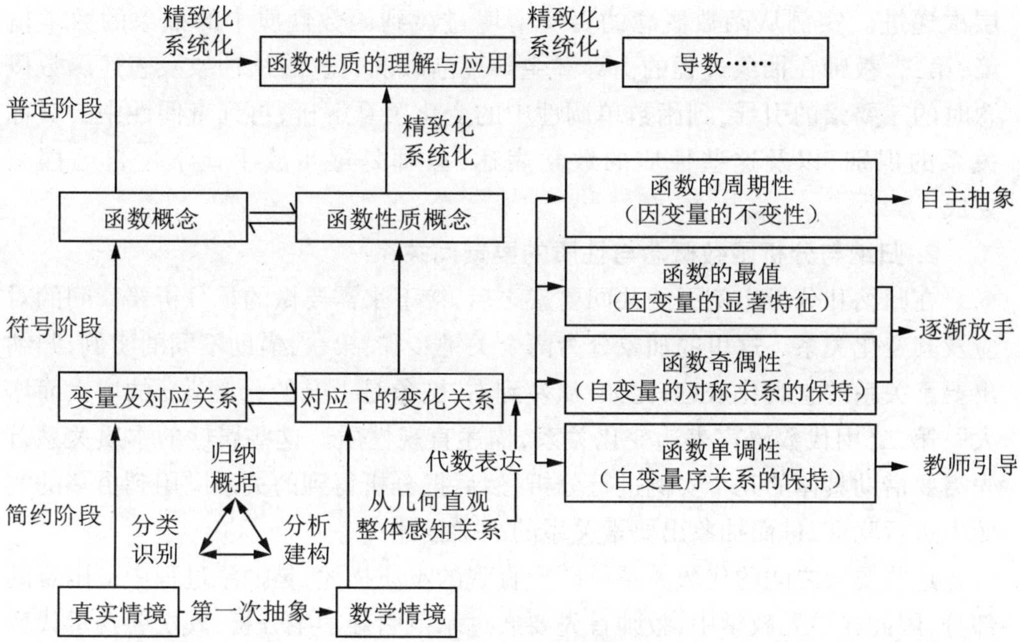

图8-1 函数单元整体结构设计

1. 识别情境中关于函数概念与性质的要素

建构函数的概念和性质,都需要识别出不同的情境实例中共同的要素。抽象函数概念时的实例选择的是真实世界中的变量关系,它们具有不同的定义域、值域和对应关系,这也是学生需要从情境中识别出的要素。高中抽象函数概念的情境与初中不同的是,这些情境与问题分别围绕函数概念的三要素进行设计:自变量取值超出了定义域;解析式相同,但定义域不同;对应关系分别由解析式、表格和图象确定。在这样的情境中归纳出函数概念的本质。在抽象函数的性质时,实例是经过了第一次抽象的函数模型(一次函数、二次函数、反比例函数的图象与解析式)。在情境与问题设计中需要考虑高中研究函数概念和性质必要性的问题[①]。

在开始抽象性质时,单元设计的整体性体现在回顾以前学过的所有函数,从整体上和学生探讨函数的性质是研究自变量、因变量及其变化关系中的规律,进而识别出这些函数的因变量随着自变量变化的过程中所呈现出的所有规律并进行分类,然后再聚焦到某一个具体性质的研究,并非像教科书所设计的那样,分别聚焦到单调性、奇偶性等性质逐一学习。

单元设计整体的螺旋递进性体现在两个方面:第一,问题情境抽象程度的

① 罗德建,刘春艳.基于数学抽象的"函数性质"单元教学设计[J].数学通报,2021,60(7):43-46.

层次递进。实例从函数概念的真实情境过渡到函数性质中的抽象的数学情境;第二,教师在抽象过程的引导和主导逐渐减弱,比如,从抽象及表述函数概念时的三要素的引导,到函数单调性中的变化关系解析,再到奇偶性中的对称关系的识别,以及这些性质的数学表达,教师是逐步放手让学生自己探究完成。

2. 归纳与分析函数概念与性质的要素间关系

在归纳和分析出例子的共同要素之后,接下来需要做的是分析要素间的对应及其变化关系。这里的抽象分为两个关键步骤:第一,借助不同的实例,归纳出要素关系的直观化表达,比如"从左到右,图象是上升的,y随着x的增大而增大";第二,用代数语言表达变化关系,描述直观性质。这些属性的本质关系首先需要借助具体的几个实例进行分析,然后把分析得到的关系应用到更多的实例中进行验证,进而抽象出要素关系的准确描述。

这些要素之间的代数关系是图形直观的本质描述,是抽象过程中最困难的部分,因此在单元教学中,教师首先要通过示范引导学生分析,其次要揭示代数关系,让学生明白关系的本质与规律,比如,在学习单调性时,教师需要揭示出单调性本质上是研究定义域自变量增大时,在对应关系下的因变量的取值是否仍然保持同序或反序,那么,后面可以研究定义域内自变量存在着其他特殊数量关系时,在对应关系下,因变量取值是否对应地也存在着某种特殊的数量关系,从而激发学生的有序思考和创新思维。

3. 定义的结构与核心关系的表达

在概括定义时,学生往往不知道如何表述一个定义,因此在本单元的教学中,从开始的函数概念教学中,以教师为主导,引导学生分析如何下定义,到函数单调性教学中则稍稍放手,以致到函数的奇偶性时,则可以完全放手,体现了在定义结构的学习中的单元整体设计。

在表达核心关系时,从函数概念的描述性表达到形式化表达,都需要教师的示范和分析,到函数的单调性时,则可尝试放手让学生进行表达,到函数的奇偶性时,则可以完全让学生自主归纳,分析定义的可行性与严谨性,以此评价他们对于如何下定义的理解,如此的整体设计,则做到了教-学-评一体化,真正地体现了基于数学抽象的单元整体教学。

4. 概念的精致化与系统化

概念的精致化与系统化则需要经历交叠的过程,需要更长的时间来完成。比如,在函数概念的学习时,需要通过几节课的练习深入理解概念的本质,而在函数性质的抽象中,则是继续深刻理解函数概念的过程,正是基于对自变量、因变量和对应关系的不变性的分析,学生才能抽象出函数的性质。

在这些过程中,学生从直观感知上升到理性认识,经历从“简约”到“符号”,再到“普适”①的数学抽象的全过程,形成自己对函数概念与性质的感悟和理解,提升数学抽象素养。这样的教学过程更加突出函数的概念与性质的整体性,学生还可以举一反三,逐步独立去研究更多的函数性质,并迁移至后续的学习中,自己去研究其他数学对象及其性质,如发现和研究几何体的结构特征、圆锥曲线的几何性质等。

“函数的概念与性质”的学习应是一个学习进阶的过程,即学生在一个较大时间跨度内,对某一学习主题的认识、理解和实践,从简单到复杂、从低水平到高水平的发展过程②。在分析与建构函数概念的过程中,面对具体的情境,学生是不清楚如何在初中函数概念基础上进行再分析的。因此,对于几个情境中的系列问题应进行分层次设计。对于第一个情境,提炼要素及分析要素之间的逻辑关系,应以教师的引导示范为主,问题的具体表达可以根据学生情况而定,但问题的核心始终是聚焦函数三要素和要素之间的逻辑关系,在后续情境中可逐步放开,让学生自己去尝试。在分析与建构函数性质的过程中,也应将各个函数性质的教学进行进阶处理,在单调性的教学中由例子到规则,注重问题引导,加强符号语言的指导;在最值、奇偶性、零点、周期性和极值等函数性质的教学中敢于放手,充分利用“类比”的方法,重在追问的设计和师生共同完善定义的过程。让学生从模仿、类比到迁移、创造,体会研究函数性质的一般方法,熟悉对一般规则的符号和逻辑表达,将对函数性质的认识和学习置于函数主线中,注重联系,螺旋上升,逐渐深入。

第二节 “函数的概念与性质”教学过程

根据第一节对“函数的概念与性质”单元的内容分析,将此内容分为9课时,如表8-1所示。前4课时以函数概念为主,其中,第二至第四课时都是函数概念精致化与系统化的过程。后5课时以函数性质为主。

---

① 史宁中.数学基本思想18讲[M].北京:北京师范大学出版社,2016:14.

② 吴颖康,邓少博,杨洁.数学教育中学习进阶的研究进展及启示[J].数学教育学报,2017(12):40-46.

表 8-1　函数的概念与性质单元教学内容

内容	课时	具体课时内容
函数概念	第一课时	函数概念的抽象：经历从情境中识别要素、分析与建构要素之间的关系，在归纳与概括的基础上给出定义与表征的概念形成过程
	第二课时	函数概念的初步理解：通过例题熟悉与理解函数的三要素及其符号
	第三课时	在问题情境中理解函数概念：借助具体情境，对比分析函数的三种表示方法，进一步理解函数三要素及其相互的逻辑关系
	第四课时	在实际问题中理解函数概念：通过分析和解决简单的实际问题，借助分段函数再次经历分类与识别要素、分析与建构要素之间逻辑关系，并给出符号表征的过程
函数性质	第五课时	函数单调性的抽象：经历函数单调性概念的形成过程
	第六课时	类比函数单调性，抽象函数最值的概念
	第七课时	研究函数的平均变化率及与单调性的关系
	第八课时	类比函数单调性，发现并抽象函数奇偶性的概念
	第九课时	函数性质的系统化与精致化：对函数的单调性、奇偶性的综合应用

各课时具体教学过程具体设计如下。

第一课时　函数及其表示方法(一)

一、复习旧知，概念引入

首先，复习初中函数的概念，并请学生举出具体函数的例子，在学生举例的基础上，教师提出如下的问题，激发学生的认知冲突，从而产生拓展初中函数概念的必要性：

问题 1：请大家思考这样几个问题：$y=1$ 是函数吗？$y=\frac{x^2}{x}$ 呢？刚才我们举出的正比例函数 $y=x$ 与 $y=\frac{x^2}{x}$ 相同吗？

追问：为什么？

预设：因为 $y=1$ 中没有变量 x，所以 $y=1$ 不是函数；$y=\frac{x^2}{x}=x$ 与 $y=x$ 是相同的函数或者无法判断。

初中学习的函数概念只针对运动变化的过程，要判断这些问题，使用起来并不是那么方便。我们可以考虑进一步拓展函数的概念。

设计意图：函数是初中学习过的概念，而且还学习了三种具体的函数，那么，为什么还要进一步学习函数的概念呢？通过问题和追问引起学生的认知冲突，体会继续学习函数概念的必要性。

二、创设情境，归纳特征

1. 识别情境中的共同要素

首先来看下面几个现实情境中的问题：

情境1：为了锻炼身体，小明同学养成了晨跑的好习惯。他每天早晨以10 km/h的速度匀速跑30 min，在这段时间内，跑步路程S(单位：km)与跑步时间t(单位：h)之间的关系可以表示为$S=10t$。那么，路程S(单位：km)与跑步时间t(单位：h)之间的关系是否是函数关系？为什么？

追问1：根据现有条件，能回答“小明同学1 h跑过的路程是多少吗？”

追问2：对于情境1中的S与t有怎样的限制条件呢？

追问3：对于情境1中的S与t是怎样对应的？

情境2：国庆期间，某阅读网站对于连续阅读的读者进行阅读书币的奖励。读者获得的阅读书币R与连续阅读的天数(d)之间的关系如表8-2所示。

表8-2

天数(d)	1	2	3	4	5	6	7
阅读书币(R)	10	20	30	40	50	60	70

那么，阅读书币R与连续阅读的天数d之间的关系是否是函数关系？为什么？

追问1：情境2中的R与d的取值范围是什么？

追问2：情境2中的R与d是怎样对应的？

追问3：你能用解析式表达R与d的对应关系吗？

追问4：情境2和情境1中的函数相同吗？

情境3：国家统计局的课题组公布，如果将2005年中国创新指数记为100，这些年来中国创新指数的情况如表8-3所示。

表8-3

年度(x)	2008	2009	2010	2011	2012	2013	2014	2015
中国创新指数(y)	116.5	125.5	131.8	139.6	148.2	152.6	158.2	171.5

那么，中国创新指数y与年度x之间的关系是否是函数关系？为什么？

追问1：情境3中的y与x的取值范围是什么？

追问2：情境3中的y与x是怎样对应的？

追问3:你能用解析式表达y与x的对应关系吗?

情境4:下图是北京市某日6时至21时的气温变化曲线图,气温T与时间t的关系如图8-2所示。

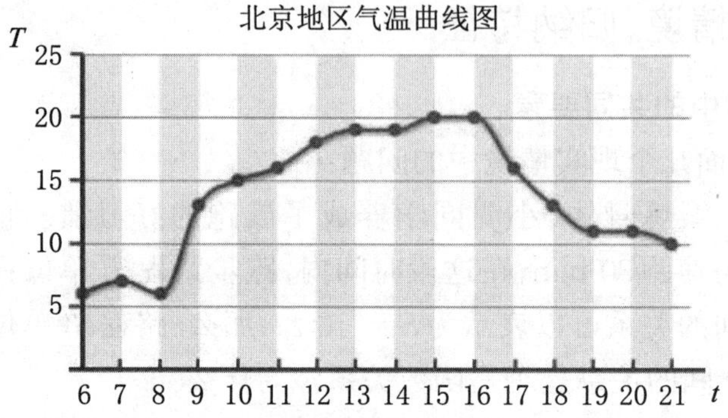

图8-2

追问1:情境4中的T与t的取值范围是什么?

追问2:情境4中的T与t是怎样对应的?

追问3:你能用解析式表达T与t的对应关系吗?

设计意图:通过各个情境中的前两个追问,引发对情境中两个变量的取值范围及两个变量的对应关系的表示方式的探究,依据四个具体情境,感知变量的取值范围、对应关系的表达方式,启发学生感知从函数概念中分化出的三要素的属性,即定义域、值域以及可用不同形式表示的对应关系。通过情境2中的追问3,体会一个函数关系可以有不同的表示方法;通过情境3和4中的追问3,体会并不是所有的函数都可以用解析式来表示,与学生原有的认知产生冲突,体会用表格和图象表示对应关系的不可替代性,这也为后面归纳用字母“f”表示对应关系埋下伏笔。通过情境2中的追问4,体会解析式相同,但定义域不同会导致值域不同,这样的两个函数不是相同函数。通过对上述具体情境的分析,引导学生根据已有的知识进行辨别,又通过追问产生新的认识,重新认识函数概念的本质特征。

2. 归纳并分析要素特征及其关系

问题:抛开实际背景,上述问题都涉及函数,这些函数都具有哪些共同特征?你能概括出函数概念的本质特征吗?

预设:师生进行梳理,如表8-4所示。

表8-4

	自变量的取值范围（用A表示）	对应关系	因变量的取值范围B_1	
情境1	$A=\{t\|0<t\leqslant\frac{1}{2}\}$	$S=10t$	$B_1=\{S\|0<S\leqslant 5\}$	$B=B_1$
情境2	$A=\{1,2,3,4,5,6,7\}$	$R=10d$	$B_1=\{10,20,30,40,50,60,70\}$	$B=B_1$
情境3	$A=\{2008,2009,2010,2011,2012,2013,2014,2015\}$	数表	$B_1=\{116.5,125.5,131.8,139.6,148.2,152.6,158.2,171.5\}$	$B=B_1$
情境4	$A=\{t\|6\leqslant t\leqslant 21\}$	图象		$B=\{T\|5<T<25\}$

设计意图：从现实情境出发，让学生经历归纳其共性的过程，完成从“变量关系语言”到“集合-对应语言”的过渡，从而发现函数的三要素，并从特殊到一般，概括出函数概念的本质特征。通过表8-4的对比分析，引导学生发现在每一个函数关系的表述中，都需满足：① 包含两个非空数集A，B；② 两个变量之间有一个对应关系；③ 尽管对应关系的表示方法不同，但都具有以下特征：对于数集A中的任意一个数x，按照对应关系，在数集合B中都有唯一确定的数y与之对应。在这个过程中，学生对这4个现实情境进行数学分析，归纳得到共同属性，进而完成数学抽象的第一阶段——“简约”阶段。

三、抽象概括，概念形成

1. 函数概念的抽象

问题：你能尝试归纳概括出用集合语言和对应关系刻画函数的概念吗？

预设：学生先尝试自己进行概括，然后师生共同联系初中对函数的定义，通过对照逐步完善函数概念。

函数的概念：一般地，给定两个非空实数集A与B，以及对应关系f，如果对于集合A中的每一个实数x，在集合B中都有唯一确定的实数y与x对应，则称f为定义在集合A上的一个函数（function）。记作$y=f(x)$，$x\in A$。

$y=f(x)$的含义：自变量x，在对应关系f的作用下，得到函数值y。

对应关系也可以用其他字母表示，如g，h，G，H，φ等。

定义域：自变量x的取值范围（即数集A）称为这个函数的定义域（域是某种范围的意思，即使函数有定义的x的取值范围）；

值域：所有函数值组成的集合$\{y\in B \mid y=f(x),x\in A\}$称为函数的值域。

若记集合$C=\{y\in B|y=f(x),x\in A\}$,则$C\subseteq B$。

函数的定义域、值域、对应关系f,称为函数$y=f(x)$的三要素,这是一个整体。

设计意图:用集合语言和对应关系给函数下定义对于学生来说是个难点,教师指导学生对照初中对函数的定义,把初中定义中"在某一变化过程中"变为"给定两个非空实数集A与B";对于初中定义中的"如果有两个变量x与y,且对于x的每一个确定的值,y都有唯一的值与其对应",这里要说明x,y在一定范围内变化,即集合A与B,而函数概念的本质要求并没有变化。对初中定义中的"y是x的函数",由于对应关系f有了明确的表达,因此变为"f是定义在A上的函数"。

2. 函数定义的结构分析

在下定义时,教师还可根据学生情况进行适当提示,对一个数学对象下定义应首先明确其包含的要素,再描述要素之间的关系。用符号语言表达x,y与f之间的关系后,用"$y=f(x),x\in A$"表达函数,其中$y=f(x)$的含义是对于自变量x,在对应关系f的作用下,得到函数值y。让学生用集合语言和对应关系刻画函数概念,完成对函数概念的抽象与概括的过程。同时进一步体会对一个数学对象下定义的一般过程。这也是数学抽象的"符号"阶段。

四、质疑解惑,概念辨析

问题1:请再思考引入环节中的问题。

追问:下列各组表示的函数是否是同一个函数?

(1) $y=\sqrt{x^2}$与$s=t$;

(2) $f(x)=x^0$与$g(x)=\dfrac{x}{x}$;

问题2:有的函数的解析式是舍弃问题的实际背景而抽象出来的,它反映的两个量之间的对应关系,可以广泛用于刻画一类事物中的变量关系和规律。例如,正比例函数$y=kx(k\neq 0)$可用来刻画匀速运动中路程与时间的关系(如情境1),$y=kx(k\neq 0)$还能刻画其他情境下两个变量的函数关系吗?

追问:你能否构建一个问题情境,使其中的变量关系能用解析式$y=x(10-x)$描述?

问题3:你能对本节课所学的内容进行归纳小结吗?

引导学生从数学抽象的角度对函数概念的抽象过程进行反思与小结。

作业等略,后续课时设计同。

第二课时 函数及其表示方法(二)

一、解释初、高中函数概念的关系

问题:回忆上节课所学内容,函数的定义是什么?初、高中学习的函数的定义有什么不同?什么是函数的定义域和值域?

设计意图:通过复习回顾,回忆初、高中函数的相关概念,辨析不同阶段函数概念的特点与本质,提升高中函数概念的理解。

二、求出函数的三要素

例1:指出下列函数的定义域:

(1) $f(x)=x^2$;

(2) $g(x)=x^2, x\in\{-1,0,1,2,3\}$;

(3) $h(x)=x^2, x\in[-1,3]$。

变式:已知函数$f(x)=\sqrt{x+2}+\dfrac{1}{x-1}$:

(1) 求函数$f(x)$的定义域;

(2) 求$f(-1), f(0), f(a)(a>1)$。

请学生先独立思考,然后进行交流。

设计意图:通过例1,体会函数的定义域对于函数的影响,理解函数的定义域是函数的要素。通过追问,体会解析式中根号内含有自变量以及分母含有自变量的函数的定义域的求法,明确定义域是使函数解析式有意义的x取值的集合或其子集,理解符号$f(-1), f(0), f(a)(a>1)$的意义。

例2:求出下列函数的值域:

(1) $f(x)=x^2$;

(2) $g(x)=x^2, x\in\{-1,0,1,2,3\}$;

(3) $h(x)=x^2, x\in[-1,3]$。

变式:设函数$f(x)=\sqrt{x+1}$的值域为S,分别判断$-\sqrt{2}$,3是否是S中的元素。

设计意图:通过例2,发现函数的定义域对于值域的影响,会用不等式性质等方法求简单函数的值域。通过追问,体会函数值域的意义,进一步理解符号$y=f(x)$的含义。

三、应用函数的概念进行判断

例1:下列函数是相同函数吗?为什么?

(1) $f(x)=x^2$;

(2) $g(x)=x^2,x\in\{-1,0,1,2,3\}$;

(3) $h(x)=x^2,x\in[-1,3]$。

变式:下列函数中哪个函数与$y=x$是相同函数?

(1) $y=(\sqrt{x})^2$;

(2) $u=\sqrt[3]{v^3}$;

(3) $y=\sqrt{x^2}$;

(4) $m=\dfrac{n^2}{n}$。

设计意图:通过例1,理解相同函数的本质:定义域相同且对应关系一致,同时注意函数只关注对应的结果,而对应的过程可以不同。

四、课堂小结

教师首先引导学生回顾本节课的知识,然后提出问题让学生进行思考:

(1) 对于函数的三要素你有怎样的认识?

(2) 如何理解函数$y=f(x)$?

(3) 对于相同函数,你有了哪些新的认识?

设计意图:通过这三个问题的思考与交流,进一步深化对于函数三要素、符号$y=f(x)$及相同函数的理解。

第三课时　函数及其表示方法(三)

一、复习函数关系的表示方法

问题:在前面的内容中,我们学习了函数的定义,明确了函数的三要素:定义域、对应关系和值域，那么其中的对应关系f可以用哪些方法来表示？

设计意图：通过复习回顾，回忆函数的相关概念，复习在学习函数概念时用到的三种表示方法：解析法、列表法和图象法。

二、在问题情境中恰当地表示函数关系

例1：已知某种笔记本的单价为5元，买$x(x\in\{1,2,3,4,5\})$个笔记本需要y元。试用函数的三种表示方法表示函数$y=f(x)$。

预设：学生在用解析法表示函数时，容易丢掉定义域；用图象法表示时，容易把5个点连成线。通过交流，让学生认识到定义域对函数的重要性。

追问1：你能画出函数$f(x)=5x,x\in Q$的图象吗？

追问2：函数的三种表示方法各自的特点是什么？所有的函数都能用解析法表示吗？列表法和图象法呢？你能举例说明吗？判断一个图形是否是函数图象的依据是什么？

设计意图：通过例1，体会函数的三种表示方法（解析法、列表法、图象法）是如何表示函数的，特别是理解列表法、图象法也是表示函数的重要方法。在例1中，三种表示方法都给出了从集合$A=\{1,2,3,4,5\}$到集合$B=\{5,10,15,20,25\}$的对应关系f，即对于集合A中的任一个数，在集合B中都有唯一确定的数与之对应，并且这个数是相等的，即表示方法不同但结果相同。体会同一函数可以有不同的表示方法，感受三种表示方法的不同特点。解析式是精确的，图象是直观的，表格是直接的。例1中的图象是一些散点，这与学生原有的认知——函数图象是连续的曲线不同，进而对函数的图象产生新的认识。通过追问，了解不是所有的函数都可以用图象形象地表示，但都可以建立函数对应的点集。这些对学生来说是一个难点，教师可以举例让学生辨别，进而从几何直观的角度理解函数的概念。

例2：已知函数$f(x)=\sqrt{x}$，指出这个函数的定义域、值域，并作出函数的大致图象。

设计意图：通过例2，体会先求函数的定义域、值域，再画函数大致图象的过程，建立数与形之间的联系。根据函数的定义域确定取值列表，进一步由离散到连续作出函数的大致图象，体会函数图象的直观性，为后面借助函数图象研究函数性质做好铺垫。

例3：已知二次函数的图象过点$(-1,4),(0,1),(1,2)$，求这个二次函数的解析式。

设计意图：通过例3，体会已知函数类型，求函数解析式的常用方法——待

定系数法。根据函数中含有参数的个数,利用已知条件构建方程,获得参数的取值,进而求得函数的解析式。

例4: 表8-5是某校高一(1)班三名学生在高一学年进行的六次数学测试的成绩及班级平均分。

表8-5

姓名	测试序号					
	第一次	第二次	第三次	第四次	第五次	第六次
王伟	98	87	91	92	88	95
张城	90	76	88	75	86	80
赵磊	68	65	73	72	75	82
班级平均分	88.2	78.3	85.4	80.3	75.7	82.6

请你对三位同学的高一学年的数学学习情况做一个分析。

问题: 题目中给出的表格是函数吗?是几个函数?能从表格上直观地看出学生的学习变化情况吗?还可以用什么方法表达学生的学习变化情况?

设计意图: 通过一个生活实例,体会将一个实际问题抽象为一个函数问题,并利用函数的不同表示方式解决问题的过程。例4中以表格的方式给出了四个函数,分别表示三个学生的六次成绩及班级平均分,用表格区分学生的学习情况并不直观,可用函数的图象表示学生的学习情况,进而体会在实际情境中如何选择合适的函数表示方法。同时,在同一坐标系中画出四个函数的图象,引导学生如何观察图象、如何从图象上发现有用的信息,并在此基础上对学生学习情况进行分析。

三、课堂小结

教师首先引导学生回顾本节课的知识,然后提出问题让学生进行思考:

(1) 函数的三种表示方法各有什么特点?

(2) 所有的函数都能用这三种方法表示吗?

(3) 对于用解析法和图象法表示函数,你有了哪些新的认识?

设计意图: 通过这三个问题的思考与交流,进一步提升对函数三种表示方法的认识,同时也是对函数概念理解的延续。根据学生已有的经验,对于一个数学对象,符号表示伴随定义自然而然地给出,大多数情况下其符号表示是唯一的,但也有一些特殊情况,如前面学习的集合有不同的表示方法,函数的表示方法也是多样的,但有的函数未必可以用三种方法表示,如迪利克雷函数;具体选择哪种方法或者哪几种方法来表示函数可根据函数自身特点及需解决的问题来决定,同时常常还需要把函数的某种表示方法转化为另一种表示方法。

第四课时 函数及其表示方法(四)

一、利用分段函数,理解函数概念

问题:回顾函数的概念及其表示方法,函数概念中的对应关系f常常用什么方法表示?

设计意图:通过复习回顾,回忆函数的相关概念,复习函数的三种表示方法——解析法、列表法、图象法,引出对一类具体函数的研究。

例1: 画出函数$f(x)=|x|$的图象。

学生根据绝对值的定义,很容易得到$f(x)=|x|=\begin{cases}x,x\geqslant 0\\-x,x<0\end{cases}$,进而得到函数$f(x)$的图象。

追问1:$y=\begin{cases}x,x\geqslant 0\\-x,x<0\end{cases}$是函数吗?

追问2:函数$f(x)$图象与我们初中学习过的一次、二次和反比例函数的图象有什么不同吗?

问题:你能给具有这样特征的函数下个定义吗?

预设:如果一个函数,在其定义域内,对于自变量的不同取值区间,有不同的对应方式,则称其为分段函数。

设计意图:通过例1,启发学生利用函数的定义判断得到分段函数也是函数,在画分段函数图象时,由于各段对应关系不同,应根据不同的对应关系分段来画;这个分段函数的图象是折线,也丰富了学生对函数图象的认识。例1的画图过程实现了函数不同表示方法之间的转换,这是一个由数到形的过程,体现了数形结合的思想方法,有助于提升直观想象素养。

例2: 给定函数$f(x)=x+1,g(x)=(x+1)^2,x\in R$。

(1) 在同一直角坐标系中画出函数$f(x),g(x)$的图象;

(2) $\forall x\in R$, 用 $M(x)$ 表示 $f(x),g(x)$ 中的较大者,记 $M(x)=\max\{f(x),g(x)\}$。

例如,当$x=2$时,$M(2)=\max\{f(2),g(2)\}=\{3,9\}=9$。

请分别用图象法和解析法表示函数$M(x)$。

在同一直角坐标系中画出函数$f(x)$,$g(x)$的图象对学生来说并不难,学生能够画出图象,但第二问对于学生有一定难度。

问题:如何理解$\forall x\in \mathbf{R}$,$M(x)$表示$f(x)$,$g(x)$中的较大者?

追问1:函数$f(x)$比$g(x)$大在图象上如何体现?

追问2:$M(x)$是什么函数?其解析式如何表示?

追问3:$\forall x\in \mathbf{R}$,用$N(x)$表示$f(x)$,$g(x)$中的较小者,记$N(x)=\min\{f(x),g(x)\}$。你能分别用图象法和解析法表示函数$N(x)$吗?

追问4:分段函数中表示各段的区间的交集是什么?并集是什么?

设计意图:通过例2,首先培养学生的数学阅读能力,对于如何理解两个函数值的大小,引导学生可从形和数两个角度去思考,即帮助学生理解分段函数的图象和解析式的表示方法,进一步提升学生对数形结合方法的认识,发展其直观想象素养。

二、建立函数模型,理解函数概念

例1:北京市自2014年5月1日起,居民用水实行阶梯水价。其中年用水量不超过180 m^3的部分,综合用水单价为5元/m^3;超过180 m^3但不超过260 m^3的部分,综合用水单价为7元/m^3。如果北京市一居民用水量为x m^3,其要缴纳的水费为$f(x)$元。假设$0\leqslant x\leqslant 260$,试写出$f(x)$的解析式,并作出$f(x)$的图象。

设计意图:例1是一个实际情境的问题,让学生感受到分段函数在实际生活中的广泛应用。通过求函数解析式、根据解析式画函数图象,再次体会分段函数的表示方法,特别是其解析式和图象在呈现方式上与一般函数不同的地方,完善对函数概念及其表示方法的认识。

例2:一个依法纳税是每个公民应尽的义务,个人取得的应按照《中华人民共和国个人所得税法》向国家缴纳个人所得税(简称个税)。2019年1月1日起,个税税额根据应纳税所得额、税率和速算扣除数确定,其计算公式为:

应纳税所得额=综合所得收入额-基本减除费用-专项扣除-专项附加扣除-依法确定的其他扣除

其中"基本减除费用"为每年60000元。税率与速算扣除数如表8-6所示。

表8-6

级数	全年应纳税所得额所在区间	税率	速算扣除数
1	[0,36000]	3	0
2	(36000,144000]	10	2520

续表

级数	全年应纳税所得额所在区间	税率	速算扣除数
3	(144000,300000]	20	16920
4	(300000,420000]	25	31920
5	(420000,66000]	30	52920
6	(66000,960000]	35	85920
7	(960000,$+\infty$)	45	18920

小王全年综合所得税收入额为189600元，专项扣除中包括的缴纳的基本养老保险、基本医疗保险、失业保险等社会保险费和住房公积金占综合所得收入额的比例分别是8%，2%，1%，9%，专项附加扣除是52800元，依法确定其他扣除是4560元，那么他全年应缴纳多少综合所得税？

设计意图：本单元小结不是让学生简单的回顾本单元的知识与方法，而是通过一个现实情境，呈现从实际问题中抽象出函数模型，用函数模型表达实际问题，根据解决实际问题的需要选择适当的表示方法来表示该函数，进而解决问题。这个函数模型是分段函数，再次让学生体会分段函数在实际生活中的应用。通过单元小结，深化对单元的整体认识，使得学生对于函数概念的认识逐步由“系统”过渡到“应用”阶段。总之，通过后续3课时的设计，帮助学生深化对函数概念的理解，特别是对函数的三要素及其表示方法认识的不断深入，这也是对函数概念不断精致化和系统化的过程。这个过程也使得函数概念的抽象完成“普适化”的过程。

第五课时 函数的单调性(一)

一、整体直观感知函数性质

问题1：我们学习了函数及其表示方法，知道函数是实数集合之间的对应关系，可以用解析式、图象或表格等方法来表示。对于函数这个数学对象来说，我们研究定义及表示方法之后，可以继续研究它的哪些内容？

问题2：初中阶段是怎样研究函数性质的？

问题3：如表8-7所示，观察我们熟悉的三类具体函数的图象特征，这些函数具有哪些性质？你认为什么是函数的性质？

表 8-7

函数	函数 $y=kx+b(k>0)$	函数 $y=ax^2+bx+c(a>0)$	函数 $y=\frac{k}{x}(k>0)$
图象	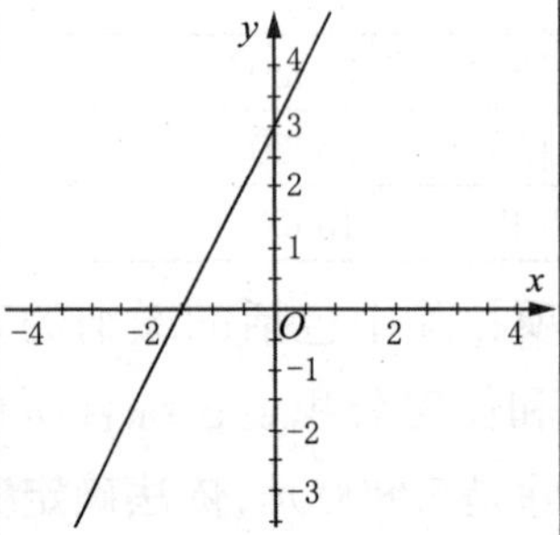	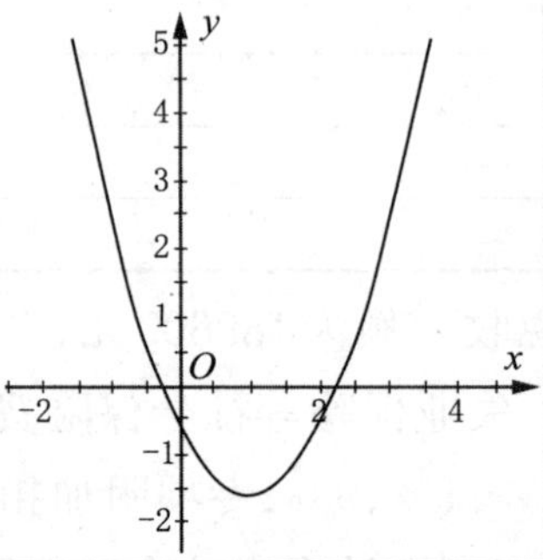	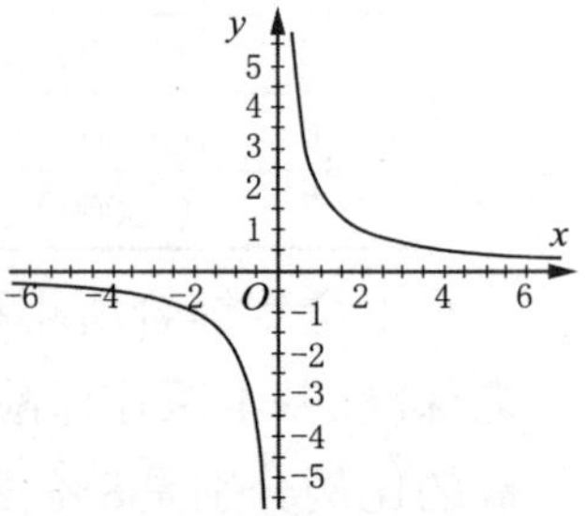
图象特征与性质	直线从左至右上升，y 随 x 的增大而增大	对称轴是直线 $x=-\frac{b}{2a}$。在对称轴左侧，抛物线从左到右下降，在对称轴右侧，抛物线从左到右上升。当 $x<-\frac{b}{2a}$ 时，y 随 x 的增大而减小；当 $x>-\frac{b}{2a}$ 时，y 随 x 的增大而增大。顶点也是最低点为 $\left(-\frac{b}{2a},\frac{4ac-b^2}{4a}\right)$	在每个象限内，图象从左到右下降，y 随 x 的增大而减小。图象关于原点中心对称

学生整理结果如表 8-7 所示，教师适时小结：观察图象特征，我们发现函数有增减性、轴对称性、中心对称性，有的存在最大值或最小值，我们在初中对函数性质的认识仅限于几类具体的函数，而且对每类函数分别研究其性质。事实上，当自变量 x 变化时，函数值 y 随之变化，变化中不变的规律正是函数的性质。在研究不等式性质时，我们也提到了不等式是代数的对象，主要关注其在运算中的不变性，如 $a<b$，不等式两边做运算后是否还能保持原来的大小关系，由此得到的就是不等式的性质。

从几何直观出发，首先可以关注的是图象走势的变化规律，对应的性质是当自变量 x 增大时，函数值 y 会不会随之增大或减小。这一性质，我们称之为函数的单调性。这里单调(monotonicity)的含义是“只有一种的或重复而缺少变化”。单调性是函数的一种性质，函数的性质刻画的是函数的要素之间的关系，后面我们还将按照这个思路去发现和研究函数的其他性质。

二、函数单调性研究的必要性

问题1:上述几类函数的单调性都是根据对应的图象特征观察出来的,我们知道函数的常用表示方法除了图象外,还有解析式和表格,如果只有函数的解析式,不知道函数的图象,如函数$f(x)=\frac{1}{\sqrt{x}}$,如何研究它的单调性呢?又如函数$g(x)=x+\frac{1}{x}$的单调性如何?

预设:有学生提出可以描点作图,通过观察图象得到函数性质;也有同学提出不可能描出所有的点,所以由图象得到的性质可能是错的。还有学生提出从函数构成角度进行判断$f(x)=\frac{1}{\sqrt{x}}$单调性,但在判断$g(x)=x+\frac{1}{x}$的单调性时遇到了困难。

问题2:在前面的学习中,我们用集合语言和对应关系刻画函数,建立了完整的函数概念。对于函数的单调性,也可以类似地尝试用符号语言给出严格的形式化定义,进而运用定义判断函数的单调性。怎样用符号语言来描述“y随x的增大而增大(或减小)”呢?

预设:有学生提出根据之前研究函数概念时积累的经验,可以先从熟悉的具体函数出发去尝试。

设计意图:引入环节的设置强化对一个数学对象研究的基本思路:对象—性质—联系—应用。作为函数性质单元的起始课,承担着承上启下的作用,既与前面的函数概念一脉相承,又为后续的联系与应用奠定基础。通过函数单调性进一步加深学生对所研究数学对象的“性质”的理解,明确研究性质的必要性,初步建立研究函数性质的思路与方法。启发学生需要从代数的角度,尝试用符号语言严格地给出单调性的定义,让学生感受到高中对函数单调性的研究是基于初中的直观认识,是对初中认识的延续与深化,并在这个过程中感悟数学思想,形成基本数学活动经验。

三、创设情境,归纳特征

1. 识别函数单调性的要素

问题:在笔记本上画出函数$f(x)=x^2$的图象,你能观察出它的单调性吗?是怎样得到的?

追问1:你能用符号语言定量的描述“y随x增大而增大(或减小)”吗?先

看y轴右侧部分的图象，x在哪增大？

追问2：什么叫x增大？

追问3：为什么是取两个x，而不是取三个或者更多？

追问4：x_1和x_2怎么取？取两个特殊的x_1和x_2可以吗？

追问5：你能举出一个反例吗？

追问6：如何看函数值y随自变量x的增大而发生什么变化？

追问7：如何描述对应的y增大？

追问8：为什么$f(x_1)<f(x_2)$呢？

追问9：图象常常可以帮助我们发现结论，但不能作为严格的证明。你能严格证明吗？

2. 分析函数单调性要素之间的关系

问题：你自己能用符号语言表述函数$f(x)=x^2$"在$x\geqslant 0$时，y随x的增大而增大"的单调性的判断规则了吗？

教师小结：此时我们可以称函数$f(x)=x^2$在区间$[0,+\infty)$上是增函数，也称区间$[0,+\infty)$上单调递增。

设计意图：从学生熟悉的二次函数入手，由形到数，逐步实现由自然语言表达到符号语言表达的转换，理清单调性定义中涉及的各个要素之间的关系，初步建构函数单调性的定义，让学生感受到数学的严谨性。

四、抽象概括，概念形成

1. 抽象函数单调性的概念

问题：根据刚才的分析，从特殊到一般，你能用符号语言给出函数单调性的判断规则了吗？

预设：设函数$y=f(x)$的定义域为D，且$I\subseteq D$：如果$\forall x_1,x_2\in I$，当$x_1<x_2$时，都有$f(x_1)<f(x_2)$，则称$y=f(x)$在I上是增函数（也称在I上单调递增）。

追问：增函数的图象具有什么特征？

2. 类比增函数，探究减函数

问题：能否类比增函数的研究过程，得到减函数的判断规则？

预设：如果$\forall x_1,x_2\in I$，当$x_1<x_2$时，都有$f(x_1)>f(x_2)$，则称$y=f(x)$在I上是减函数（也称在I上单调递减）。

追问：减函数的图象具有什么特征？

3. 直观表示函数单调性

让学生在归纳定义的基础上，画出在某个区间上为增函数或减函数的函数示意图。有学生从一个点开始考虑函数的图象走势,有不同的上升或下降的方式,可能呈直线上升或下降,也可能呈往上凸或往下凸。教师对学生提出和发现问题的意识和能力表示赞赏,并鼓励他们可以类比刚才对函数单调性的研究过程,去研究函数的新性质。

教师小结:两种情况下,都称函数在I上具有单调性;当I是区间时,称I为函数的单调区间,也可分别称为单调递增区间或单调递减区间。

设计意图:从特殊到一般地探索普适性的结论,在得到函数单调性的定义及其对应的图象特征的同时,让学生进一步体会给一个数学对象下定义的一般过程与方法。

五、质疑解惑,概念辨析

问题:两人一组,每人写出一个一次函数、二次函数和反比例函数,并请队友分别写出它们的单调区间。进一步写出我们熟悉的三类函数即一次、二次和反比例函数的单调区间。

追问:$y=\dfrac{1}{x}$在定义域内是减函数吗?

预设:根据减函数的定义,要求在所研究的集合内任取两个自变量的值x_1和x_2,当$x_1<x_2$时,都有$f(x_1)>f(x_2)$;但是如果在$(-\infty,0)$和$(0,+\infty)$上分别选取一点x_1和x_2,显然$x_1<x_2$,却有$f(x_1)<f(x_2)$,所以在定义域内不是减函数。

追问:$(0,1)$是函数$y=\dfrac{1}{x}$的一个单调递减区间吗?为什么?

预设:可以,函数的单调递减区间的一个子区间仍然为该函数的单调递减区间。

由此可见,函数的单调性一定是针对定义域的某一区间而言的,它是函数的一种局部的性质。

设计意图:通过举例加深对函数单调性的理解,进而发现函数单调性是针对定义域的某一子集而言的,它是函数的一种局部的性质。我们在求函数的单调区间时,一般默认是要求出函数的最大的单调区间。

六、应用概念,反思总结

例1: 根据定义,研究函数$f(x)=\dfrac{1}{\sqrt{x}}$的单调性。

师生共同小结证明过程:求出定义域D →任取$x_1,x_2\in D$,设$x_1<x_2$ →对

$f(x_1)-f(x_2)$进行因式分解、符号讨论(不等式证明)→下结论。

例2: 写出函数$f(x)=x+\frac{1}{x}$的一个单调区间,并证明你的结论。

设计意图:运用函数单调性的定义解决本节课初始提出的问题,前后呼应。在例1中先由学生直观感知该函数的单调性,再尝试进行证明,体现严格定义函数单调性的作用。例2具有一定开放性,让学生自己去寻找一个单调区间再进行证明,有助于提升学生发现和提出问题的能力。

问题:你能对本节课所学的内容进行归纳小结吗?

预设:(1) 本节课在初中学习的"函数值y随自变量x的增大而增大(或减小)"的性质基础上,从直观感知到定性描述,再到定量刻画,探索了函数单调性的定义。利用定义可以严格地证明函数的单调性,同时也能由单调性判断函数图象走势的变化规律。(2) 在这个过程中,经历了从特殊到一般、从具体到抽象的过程,使用了数形结合的方法。运用对函数单调性的研究思路和方法,还可以去研究函数的其他性质。

第六课时 函数的单调性(二)

一、复习旧知,提出问题

在上节课中,我们从函数图象特征出发,用符号语言定量刻画"y随x的增大而增大(或减小)"的性质,得到了函数单调性的定义。今天我们将继续利用单调性的定义来判断函数的单调性,同时类比单调性研究函数的另一个性质。

问题:仍然以大家熟悉的三类函数为例(见表8-7),除了关注"从左至右看图象上升或下降"的趋势外,还可以关注构成函数图象的点的极端位置,如最低点或最高点,这些位置对应了函数的什么性质?

设计意图:从学生熟悉的三类函数的图象特征去发现函数的性质,同时类比单调性的研究过程,放手让学生自己去完成概念的形成过程。

二、创设情境,归纳特征

问题1:什么是函数的最值?

问题2:你能再举出函数存在最值的例子吗?

问题3:这些最值有什么共同的特征?

三、抽象概括,概念形成

问题1:你能用符号语言给最值下个定义吗?

追问:如何保证函数能取到最大值或者最小值?

预设:设函数$f(x)$的定义域为D,且$x_0\in D$,如果对任意$x\in D$,都有$f(x)\leqslant f(x_0)$,则称$f(x)$的最大值为$f(x_0)$,而x_0称为$f(x)$的最大值点。如果对任意$x_0\in D$,都有$f(x)\geqslant f(x_0)$,则称$f(x)$的最小值为$f(x_0)$,而x_0称为$f(x)$的最小值点。

问题2:最值点、最值与图象最高点、最低点的关系是什么?

预设:最值点、最值对应了图象最高点或最低点的横、纵坐标。

设计意图:类比单调性的定义过程,让学生尝试给最值下定义,然后师生共同完善定义,从要素提炼,到关系整合,再到消除歧义,进一步体会给一个数学对象下定义的过程。

四、质疑解惑,概念辨析

问题1:你能证明一次函数和反比例函数不存在最值吗?怎样求二次函数的最值呢?

追问:如何适当增加条件,使得一次函数和反比例函数存在最值?

预设:将定义域限定在某个闭区间上。

问题2:一般地,如何求出函数的最值?

预设:通过不等式性质或者联系函数单调性。

设计意图:回到学生熟悉的三类函数,运用定义判断函数是否存在最值,加深对最值的理解与感悟。运用函数单调性去探索函数最值,体现了函数性质之间的内在联系,帮助学生从整体上认识函数性质。

五、应用概念,反思总结

例:求函数$f(x)=x+\dfrac{b}{x}(b>0)$的单调区间,并给出一个闭区间,求出$f(x)$在该区间上的最值。

设计意图:运用函数单调性的定义求单调区间,并探索函数在闭区间上的最值,巩固单调性、最值的定义,加深对单调性与最值关系的理解。

第七课时　函数的单调性(三)

一、复习旧知，提出问题

在前面的学习中，我们从一次函数、二次函数和反比例函数出发，探索了函数的单调性和最值。我们知道，一次函数$f(x)=kx+b(k\neq 0)$的单调性与k的正负有关。当$k>0$时，$f(x)$是增函数，对应的图象是一条从左到右上升的直线；当$k<0$时，$f(x)$是减函数，对应的图象是一条从左到右下降的直线。

问题1：两点确定一条直线，你能利用直线上两点的坐标，找到k所具有的几何意义吗？

预设：设直线上两点$A(x_1,y_1)$，$B(x_2,y_2)$，当$x_1\neq x_2$时，则$k=\dfrac{y_2-y_1}{x_2-x_1}$，当$x_1=x_2$时，则$k$不存在。

我们称$k=\dfrac{y_2-y_1}{x_2-x_1}=\dfrac{\Delta y}{\Delta x}$为直线$AB$的斜率，即用比例的形式，反映直线相对于$x$轴的倾斜程度。

设计意图：利用一次函数单调性引出直线斜率的概念，体会斜率对描述直线位置的作用。

问题2：一次函数的单调性可用斜率的正负判断，二次函数、反比例函数的单调性能否类似地借助直线斜率进行判断呢？

二、创设情境，归纳特征

问题1：观察二次函数、反比例函数单调区间上任意两点连线与函数变化的特点，你有什么发现？

问题2：推广到一般，能否利用直线斜率得到函数单调性的判断规则？

三、抽象概括，概念形成

由此引出平均变化率的概念：一般地，当$x_1\neq x_2$时，称$\dfrac{\Delta f}{\Delta x}=\dfrac{f(x_2)-f(x_1)}{x_2-x_1}$

为函数$f(x)$在区间$[x_1,x_2]$($x_1<x_2$时)或$[x_2,x_1]$($x_1>x_2$时)上的平均变化率。

平均变化率刻画了自变量x在定义域内的一个区间上变化时,函数值y变化的平均水平。其几何意义是连接函数$y=f(x)$图象上两点的直线的斜率,如图8-3所示。

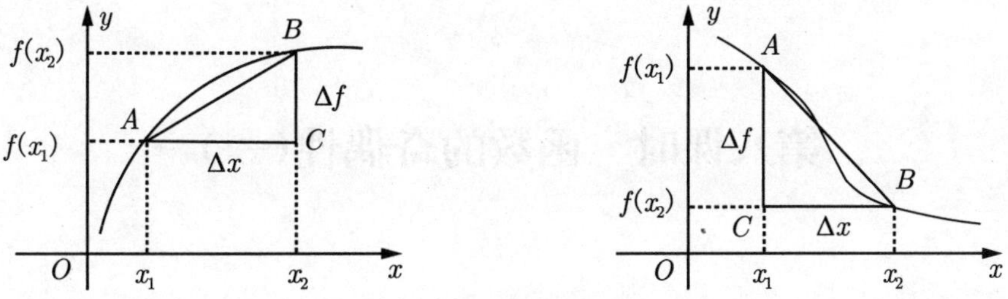

图8-3

设计意图:由特殊到一般,发现利用直线斜率得到函数单调性的判断规则,体会曲线上升或下降可由任意两点连线的上升与下降确定,感受以直代曲、数形结合的方法。

四、质疑解惑,概念辨析

问题:联系所学的物理知识,你能举出物理中的平均变化率模型吗?

预设:在某段时间内位移的平均变化率是这段时间的平均速度,速度的平均变化率是加速度……

设计意图:通过联系平均变化率的物理背景,理解“平均”和“变化率”的含义,体会定义平均变化率的作用。

五、应用概念,反思总结

例1:给如图8-4所示的两个容器中倒水,且任意相等的时间间隔内所倒入的水的体积相等,则容器内水面的高度y是时间t的函数,试分别画出两种容器下函数y的大致图象。

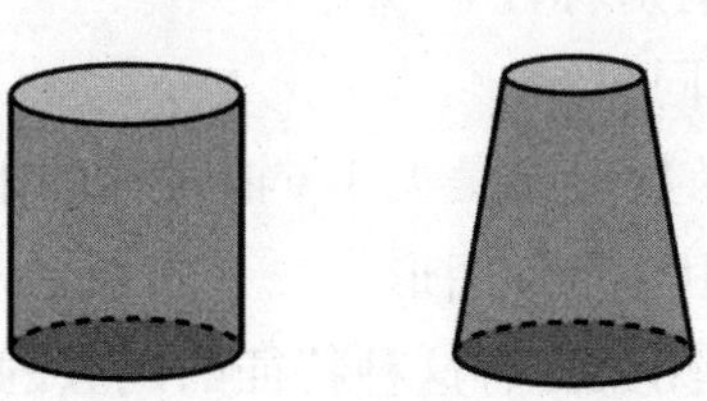

图8-4

例2: 利用平均变化率研究函数$f(x)=x^2+ax$的单调性,并求出$f(x)$在区间$[0,1]$上的最值。

设计意图:应用平均变化率的正负判断函数单调性,进而求得函数在闭区间上的最值,在巩固平均变化率概念的同时,加深对函数单调性与最值联系的理解,在数形结合中提升直观想象和逻辑推理素养。

第八课时　函数的奇偶性(一)

一、复习旧知,概念引入

在前面的学习中,我们研究了函数的单调性,用符号语言精确地表示"y随x的增大而增大(或减小)"。函数的单调性关注的范围是定义域的某个区间,是函数的一个局部性质,单调性刻画了函数图象"上升"或"下降"的变化规律。今天我们将继续学习函数的另一种性质。

问题1:观察下列函数:$f(x)=x^2$,$g(x)=2-|x|$,$h(x)=x$,$s(x)=\dfrac{1}{x}$的图象,如图8-5所示,它们有什么共同特征吗?

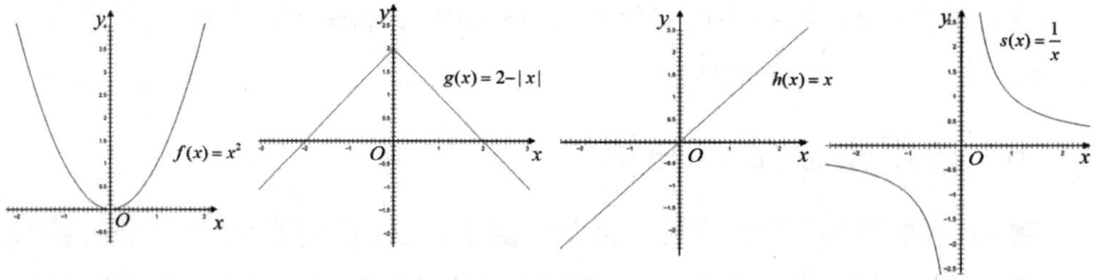

图8-5

预设1:函数图象都具有对称性。

追问:这两种对称性相同吗?

预设2:不同,前两个函数图象是关于y轴对称的轴对称图形,后两个函数图象都是关于原点对称的中心对称图形。

接下来,我们就来研究图象具有这种特征的函数的相应性质。我们先来看$f(x)=x^2$和$g(x)=2-|x|$这类图象关于y轴对称的函数。

问题2:我们可以按照什么思路来研究函数的这种性质?

预设:类比函数单调性。在研究函数单调性时,是从几何直观入手,观察函数图象从左到右上升或者下降的变化规律,尝试用符号语言精确地描述这种规律,进而得到函数单调性的定义。

设计意图:在函数性质的整体框架内延续对函数新性质的研究,类比单调性研究奇偶性,先观察一些具体图象特征,归纳发现函数性质,并尝试进行严格定义,从而进一步巩固研究函数性质的一般过程。

二、创设情境,归纳特征

问题:如何用符号语言描述“函数图象关于y轴对称”? 可分组展开讨论。

预设1:对于$f(x)=x^2$和$g(x)=2-|x|$,可取一些特殊的自变量的值(如取$x=-3,-2,-1,0,1,2,3$),观察相应的函数值,这些自变量的取值和相应的函数值有什么变化规律?(自变量取一对相反数时,相应的两个函数值相等)也就是变化中的不变性。如何用符号语言表示上述规律?($f(-x)=f(x)$)对于定义域内任意取值是否都符合上述规律?($f(-x)=(-x)^2=x^2=f(x)$,$g(-x)=2-|-x|=2-|x|=g(x)$)。

追问:对于图象关于y轴对称的函数,是不是都可以用上述关系来刻画?(等价性?)

预设2:初中学习过轴对称图形,现在讨论的就是关于y轴对称的图象的特征。函数的图象可以看成点集,任取函数图象上横坐标互为相反数的两个点$P(x,f(x))$和$P'(-x,f(-x))$,根据轴对称的定义,图象延y轴翻折后重合,则y轴一定是PP'的垂直平分线,因此,必然有$f(-x)=f(x)$;反之,如果已知$f(-x)=f(x)$,则$P(x,f(x))$和$P'(-x,f(-x))$关于y轴对称,由$P(x,f(x))$的任意性知$y=f(x)$图象关于y轴对称。

预设3:根据轴对称图形的定义,函数图象位于y轴一侧的部分延y轴翻折后与另一侧的图象重合。

追问1:什么是图象重合?

追问2:如何确定点的位置?

预设4:用坐标确定点的位置,设$P(x,f(x))$是函数图象上任意一点,P关于y轴的对称点是$P'(-x,f(x))$,若P'在函数图象上,则$f(-x)=f(x)$,反之也成立。

追问:对于定义域内任意取值是否都符合上述规律?

设计意图:有了函数单调性的研究过程作为基础,对函数奇偶性的定义过程,教师可以放手让学生去尝试,在追问中共同完善定义,从直观感知到严格表达,从模仿、类比到迁移、创造,提升学生的数学抽象、直观想象等数学核心素养。

三、抽象概括,概念形成

问题1:你还能举出其他具有这种性质的函数吗?

问题2:我们将具有这种性质的函数叫作偶函数,根据上面的分析,你能给偶函数下个定义吗?

预设:设函数 $y=f(x)$ 的定义域为 D,如果 $\forall x\in D$,都有 $-x\in D$,且 $f(-x)=f(x)$,则称 $y=f(x)$ 为偶函数。

追问:如何保证 $-x$ 一定能取到?

问题1:如果已知偶函数在 y 轴一侧的图象,你能画出它在另一侧的图象吗?为什么?

问题2:类比上述研究过程,你能否用符号语言刻画函数的图象关于原点对称?进而给另一类函数“奇函数”下个定义?

预设:设函数 $y=f(x)$ 的定义域为 D,如果 $\forall x\in D$,都有 $-x\in D$,且 $f(-x)=-f(x)$,则称 $y=f(x)$ 为奇函数。

问题:已知奇函数在 y 轴一侧的图象,你能画出它在另一侧的图象吗?为什么?

教师小结:如果一个函数是偶函数或奇函数,则称这个函数具有奇偶性。

设计意图:让学生熟悉给一个新的数学对象下定义的过程,提炼要素、整合关系,熟悉对一般规则的符号和逻辑表达,经历数学抽象和概念学习的全过程。

四、质疑解惑,概念辨析

问题:函数的奇偶性与单调性有什么不同?它们之间有联系吗?

预设:学生指出函数的单调性是用不等式刻画函数值随自变量的增大而增大或减小的规律,它是函数的一个局部性质,一般在某个给定区间上研究,对应的图象特征是从左至右看上升或下降;而函数的奇偶性是用等式刻画当自变量取相反数时,函数值相等或互为相反数的规律,奇偶性是函数的一种整体性质,在整个定义域内研究,对应的图象特征是关于 y 轴或原点对称,奇偶性可以帮助我们简化对函数图象与性质的研究。两种性质的联系的研究过程都类似,而且都关注了自变量变化时函数值随之变化的过程中不变的规律。

设计意图:将对函数性质的认识和学习置于函数主线中,整体认识函数性质,注重联系,螺旋上升,逐渐深入。

五、应用概念,反思总结

例:两人一组,每人写出一个奇函数、一个偶函数、一个非奇非偶函数、一个既是奇函数又是偶函数的函数,并请队友进行证明。

预设1:学生可能构造的函数有$f(x)=x^3+x$,$f(x)=x+\frac{2}{x}$,$f(x)=x^{-2}+|x|$,$f(x)=\sqrt{1-x^2}$,$f(x)=x+1$,$f(x)=x^4,x\in(-1,2)$,$f(x)=0$……

追问:这些函数是怎样构造出来的?

预设2:可以从运算角度、从图象特征角度(对称性)进行构造;还可以从函数的构成角度,如两个奇函数的和在公共定义域内仍为奇函数,两个偶函数的和在公共定义域内仍为偶函数,但奇函数与偶函数的和未必,也可以考虑乘法或考虑复合等。

将学生所举的例子写在黑板上,各选其中一个板书证明过程。余下的作为作业,每人再各选一个完成证明。

师生共同小结:判断函数奇偶性的步骤,如图8-6所示。

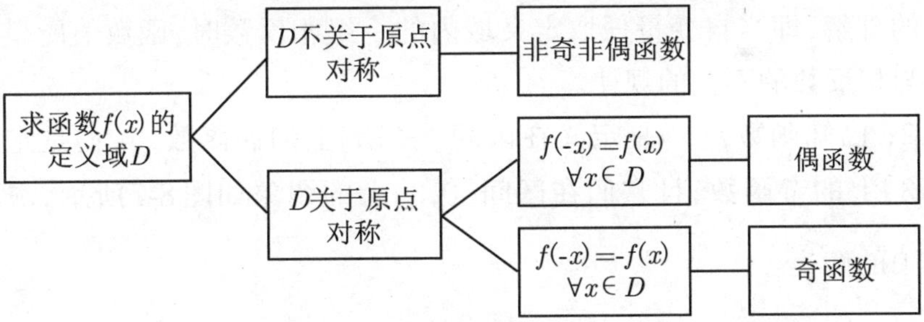

图8-6

追问:奇函数有什么共同的特征吗?

预设3:设奇函数$f(x)$的定义域为D,$0\in D$,则$f(0)=0$,对应的图象特征是过原点。

追问:设函数$f(x)$的定义域为D,$0\in D$,则$f(0)=0$是$f(x)$为奇函数的什么条件?为什么?

预设4:必要不充分条件。

问题:你能对本节课所学的内容进行归纳小结吗?

预设5:本节课类比函数单调性的研究过程,从几何直观入手,用等式定量刻画图象关于y轴对称或原点对称的图象特征，从而得到奇偶性的定义。进一步巩固了研究函数性质的一般方法。

设计意图：在应用中巩固奇偶性的概念，通过具有开放性的例题让学生感悟奇偶性的本质，规范对奇偶性证明的书写过程。在归纳小结中提炼对函数性质的研究过程，即“图形直观－自然语言－形式化定义”。

第九课时　函数的奇偶性(二)

一、函数概念与性质的综合应用

例1： 设函数$f(x)$是定义在R上的奇函数，当$x\in(0,+\infty)$时，$f(x)=x+\sqrt{x}$，则当$x\in(-\infty,0]$时，求$f(x)$的解析式。

答案：当$x\in(-\infty,0]$时，$f(x)=x-\sqrt{-x}$。

设计意图：运用奇函数的定义“补解析式”，$f(0)=0$，同时可由函数在区间$(0,+\infty)$上的解析式求出函数在区间$(-\infty,0)$上的解析式，让学生加深对奇偶性本质的理解，即当自变量任取定义域内的一组相反数时，函数值所呈现的相等或互为相反数的不变的规律。

例2： 已知函数$f(x)$是定义在区间$[-3,3]$上的偶函数，$g(x)$是定义在区间$[-3,3]$上的奇函数，且它们在区间$[0,3]$上的图象如图8-7所示，求不等式$\dfrac{f(x)}{g(x)}\leqslant 0$的解集。

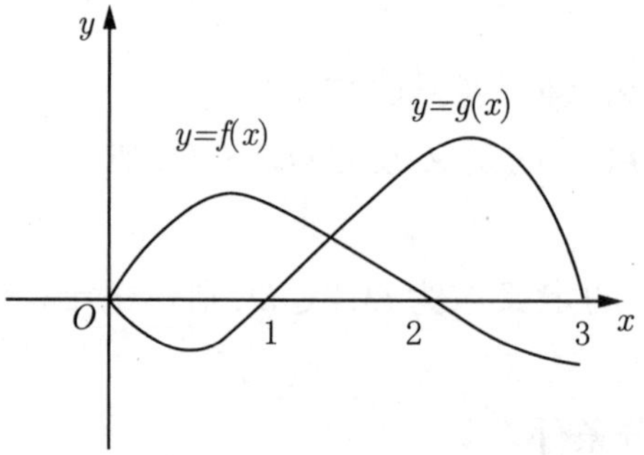

图8-7

答案：$[-2,-1)\cup(0,1)\cup[2,3)$。

设计意图:根据函数奇偶性对应的图象特征,进行“补图”,即由函数位于y轴一侧的图象关于原点或关于y轴对称,得到另一侧的图象,从而建立对该函数的完整认识。进一步“用形思考”,需求解的不等式对应的几何意义是寻找两个函数图象位于x轴异侧的部分,及函数$f(x)$图象与x轴的交点(不与函数$g(x)$图象与x轴的交点重合),再由“形”到“数”,写出x的取值范围。通过这个例题,让学生熟悉奇偶性对应的图象特征,体会数形结合的思想方法,提升直观想象和逻辑推理素养。

例3: 研究函数$f(x)=\dfrac{1}{x^2}$与$g(x)=x+\dfrac{1}{x}$的性质,并根据函数性质作出函数的大致图象。

答案:如图8-8所示。

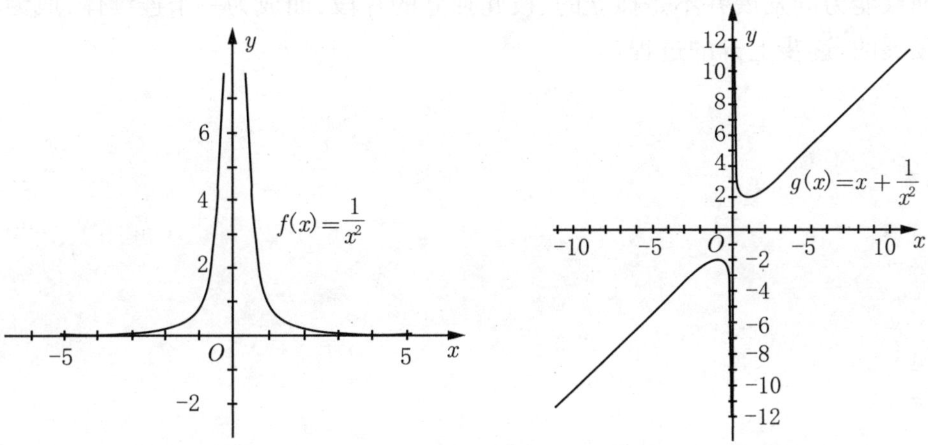

图8-8

设计意图:根据函数的三要素及函数性质作图,进一步熟悉函数性质对应的图象特征,体会性质与图象特征之间的内在联系,实现对函数概念及函数性质概念的精致化与系统化。同时,实现函数的不同表示方法之间的转换,建立几何直观,初步建构函数思维。

二、本单元的总结反思

问题1:本单元我们都学习了函数的哪些知识与方法?请用结构图的方式表达你的思考。

请学生独立在笔记本上画出结构图,然后展示交流。

设计意图:学生在梳理的过程中能够建立本单元不同内容与研究方法之间的联系,提高反思能力,教师可以根据展示环节的学生表现了解他们的理解与掌握情况。

问题2:本单元我们在抽象出函数概念与性质的过程中,都经历了哪些共同的步骤?请举例说明。

设计意图:引导学生反思函数概念与性质的抽象过程,并提炼出一般的步骤,再结合具体的概念对关键的步骤和难点进行反思与分析,发展他们在新的情境下抽象出性质并表达性质的能力。

从函数的概念到函数的性质,是学生对数学概念抽象能力不断发展的过程,每一个内容都是后面的概念抽象的知识基础,但研究方法的一致性使得函数概念等前面内容的学习为后面概念的探究提供了方法论的指导,后面概念的探究则是前面概念的应用与不断深化并系统化的过程。本单元的九节课例按照数学抽象的概念形成模型对函数概念与性质进行单元整体设计,使得学生数学抽象能力的发展并不是孤立的、彼此独立的片段,而成为一个连续体,成为不断发展的、逐步上升的过程。

第九章 “函数的概念与性质”单元教学效果分析

现在对于克莱因关于中学数学教育改革的具体主张做一些介绍。这些主张中的要点就是把微积分初步放在中学，而且强调函数的概念。请注意，这是100年前提出的，而我们不少人却认为是新一轮课改的成果(或隐患)。

——齐民友《纪念克莱因:介绍〈高观点下的初等数学〉》

第一节 “函数的概念与性质”单元教学实施过程反思

单元教学最重要的特征就是整体有序性，对于“函数的概念与性质”，通过单元教学设计，应该让学生更加明确数学概念的抽象过程，更加清晰地建立函数概念及性质之间的内在联系。主要体现在以下几个方面:

一、重视形成概念的数学抽象的过程

在概念的教学过程中应该引导学生经历“基于数学抽象的概念形成模型”的全过程。在具体数学概念的抽象过程的三个阶段基础上，将学生的认知过程与数学概念的本质属性紧密相连。

1. 函数概念的抽象过程

函数概念的抽象过程如图9-1所示。

在本单元的第一节课中，主要经历了从情境中识别要素，分析与建构要素之间的关系，在归纳与概括的基础上，给出定义与表征，初步建构函数概念；在第二节课中，主要是对函数的三要素与符号的熟悉与理解，是概念的精致化与系统化过程；在第三节课中，借助具体情境，对比分析函数的三种表示方法，进一步理解函数三要素及其相互间的逻辑关系，也是概念的精致化与系统化过

程;在第四节课中,通过解决简单的实际问题,并借助分段函数,再次经历分类与识别要素,分类与建构要素之间逻辑关系,给出符号表征的过程,也是对函数概念进行系统化的过程。

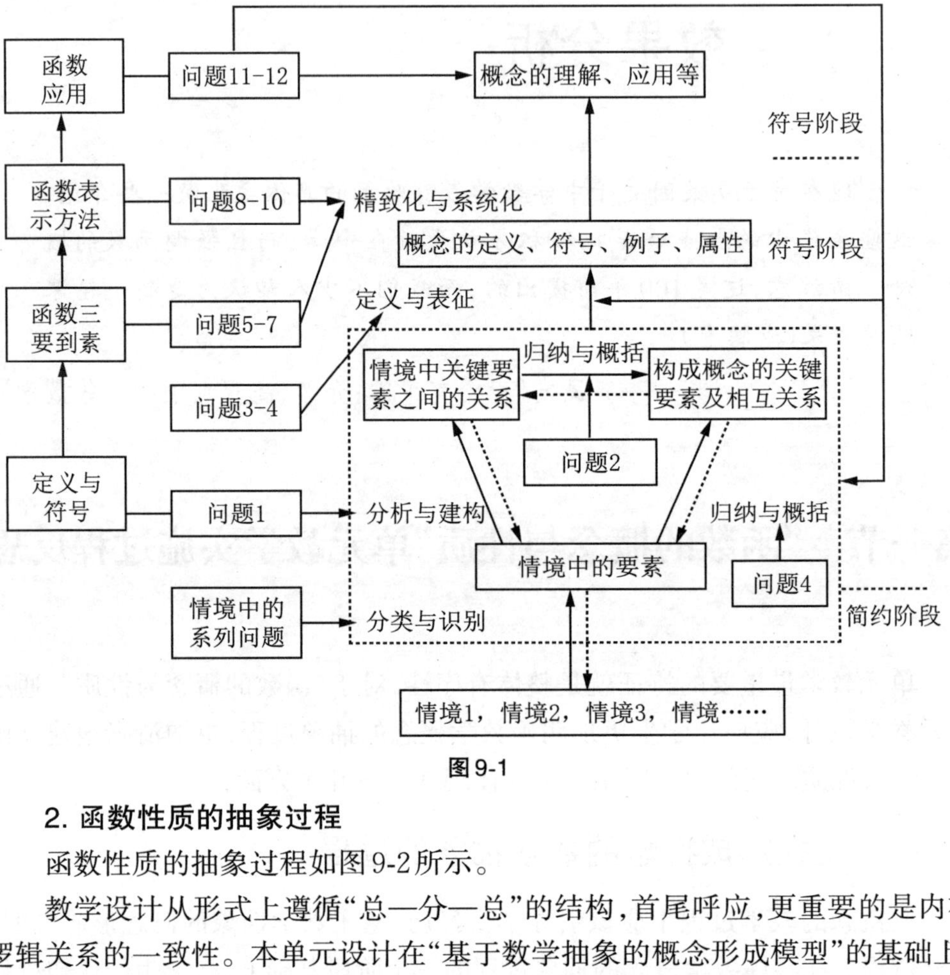

图 9-1

2. 函数性质的抽象过程

函数性质的抽象过程如图 9-2 所示。

教学设计从形式上遵循“总—分—总”的结构,首尾呼应,更重要的是内在逻辑关系的一致性。本单元设计在“基于数学抽象的概念形成模型”的基础上,根据函数性质的本质特征,建立了“基于数学抽象的函数性质的概念形成过程”,即情境引入—分析建构—抽象概括—应用理解。在这条主线的引导下,更加突出函数性质的整体性,学生可以举一反三,逐步独立去研究更多的函数性质,并迁移至后续的教学中,如让学生自己去发现和研究圆锥曲线的几何性质等,促进其数学抽象素养的提升。

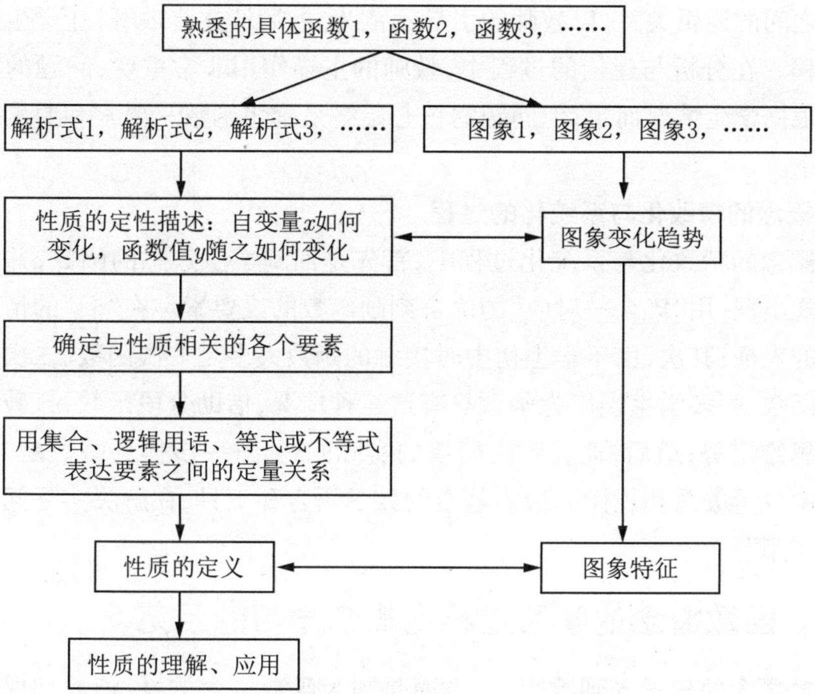

图 9-2

二、高中函数概念的学习是典型的再学习过程

本单元的主要内容在初中时都已学过,如函数的定义和名称,函数的三种表示方法。如何在已有的基础上,引导学生再抽象,实现“建立完整的函数概念,不仅把函数理解为刻画变量之间依赖关系的数学语言和工具,也把函数理解为实数集合之间的对应关系”,是本单元的重点也是难点。为此,本单元的教学设计主要关注以下几个方面:

1. 单元引入

在单元引入中,通过判断两个函数是否为同一函数等问题时,产生认知冲突,再次体现研究函数概念的必要性。

2. 对情境中的要素进行分类与识别的过程

在对情境中的要素进行分类与识别的过程中,淡化了分类过程,只是通过初中的函数概念对两个变量之间的函数关系进行识别,让学生感受到初高中的函数概念是紧密联系的,对函数概念的再研究是建立在初中函数基础上的。

3. 分析与建构的过程

在分析与建构的过程中,面对具体的情境,学生是不清楚如何进行再分析的,因此,对于四个情境中的系列问题进行分层次设计。对于第一个情境,要素

及要素之间的逻辑关系，以教师的引导示范为主，后续逐步放开，让学生经历模仿的过程。在分析与建构的过程中，教师的主导作用非常重要，问题的具体表达可以根据学生情况而定，但问题的核心始终是聚焦函数三要素和要素之间的逻辑关系。

4. 概念的精致化与系统化的过程

在概念的精致化与系统化过程中，首先是回到学生熟悉的函数，并以具体函数形式出现，用“集合—对应”的语言刻画函数的三要素。在“旧”的情境中熟悉“新”的表征；其次，由于学生初中时接触的函数大多是一次函数、二次函数与反比例函数，很多学生误以为函数只有这三种情况，借助分段函数，打破学生头脑中的思维定势；最后，通过解决简单的实际问题，进一步体会函数是“描述客观世界中变量关系和规律的最为基本的数学语言和工具，在解决实际问题中发挥重要作用”。

三、函数概念的学习过程是概念学习的示范

函数概念的教学受到重视，一方面是因为函数概念重要，函数是现代数学最基本的概念，是贯穿高中数学课程的主线；另一方面函数概念难理解，函数概念高度抽象，完整经历数学抽象的各个阶段。在大学期间，学生还将进一步学习函数概念。从强调变化过程的“变量说”，到强调实数集合之间的对应关系的“对应关系说”，再到完全数学符号形式化的“关系说”，这样的数学抽象过程，以及数学抽象过程中蕴含的数学思想方法，积累的数学基本活动经验，对于提高学生从数学角度发现问题、提出问题、分析问题和解决问题的能力，对于其他概念的学习是非常好的示范和引领，因此，函数概念的学习过程是发展学生数学抽象素养的重要载体。

四、注重整体进阶设计

1. 重视单元引入和单元小结

如“函数的单调性”一节中，情境引入的问题1及前3个追问，就是单元引入，明确单元学习的主要内容和基本方法：主要内容有单调性、最值、奇偶性（对称性）等，基本方法是“由形到数”“从特殊到一般”“从具体到抽象”等，帮助学生初步建立单元知识体系。限于篇幅，本文没有呈现单元小结，在实际教学中，单元小结再次复习回顾了函数性质的研究脉络和研究方法，梳理函数不同性质之间的联系。

2. 重视对函数概念的进一步理解

函数性质刻画的是函数的要素之间的关系，是函数概念精致化和系统化的一部分。一方面，研究的过程基本一致。函数性质的教学过程设计与函数概念是一致的，均从熟悉的具体函数入手，学生经历由直观描述到符号语言表达的抽象过程；另一方面，对于函数性质的研究始终围绕函数概念进行，即当自变量x变化时，对应的函数值y随之变化，这种变化中不变的规律正是函数的性质。在研究的过程中充分利用“数形结合”“运动变化”“特殊到一般”“类比”等思想方法，这些也是函数概念学习中需要重视的。进一步地，后续对函数性质的理解和应用也是函数概念和函数性质精致化和系统化的过程。

在学习中还可以联系或类比其他数学对象的性质，如类比不等式的“性质”体会函数的“性质”，提升对“性质”的理解。需要指出的是，对于每个不同的函数性质的发现过程不一定是真正意义上的归纳，如周期性，在教学中可适当淡化归纳，强调如何由“形”到“数”，抓住性质的本质特征，用符号语言严格定义函数性质。

3. 重视对函数性质的进阶设计

函数性质的学习是一个学习进阶的过程，即学生在一个较大时间跨度内对某一学习主题的认识、理解和实践从简单到复杂、从低水平到高水平的发展过程。教师应将各个函数性质的教学进行进阶处理，在单调性的教学中由例子到规则，注重问题引导，加强符号语言的指导；在最值、奇偶性、零点、周期性、极值等函数性质的教学中敢于放手，充分利用“类比”的方法，重在追问的设计和师生共同完善定义的过程。让学生从模仿、类比到迁移、创造，体会研究函数性质的一般方法，熟悉对一般规则的符号和逻辑表达，将对函数性质的认识和学习置于函数主线中，注重联系，螺旋上升，逐渐深入。

数学重思维、讲逻辑，数学教学应通过问题设计和数学活动的开展，让学生经历数学概念的形成过程，学会如何去除背景，抓住本质属性，归纳共同特征，抽象出数学对象，用符号语言合理定义，并研究其相关应用，这样的数学课才会具有数学的“味道”。体现在函数性质的教学中，应注重培养学生学会观察和分析，并利用“符号语言”进行表达，有意识地运用函数的概念与性质去认识和表达客观规律。基于数学抽象的函数及其性质的教学有助于函数思维的形成。学生在这个过程中不仅能体会到研究函数及其性质的普适性方法，还能迁移形成研究一个新的数学对象及其性质的一般方法。授之以鱼，不如授之以渔，长此以往，这样的教学必然能实现落实“四基”，促进“四能”的课程目标，真正提升学生的数学核心素养。

第二节 “函数的概念与性质”单元教学实施效果分析

根据第八章阐述的函数的概念与性质内容分析、单元教学设计整体框架以及详细的课时教学思路设计，L老师进行了单元教学实施。那么，在单元整体教学下，学生经历函数概念及性质的抽象过程，教学效果如何呢？即他们的数学抽象素养的表现如何呢？本节对基于数学抽象的函数单元教学实施的效果进行分析。

一、函数概念及性质单元教学实验过程

1. 函数单元教学研究过程

(1) 教学研究设计过程

研究团队由2位具有高级职称的数学教育研究者和4位高中数学教师构成，其中3位成员是北京市级骨干教师，1位成员是正高级教师。研究团队在文献研究的基础上对函数单元进行内容分析，4位一线教师分别独立进行基于数学抽象的单元教学设计，然后请数学教育领域的专家进行指导。

在此基础上，选择工作室成员L老师完善教学设计并在自己的两个班级进行单元教学实践，并以本教研组的另外2位市级骨干教师X老师和S老师所教的两个班级作为对照班。L老师是北京市某重点中学的高一年级的教研组长(硕士研究生学历)，具有丰富的教学经验，能够很好地落实单元整体设计的想法。X老师和S老师也是硕士毕业的市级骨干教师，其专业基础、教龄、职称等与L老师大致相同。

(2) 教学实践研究过程

在进行教学实践中，在研究团队的指导下，L老师按照基于数学抽象的函数单元整体设计进行教学，每一节课都经历了试讲—磨课—修改—正式讲的教学改进的过程。研究团队全程进行课堂观察，记录教师教学与学生数学抽象素养发展的过程。

L老师按照单元教学设计进行函数单元的教学，X老师观摩了L老师的课堂教学及课后讨论，但指导团队并非对他的教学进行干预指导，S老师并没有参与研究课的讨论，是按照教科书的设计逐一进行课时内容教学。

3位老师的任教班级，按照其在单元教学实验前的月考平均成绩(满分120

分),分为高分组和普通组。班级分组具体情况如表9-1所示。

表9-1

班级	任教老师	月考均值	月考方差	班级水平	实验分组
1班	S老师	76.21	13.585	普通组	对照组
3班	L老师	76.30	17.607	普通组	实验组
9班	X老师	94.90	10.752	高分组	对照组
10班	L老师	102.44	9.040	高分组	实验组

2. 学生数学抽象素养测评设计

在经历函数单元教学后,学生数学抽象素养发展如何呢?以基于数学抽象的概念形成模型的3个阶段和5个过程作为框架,本研究设计了学生数学抽象素养发展的测评题目。

(1) 题目设计维度

题目最初是给学生5个函数,问题情境中的5个函数分别围绕如下的方面设计:① 函数定义的三要素,以考查学生是否能够关注到函数的本质;② 函数的解析式和图象两种表达形式;③ 有学生熟悉的绝对值函数、二次函数、反比例函数,也有学生不熟悉的两个函数(函数(4)和函数(5),见附录一),这些函数是为学生抽象新的性质提供具体的情境。学生需要分析函数变化关系,关注定义域和值域,识别共同变化特征。

在问题设计方面,围绕数学概念形成的数学抽象过程分别从分类与识别(问题①)、归纳与概括(问题②)、定义与表征(问题③)、分析与建构(问题④⑤)4个方面设计了5个问题,以考查学生数学抽象的过程与能力。

对于测试题目的内容效度,采用了专家评价文本的方式进行,题目发给2位数学教育研究领域的专家,在他们提出修改建议的基础上进行完善。

(2) 题目的预测试与调整

选择X老师任教的8班进行预测试并访谈,发现大部分学生会忽略题目中的“选择几个函数”,而直接选择一个函数进行分析,这表明,一方面,学生的学习经验是从一个情境或一个对象中进行归纳概括,反映了在数学概念抽象过程中的问题,另一方面,也反映了部分学生对于核心信息提取的不完整,数学阅读能力的欠缺。因而对题目进行了修改,明确提出,让学生先对5个函数进行分类,选择一类函数进行研究,突出了数学抽象对象的类属特征(具体测试题见附录一)。

(3) 学生测评过程

在函数教学后对3位老师任教的4个班级进行了后测,以研究函数单元教学对于发展学生数学抽象能力的有效性。

二、单元教学实验后测结果分析

1. 测评数据的编码

(1) 编码框架的形成

研究团队对编码框架进行了三轮讨论。第一轮抽取10份学生测试卷及访谈展开了第一轮头脑风暴,首先是对学生作答过程围绕数学抽象的三个阶段五个过程进行编码,提炼出学生数学抽象素养的六个表现维度:类化、命名、定义、核心关系表达、归纳过程和理解举例。

进一步地,在每个维度下,提炼一级和二级表现指标,并对二级指标的内涵进行了描述,给出了示例,建构了初步编码框架。第二轮是团队成员根据初步的编码框架,每个人选择一个班进行编码,发现编码框架中的问题,集中讨论,修改编码框架。第三轮是根据编码框架,再次进行编码和讨论,直到团队成员达成一致意见,具体编码框架如表9-2所示(评分表见附录二)。

表9-2

维度	一级指标	内涵	具体表现及内涵	示例
1. 类化(对给定的函数,发现某一类性质并据此进行分类)	完全类化	能够把符合自己发现的性质的所有函数都归为一类	类凹凸性:描述的是函数曲线的单调性的变化趋势,先减后增或先增后减	下折性、变调性;√函数;单调性转折界点;双向性;转折性先减后增,弯折性;增减同性;突变性
			对称性:描述的是函数图象关于某一条直线或点的对称性	对称性、轴对称性、左右镜像性
			渐进性:描述的是函数图象无限接近某一条直线	y轴渐进性、极限性、单调趋近性、无限性、贴轴性
			有界性:描述的是函数值的有界性	有限性,有最小值无最大值;正函数
			最值:描述的是函数值到原点的距离存在最小值	最小原点距性
	非完全类化	仅从一个或不完全的函数中进行归纳	单一归纳:只用一个函数揭示某一个性质	绝对值函数

续表

维度	一级指标	内涵	具体表现及内涵	示例
			不完全归纳：从不完全的几个函数中归纳出性质	比如，符合渐进性的函数有3个，但只写了2个
	没有揭示新的性质	利用已经学习过的性质进行分类	单调性、奇偶性、最值等	
	归纳浅层次的性质或空白	浅层次归纳	仅描述函数定义域或值域的特点	定义域都大于0，值域大于0
2. 命名（核心特征概括）	准确命名	命名能揭示性质的核心特征	无	突变性、对称性、下折性、贴轴性等，双向性
	命名相对准确	命名能大致揭示性质的核心特征	无	先增后减或先减后增
	随意命名	命名与核心特征无关		耿氏性质
3. 定义（给发现的性质进行定义语言描述）	定义表述范式	定义规范	定义要素较为全面：对象、范围、关系、名称等	对于函数$f(x)$，其定义域为D，任意的$x\in D$，存在x_0，使得函数经过该点后，y值变化率改变或大小改变，则称$f(x)$为突变函数
		定义不完全规范	定义要素中除了核心关系外，还涉及其他要素，但不全面	略
		定义不规范	定义要素不全，仅提到核心关系，没有交代函数、定义域以及自变量的变化范围	函数图象关于某一条直线对称
	性质关系的表达	数学语言表达	能够结合文字语言，用符号语言正确表述性质所体现的核心关系	略
		仅文字语言表达	仅用文字语言描述核心关系	图象与x轴越来越接近

续表

维度	一级指标	内涵	具体表现及内涵	示例
		没有表达出核心关系	描述没有反映出归纳的性质的核心关系,或表述不正确	略
4. 归纳过程	清晰表达	能够清晰表达发现性质的过程,表述出如下的过程:画图、观察、分类、比较、发现、概括等		略
	简略表达	未清晰表达自己发现性质的过程		画图;观察可得
5. 理解举例	举例正确	能够举出符合自己归纳性质的函数解析式或图象		略
	举例不恰当	举出的例子不符合自己归纳性质		略

(2) 数据编码过程

在确定编码框架的基础上,3位团队成员对4个班的测试数据进行了背对背独立编码,求编码的一致性。不同编码者的一致性系数如表9-3所示。编码者对不一致的数据进行集中讨论,达成共识,多次进行编码,最终确定学生表现数据。

表9-3

一致性系数	普通对照组	普通实验组	高分对照组	高分实验组
编码者1和编码者2	79.4%	91.5%	88%	85%
编码者1和编码者3	—	77%	—	75%
编码者2和编码者3	—	75%	—	77%

2. 学生数学抽象素养的表现分析

(1) 测试总体差异性分析

在进行数据分析的时候,由于实验组和对照组的月考成绩是对函数学习基础知识的考查,测评维度和数学抽象素养的测评并非一致,因而采用一般线性模型进行分析,自变量是实验效应、班级效应,把学生月考成绩作为协变量,因变量是数学抽象能力测试成绩。对学生数学抽象能力的测评总分和六个维度上的成绩用SPSS 25进行方差的单变量因素分析,以检验单元整体教学设计与实施的效果是否具有显著性差异。

不同班级水平的对照组和实验组在总体表现和六个维度上的均值与标准差如表9-4所示。从中可以发现,高分实验组在各个维度上的均值均高于高分班的对照组，普通实验组在前四个维度和总体表现上均值高于普通对照组，在第五个维度理解举例上，其均值低于普通对照组。

表9-4

维度	普通对照组		普通实验组		高分对照组		高分实验组	
	均值	标准误	均值	标准误	均值	标准误	均值	标准误
类化	1.238	0.127	1.424	0.124	1.380	0.131	1.642	0.137
命名	1.263	0.125	1.275	0.122	1.560	0.104	1.627	0.108
定义规范	1.054	0.162	1.449	0.158	1.659	0.147	2.624	0.153
核心关系	1.001	0.127	1.024	0.124	1.424	0.161	1.979	0.167
归纳过程	1.527	0.115	1.600	0.112	1.733	0.088	1.826	0.091
理解举例	1.580	0.123	1.574	0.119	1.793	0.085	1.839	0.088
总体表现	7.662	0.525	8.346	0.512	9.549	0.527	11.539	0.548

注：表中数据是把月考成绩作为协变量修正后的值

不同班级水平的对照组和实验组在总体表现和六个维度上的主体效应如表9-5所示，可以发现，在各个维度上，普通实验组与普通对照组是具有差异，但并没有达到统计学意义的显著，而高分实验组与高分对照组在定义规范、核心关系、总体表现上都具有显著性差异，并且，在定义规范上达到较大效应0.19（$0.14 \leqslant \eta^2$为较大效应），而在核心关系和总体表现上的差异都达到中等效应分别为0.064和0.076（$0.06 \leqslant \eta^2 \leqslant 0.14$为中等效应），在其他维度上，尽管没有达到差异的显著水平，但高分实验组比高分对照组表现要好。

表9-5

维度	普通对照组与普通实验组			高分对照组与高分实验组		
	F值	p值	效应量(η^2)	F值	P值	效应量(η^2)
类化	1.099	0.298	0.014	1.791	0.185	0.022
命名	0.004	0.949	0.000	0.187	0.667	0.002
定义规范	3.064	0.084	0.039	19.412	0.000*	0.199*
核心关系	0.017	0.896	0.000	5.345	0.023*	0.064*
归纳过程	0.207	0.651	0.003	0.508	0.478	0.006
理解举例	0.001	0.974	0.000	0.133	0.716	0.002
总体表现	0.874	0.354	0.011	6.408	0.013*	0.076*

通过表9-6可以发现，实验组和对照组的学生在定义规范、核心关系表达、总体表现三个维度上达到了显著性差异，其中，在定义规范这个维度上的效应量达到了中等效应0.097。而在类化方面虽然没有达到显著性差异，但却达到了中等效应0.13，而在命名、归纳过程、理解举例（根据定义举例）方面没有显著

性差异,效应量也较小。

表9-6

维度	实验组与对照组			普通组与高分组		
	*F*值显著性		效应量（η^2）	*F*值	显著性	效应量（η^2）
类化	2.073	0.152	2.073	8.473	0.004**	0.052**
命名	0.014	0.907	0.014	8.298	0.005	0.051
定义规范	16.747	0.000*	16.747	40.556	0.000*	0.206 *
核心关系	6.189	0.014*	6.189	40.595	0.000*	0.206**
归纳过程	0.479	0.490	0.479	9.056	0.003	0.055
理解举例	0.136	0.713	0.136	13.093	0.000	0.077
总体表现	5.411	0.021*	5.411	41.966	0.000	0.212*

普通组和高分组在数学抽象的各个维度上都有显著性差异,其中,在定义规范和核心关系表达上达到大的效应,分别为0.206,0.206和0.212,其余维度上的差异达到中等效应。这表明,学生的原有的认知能力对数学抽象能力的发展状况有较强的预测作用。

(2) 学生在各个维度上的具体表现差异分析

① 学生归纳函数性质的表现(简称类化)。如图9-3所示,从性质类别的分布来看,学生发现的性质主要集中在类凹凸性、对称性、渐进性、有界性和某些特殊的性质,比如到原点的距离存在最值,或者单象限性。有些学生并不理解"什么是函数的性质",比如,有些学生仅仅归纳的是定义域或值域的特点。

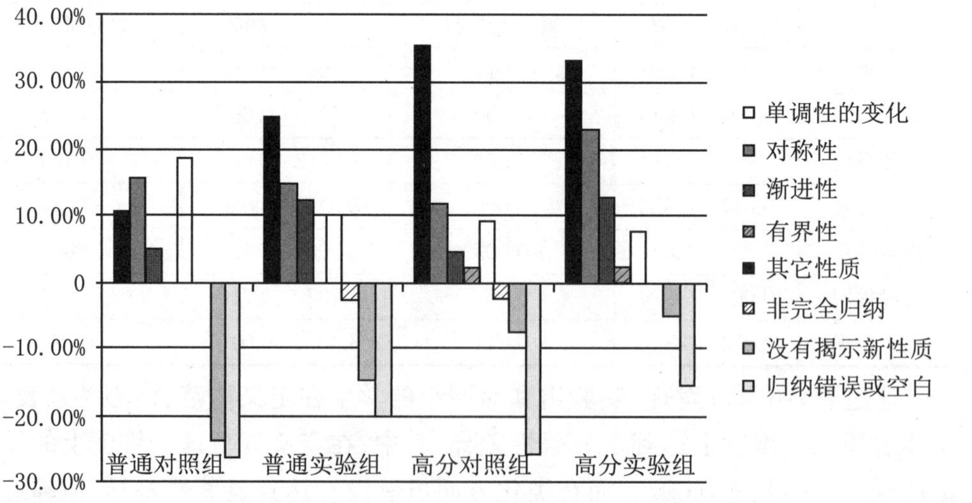

图9-3

尽管实验组和对照组在类化维度上没有显著性差异，通过数据的进一步分析可以发现，普通实验组在发现的新性质的类别和数量的比例明显高于普通对照组，高分实验组要高于高分对照组。

② 学生在性质命名上的表现(简称命名)。如图9-4所示，尽管实验组和对照组在性质命名上的表现差异没有达到显著性水平，但通过图9-4可以发现，在准确命名方面，不管是普通组还是高分组，实验组比对照组的比例要高。而高分组同样比普通组的表现要好。

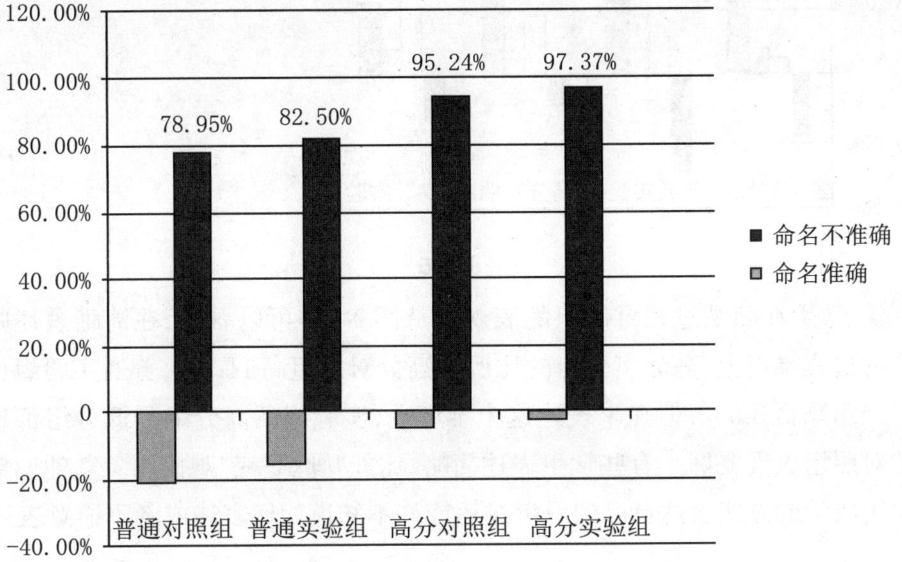

图9-4

③ 学生在核心关系表达上的表现(简称核心关系)。如图9-5所示，函数性质的核心关系及数学表征是第二个阶段的数学抽象，进入到符号化的阶段，而这个阶段的抽象能更好地反映学生的数学抽象能力，从本质上把握函数的性质。从图9-5可以看出，结合文字和符号语言正确表达抽象出的函数性质方面，普通实验组优于普通对照组，高分实验组的比例高于高分对照组近37.36%，而对照组的学生更倾向于采用文字语言描述函数的变化规律，这或许和L老师对抽象过程中，重点分析如何采用符号表达函数性质的教学有密切关系。

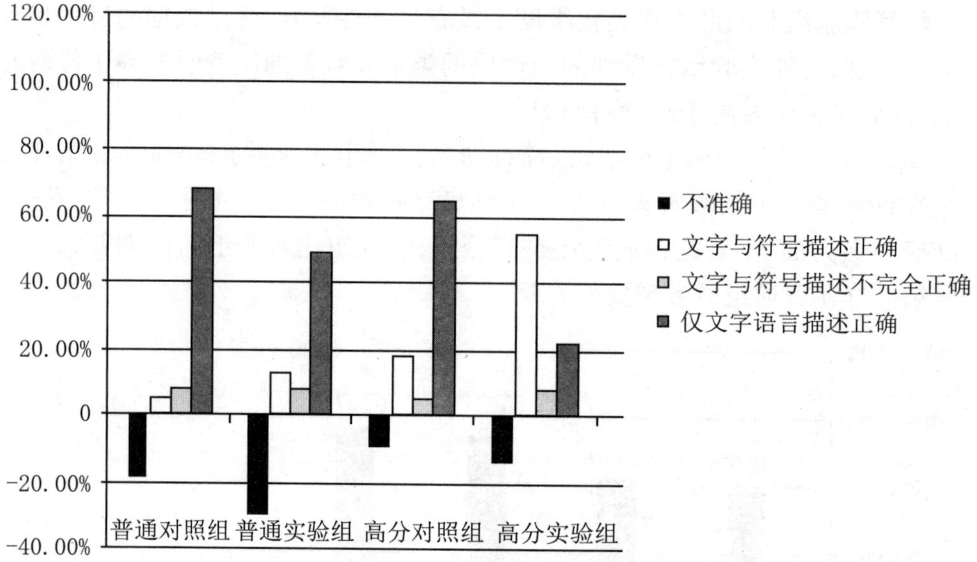

图 9-5

④ 学生在归纳过程维度上的表现。从图 9-6 中可以看出,在清晰表述归纳性质的过程维度上,高分实验组的比例比高分对照组高 11.7%,普通实验组比普通对照组略低 3.5%,但在未表述这个维度上,实验组的高分组和低分组都比相应的对照组表现要好。有些学生表述简略,比如"画图"或"观察图象",他们对于如何用数学的方式表达自己的思考过程或许不知道如何表述或者不愿意表述。

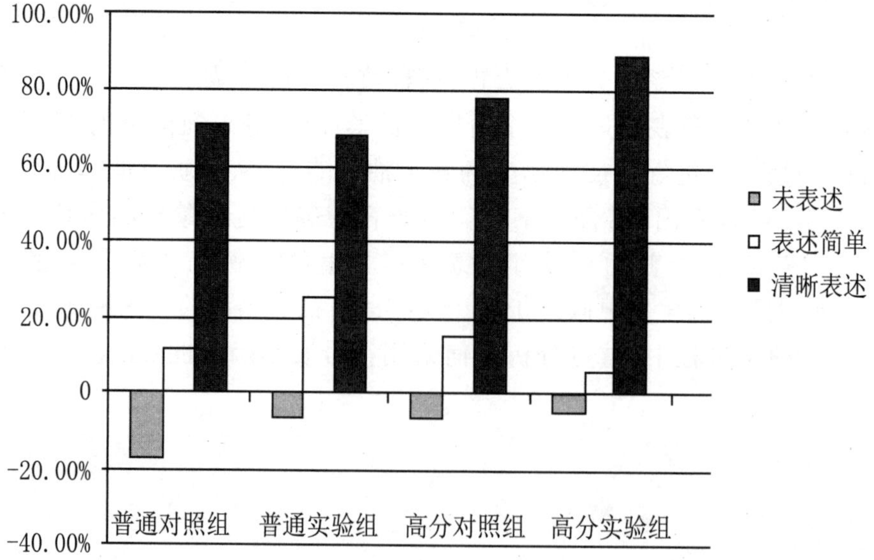

图 9-6

⑤ 理解举例上的表现。如图9-7所示，学生对自己归纳的性质举一个函数的例子，表明自己真正理解了该性质。从图9-7中可以看出，在正确举例方面，普通实验组和高分实验组都比相应的对照组表现要好。其中表述不规范的是指，学生在例举函数时，忽略定义域，或解析式表达不正确，比如表示为“x^2”，这表明他们对函数概念的理解不准确。

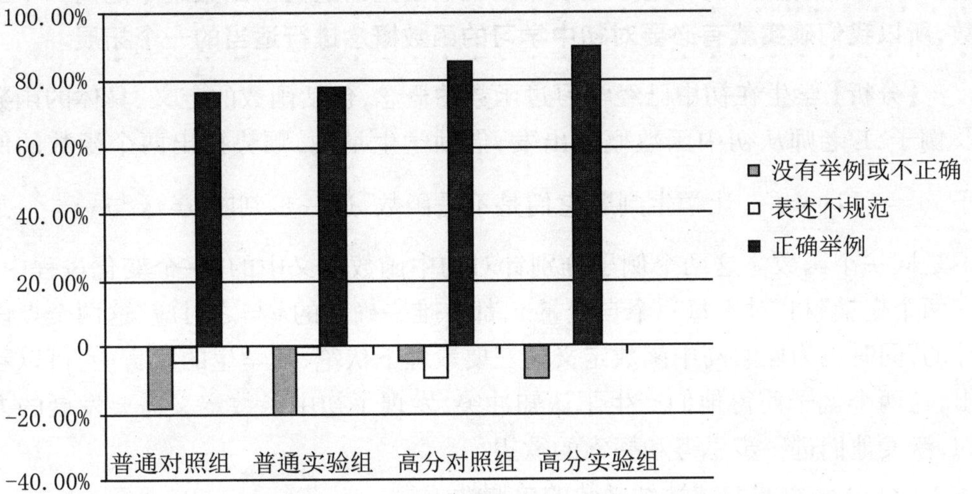

图9-7

三、单元课堂教学效果分析

下面结合“基于数学抽象的概念形成模型”的过程，按照数学抽象的阶段与过程对函数概念与性质的课堂实施效果进行分析。

1. 制造认知冲突，激发探究欲望

通过合情合理的提出问题，让学生产生认知冲突，感受进一步学习和探究的必要性。

(1) 从初中函数概念到高中函数概念再研究的必要性

L：$y=1$，它是函数吗？

S4：我觉得不是，这个就没有变量x，它不是函数，y没有变。

S5：我也觉得不是，因为y没有发生变化。

L：看来这个确实要打一个问号，因为我们之前知道的变量确实找不到了，y的取值也一直是1，我再给大家写一个，$y=\frac{x^2}{x}$，大家看这个是函数吗？

……

L：所以它是函数，它和$y=x$是同一个函数吗？(停顿)有说是的，有说不是的，你说一下。

S5：$x\neq 0$，不是同一个函数。

L：对，你关注到了x的取值，说是的同学是不是觉得它俩实际上从这个表达式上来说是一样的？如果把x约掉的话，$y=\frac{x^2}{x}$的解析式就是$y=x$，**那么你看初中的函数概念，好像也不足以帮助我们去判断这两个函数是不是同一个函数，所以我们确实就有必要对初中学习的函数概念进行适当的一个拓展。**

【分析】学生在初中已经学习过函数的概念，包括函数的定义、具体的函数及例子，L老师从初中函数概念出发，借助学生举例，顺势提出两个函数的例子，$y=1$和$y=\frac{x^2}{x}$，让学生判断它们是不是函数，进一步判断$y=$x与$y=\frac{x^2}{x}$是不是同一个函数。这两个例子分别针对初中函数定义中的“一个变化过程中，有两个变量”和“对于每一个自变量x，都有唯一确定的y与之对应”这两个点设计的，同时也为探索高中函数定义的三要素埋下伏笔，从学生的发言中，可以看出，这两个例子使得他们产生了认知冲突，发现了初中函数定义需要发展的方向，激发他们进一步思考和探索的欲望。

(2) 从函数的增减性到函数的单调性

L：今天我们重点就要来说一说函数值y随着自变量x值增大而增大或者减小的这种性质，刚才他提到叫增减性是吧？……比如，函数$y=\frac{1}{\sqrt{x}}$这个函数的图象是什么样子，大家知道吗？这不是我们初中学习的三种类型的函数，对于这样的函数的单调性，怎么研究呢？

我们所画出的图象在点跟点之间是用一条光滑的曲线自己连的，那么你这么连的，跟××连的一定一样吗？不一样，那么它们跟这个函数真正的模样也一定一样吗？可能也不一样，因为我们不可能把所有的点全标出来，所以我们画出来只是一个大致的图象，通过图象我们可以去猜想或者说观察函数图象的形式，**但是它真的是不是这个样子，其实未必，这是需要严格证明的，所以我们还是希望能够用符号语言定量来刻画一下函数的单调性，**所以这是我们今天想重点说的一个事儿。

【分析】L老师通过“$y=\frac{1}{\sqrt{x}}$的图象是什么样子的？”，和“是否能够把所有的点标出来”两个问题，让学生产生了认知冲突，体会从定性的描述“函数图象的上升和下降”转向精细的定量刻画函数单调性的必要性，产生进一步探究的欲望。

(3) 从函数图象的对称性到函数的奇偶性

L:观察这组图象,你们发现有什么共同特征……对称性?这组图象是不是同一种对称性?

S:前两个关于y轴对称,后两个是关于原点对称。

L:所以这节课咱们主要来关注,就具有这样的图象特征的函数,我们也希望能够把它的对应的性质抽象出来。

【分析】正是有了前面函数单调性的铺垫,学生对于高中函数性质的研究方向有了一些感知,即需要用严谨的代数语言把直观的几何特征表达出来,因此在这节课上,L老师在让学生观察图象的基础上,直截了当地提出了研究问题。

2. 识别情境中关于函数概念与性质的要素

(1) 函数概念要素的识别与分析

建构函数的概念和性质,都需要识别出不同的情境实例中共同的要素。抽象函数概念时的实例是选择真实世界中的变量关系,它们具有不同定义域、值域和对应关系的不同形式,这也是学生需要从实际情境中识别出的要素。

L老师引导学生分析情境1中的变量及其函数关系,学生顺利列出了表达式,学生一开始忽视了定义域的限制,L老师则采用了“再读一遍情境,有问题吗?”的方式,启发学生思考,发现了定义域的范围,并用区间表示定义域和值域的范围。

第二个情境L老师同样引导学生分析变量及其函数关系,以及定义域、对应关系、值域及其表示。并把第一、二个情境中的对应关系进行了比较,比较二者之间的差异,定义域不同,对应关系一样,因变量的变化范围也不一样;对应关系有不同的表达方式,可以用解析式,也可以用表格。

在情境3的讨论中,L老师在引导学生分析变量及其关系的基础上,引导学生发现不同的对应关系的表达方式:图象。在分析第三个情境中的要素及其关系时,L老师则放手让学生自己去找对应关系,学生也很顺利地表达出了对应关系。

在情境4的讨论中,L老师在引导学生分析变量及其关系的基础上,引导学生发现不同的对应关系的表达方式——表格,并进一步讨论了定义域和值域的范围选择。

在对以上4个情境的分析过程中,L老师引导学生分析变量及其关系的结构是一致的,这个结构就是高中函数定义中的三要素:定义域、值域和对应关系，以及对应关系的三种表示方法。

(2) 函数性质要素的识别与分析

在抽象函数的性质时，分类识别的问题情境中的实例是经过了第一次抽象的函数模型（一次函数、二次函数、反比例函数或三角函数的图象与解析式）。

在开始抽象性质时，单元设计的整体性体现在回顾以前学过的所有函数，从整体上和学生探讨函数的性质是研究自变量、因变量及其变化关系中的规律，进而识别出这些函数的因变量随着自变量变化的过程中所呈现出的所有的规律并进行分类，然后再聚焦到某一个具体性质的研究，并非像教科书所设计的那样，分别挑出单调性、奇偶性等性质让学生逐一学习。学生在整体发现性质以及回答"什么是性质"时，都表述了初中所学的具体性质内容，而非对"函数性质"所要研究内容的关系理解，这表明教师需要结合以前的学习经验让学生认识到函数性质的内涵。

① 教学生函数单调性的要素分析方法。

L：本来x在集合A中是任意的变化，A是一个非空实数集，实数的性质是有大小关系的，在数轴上看，从左到右是越来越大的，如果限定x是越来越大，我们来观察一下这个函数值是怎么变化的，它在这个变化过程中有没有一些变的或不变的规律，而这种规律其实就是函数的一种性质，比如，学习不等式的性质时，我们是怎么去发现它的性质的？（停顿）对它进行一些运算，对不对？我们考虑，如果不等式的左右两边同时加一个c之后，有没有什么不变的规律？原来大小关系保持的，现在是不是还保持？把这种规律性总结出来，其实就是不等式的性质，所以，我们后面还会用类似的这种思路去研究其他数学对象的性质。

【分析】单调性的定义是用严谨的数学语言表达函数变量之间的关系，学生从初中学习了具体的函数性质，但很多学生并不清楚"性质"是研究变量之间具体的依赖关系，函数的单调性则是描述自变量变大，因变量随之增大或减小的规律，因此L老师从学生刚刚学习的不等式的性质的回顾与分析中，让学生反思"性质"研究的内容。另外单调性的语言的范式学生是非常陌生的，自变量的任意取值与大小关系，研究因变量的大小关系，学生需要学习和使用这套语言。

基于此，L老师在函数单调性的教学中，他采用了启发讲授法，引导学生从不等式的性质的研究与描述中，体会单调性的研究方法。

② 学生自主探究函数奇偶性。

L:把这个图象的特征抽象出来,是不是和单调性的抽象是一样的,我们有些经验了,对吧,你们两个人一组展开讨论?

学生通过画图,自主探究了二次函数$y=x^2$图象关于y轴对称的代数表达。

【分析】由于在函数的单调性那里进行了细致的分析和方法的引导,在函数的奇偶性这节课中,L老师则先放手让学生自己观察和分析函数图象上的对称性的代数关系。在三角函数的性质探索中,则可以完全放手,让学生自主探究。

单元设计的螺旋递进性体现在两个方面:第一,问题情境抽象程度的层次递进。实例从函数概念的真实情境过渡到函数性质中经过抽象了的数学情境;第二,教师在抽象过程的引导和主导逐渐减弱,比如,从抽象及表述函数概念时的三要素的引导,到函数单调性的变化关系解析,再到对称关系的识别,以及这些性质的数学表达,教师是逐步放手让学生自己探究完成。通过L老师的教学实践可以发现,学生在自主探究函数的奇偶性方面已经很好地迁移了研究函数单调性的方法。

3. 分析与归纳函数概念与性质的要素之间的关系

在分析与归纳出例子的共同要素之后,接下来需要做的是分析要素间的对应及其变化关系。这里的抽象分为两个关键步骤:第一,借助不同的实例,归纳出要素关系的直观化表达,比如“从左到右,图象是上升的,y随着x的增大而增大”;第二,分析这些属性的本质关系时借助具体的几个实例进行分析,然后把分析得到的关系应用到更多的实例中进行验证,进而抽象出要素之间的关系。

具体而言这些关系表现为:函数概念反映的是定义域与值域之间的唯一确定的对应关系;函数单调性反映的是随着自变量x的增大,因变量y也随之增大或减小的规律,本质上是反映了定义域的自变量的序关系通过函数对应关系后,在值域内因变量的序关系的保持不变的规律。

① 函数概念的三要素及其关系的抽象。

L:这4个情境我们讲完了,大家思考一下,如果我们现在把实际背景抛开,你能够看出来这些函数都具有哪些共同的特征?能不能概括出函数概念的最本质的特征?有什么发现吗?

S1:都有对应关系。

L:那么对这种对应关系有什么要求吗?

S2:唯一确定的。

S3:都有范围。

L:我们取的范围,也就是对应的都是一些什么?

S4:集合。

S5:有边界的集合。

L:这个可以吗？刚才我们说这个地方也可以是**R**,对不对？对吧？它的元素都是什么？

S:都是实数。

L:所以我们把刚才的发现总结一下,都包含两个非空的实数集,A和B是吧？比如,我们说这边是A,这边是B,然后另外会有一个确定的对应关系,你看这个对应关系,有可能是表达式,咱们一般把它叫作解析式,还有可能是什么？是图象,还有可能是表格,甚至可能是我们用自然语言描述的,是吧？

L:在这个基础上,你能不能用我们的集合语言和对应关系去完整地把函数的概念表述出来？可以吗？谁来试一试？

学生尝试用集合语言和对应关系描述4个情境中的函数关系。

在这个环节中,L老师引导学生反思提取出四个情境中的共同要素,并进一步分析它们的关系,取值特点、范围,对应关系。在此基础上,用集合的语言概括出函数的概念。并应用这个概念解决了前面引入中提出的两个问题,让学生借助概念辨析$y=\frac{x^2}{x}$和$y=x$是不是同一个函数,$y=1$是不是函数。

② 函数单调性的表达。

L:给函数的单调性下个定义,你能从这个特殊的二次函数出发,给一般的函数下个定义吗？

S1:首先要分开(分两种情况)任意的x_1,x_2属于它的定义域。

L:我们现在针对一般的函数下个定义,首先需要搞清楚对象是什么？为了表述清楚,设一个函数$y=f(x)$,需要知道它的定义域,这个很重要,所以要把定义域设出来,定义域为D,然后呢？

S1:任意的x_1,$x_2\in D$,如果$x_1<x_2$,它有可能是$f(x_1)<f(x_2)$或$f(x_1)>f(x_2)$。

L:任意的x_1,$x_2\in D$,若$x_1<x_2$,当$f(x_1)<f(x_2)$是增函数,其他同学都同意吗？

S2:看左边的那个二次函数,他说当$x_1<x_2$,如果满足$f(x_1)<f(x_2)$,它就是个增函数,但是如果它的取值在y轴的左右两边,如果$x=-1$,$y=1$,右边$x=2$,$y=4$, $x_1<x_2$,它依旧是$f(x_1)<f(x_2)$。

L:怎么调整一下,定义域是没有办法调整的,但是x_1,x_2的取值范围,根据二次函数分析的经验,如果是限定在一个范围I内,就没有问题了,成为I上的增函数,类比这个过程,你们能不能给出这种情况下的定义？

S：当$x_1<x_2$，$f(x_1)<f(x_2)$。

L：当$x_1<x_2$，$f(x_1)<f(x_2)$成立吗？变小了，$f(x_1)>f(x_2)$，任意的$x_1,x_2\in D$，若$x_1<x_2$，当$f(x_1)>f(x_2)$是减函数……

如果用画图的方法，只能取几个点，然后连起来，对于中间的……

【分析】 在这个过程中，L老师引导学生思考，对如何用数学语言描述“x增大”“y随着x的增大而增大(减小)”，在L老师的引导下，学生用代数语言描述了图象直观的上“增减性”，但此时并不严谨，这是S2提出了自己的疑问和反思。

S2想表达的意思是这么定义有问题，需要修正定义描述，这是辨析定义中存在问题的很好的机会，说明单调性有可能不是定义在整个定义域范围内，而是定义在定义域内的区间上。

③ 函数奇偶性关系的抽象。

函数的奇偶性则反映的是互为相反数的两个自变量，其对应的函数值是相等或相反的关系。

S：最开始想点坐标在定义域R内，先设$x_1,x_2\in\mathbf{R}$，设$x_1+x_2=0$，如果$f(x_1)=f(x_2)$，则称函数$f(x)$的图象关于y轴对称。

L：你为什么考虑定义域内的两个自变量的值？

S：这个和单调性一样，没有办法在定义域内全部取到，因此任意取两个值。

L：注意，他说的是任意取，为什么后面又要满足这个条件呢？这个是怎么来的？

S：任取的话，确实不能满足$x_1+x_2=0$，我从特殊到一般，比如，在这个函数是取一个点。

L：比如取P点(a,b)。

S：P点(a,b)关于y轴对称点就是$P'(-a,b)$，那a是x_1。

L：也就是这个点在函数图象上，$b=f(x_1)$，$-a$就是$-x_1$……

S：b还是$f(x_1)$，这两个点关于y轴对称。

L：即$P(x_1,f(x_1))=P'(-x_1,f(x_1))$，然后呢？

S：所以$x_1+x_2=0$。

L：也就是任取两个数，它们的关系是互为相反数，接下来就推出图象对称。

S：在满足这个的前提下，还要满足这个函数值是相等的。

L：在图象上所对应的点是$P''(-x_1,f(-x_1))$，如果在满足这个前提下，还要满足后面那个式子。

L：如果我们要保证图象关于y轴对称的话，要保证什么？这两个点是什么？

S：P'和P''是同一个点。

L：他从图象关于y轴对称，这是一种特殊的轴对称，图象上沿着y轴翻折，完全重合，图象重合，可以怎么保证（停顿），图象是无数点，希望证明这个点是在函数的图象上，怎么证明呢？就刚才说的，自变量取互为……

S：互为相反数。

L：取了一对互为相反数的自变量，来看看它们的函数值有没有什么特殊的不变性，这里简化一下，取几个就行？任取一个就行，另一个是不是就被制约了，是不是可以任取一个自变量x，去看$f(x)$是否等于$f(-x)$，那这两个是不是相等？

S：可以代进去算。

L：这样我们就用解析式，严格证明了这个解析式是符合这个条件，这时我们发现它是关于y轴对称的，如果反过来，如果它是关于y轴对称的，能不能推出这个结论？这是等价的，这样我们就找到了图象关于y轴对称的代数表示，类似地，$y=2-|x|$把它的写出来？对任意的$x\in\mathbf{R}$，这样我们就从这两个特殊的对象到一般的话，你能举更多的例子吗？具有类似的这样的性质。

S：就是这样的（$y=|x|$）图象。

L：你还能想到更多的例子吗？比如这里x的平方，还可以是什么？

S：4次方，6次方……$2n$次方。

【分析】由于在函数的概念和单调性的学习过程中，L老师不断地引导学生反思研究的方法是什么，如何对图象直观进行代数化，因而，在函数的奇偶性的探究中，L老师则放手让学生自己去想，学生也学会类比单调性的研究过程，从任意取值，研究特殊的自变量之间的关系，以此分析函数值之间的关系，在这里学生类比单调性的“任意”研究奇偶性的“自变量互为相反数的关系”出现了矛盾，L老师引导学生观察图象，思考x_1和x_2是否可以任意取值，并在此基础上，由对称性推出其代数关系，而反过来由其代数关系得到其图象直观，帮助学生深刻理解数与形的对应关系。

4. 定义的结构与核心关系的表达

在概括定义时，学生往往不知道如何表述一个定义，因此在本单元的教学中，从开始的函数概念，以教师为主导，引导学生分析如何下定义，到函数单调性则稍稍放手，以致于到函数的奇偶性时，则可以完全放手，体现为在定义结构的单元整体设计。

L：我们把这样的叫作偶函数，你能给偶函数下个定义吗？

S：对于一个函数$f(x)$，在其定义域内，对任意的$x\in D$，总有$f(x)=f(-x)$。

L：他这里做得很好的一点是，先说明对象是$f(x)$，有一个定义域D，对任意的$x\in D$，总有$f(x)=f(-x)$……

S：$-x$也应该属于D。

L：为什么要有这个要求？

S：如果$-x$不属于D的话，$f(-x)$就没有定义了。

L：非常好！为什么在这个函数($y=x^2$)没有讨论，因为它的定义域是R，$-x$一定在R内，对一般情况来说，也就是x属于D，$-x$不一定属于D，所以，首先得$-x$也属于D，大家想想，这时的D满足什么特征？可以发现D满足关于原点对称。

L：下面这组图象（略），是关于原点中心对称，类比刚才的思路给出定义吗？自己在本上写下来。

S：对于任意的$x\in D$，$h(x)=-h(-x)$。

L：这个对不对呢？可以代进去算……发现$h(x)=-h(-x)$，如果把这两个特殊的对象一般化的话，可以改哪里就可以了，$f(x)=-f(-x)$则称$f(x)$为奇函数，如果函数具有这样的性质话，统称为函数的奇偶性，这是一种特殊的性质，这个描述就是奇偶性的定义，如果和单调性做一个对比的话，奇偶性图象特征是什么？

【分析】由于在函数的概念、函数的单调性的学习中，L老师注重引导学生反思，如何给一个数学对象下定义：定义的范围＋要素＋要素之间的关系＋名称，因而学生类比前面的定义方式，给出了函数的奇偶性的定义。不仅如此，L老师再次引导学生把单调性和奇偶性的关系进行了对比，深化了学生的理解。

四、函数概念及性质单元教学研究结论与启示

1. 主要结论

（1）在函数单元教学中，学生在定义规范性这一维度上的变化最为显著

在基于数学抽象的函数单元教学中，教师重点阐述了如何给一个概念下定义，即定义表述的范式为：定义的描述范围，需要描述的要素，要素之间的关系（数学符号和文字语言表述），以及命名，由于这种结构化的范式易于理解和掌握，因此，实验组的学生比对照组学生在这方面变化最为显著。

(2) 函数单元教学模型提升了学生数学抽象能力

根据“基于数学抽象的概念形成模型”建构的函数单元的整体教学,能够帮助学生提升他们的数学抽象能力。比如,从情境中提取共同属性,用符号和文字语言描述属性的核心数量关系,以及给这种关系下定义,并举出类似的例子。通过教学实验,可以发现实验组比对照组的表现在上面的这五个方面都要好,有些维度上的差异并没有达到显著性水平的原因或者与教学实验的时长、测试工具有关系。如果在更长的时间内,追踪学生的数学抽象能力的变化,可能发现更有意义的结论。

(3) 学生的认知能力差异会显著影响其数学抽象能力

普通组与高分组在数学抽象的各个维度上差异显著,并且差异具有中等以上的效用,这表明,学生的认知基础和原有数学能力会影响其数学抽象能力的发展,尤其是在定义规范表达和核心关系的抽象两个方面,具有更大的差异性。在具体函数性质的发现方面,高分组也比普通组发现了更多的函数性质,因此,学生原有的认知能力是其数学抽象能力发展的重要因素之一。

(4) 学生数学抽象能力的发展是一个循序渐进的持续过程

普通实验组在各个维度上的表现都要优于普通对照组,无论是得分还是发现函数的性质的类型方面,虽然它们的差异都没有达到统计学意义下的显著水平,但仍然具有重要的启示意义,或许受到本研究的实验时长的影响,如果在更长的时间内进行连续观测,可能会有显著的变化,本研究将在更大的范围和时长内进行深入研究。

2. 对函数教学的启示

(1) 需要让学生经历函数概念与性质抽象的完整过程

本研究中,基于数学抽象的函数单元教学的一个基本思想是让学生经历函数概念与性质抽象的完整过程,具体包括分类与识别、分析与建构、归纳与概念、定义与表征、精致化与系统化五个过程。在分类与识别这个过程中,教师需要提供给学生丰富的实例,包括实际问题情境和数学情境,引导学生从中发现共性,而不是仅提供单一实例,通过引导,让学生识别出所要学习的性质与特征;在分析与建构中,可采用独立思考与小组合作探究的方式,在老师的引导下对研究对象的要素及其关系进行分析,在此基础上归纳共性,提炼规律,形成概念。教师需要引导学生反思定义表述的方式,并尝试对提炼的概念进行定义和描述,并逐步使其精致化,纳入到建构的知识体系中。

经历数学抽象的完整过程,并不意味着,每个过程都是平均用力,而是根据学生的情况以及所要抽象的数学概念进行调整。比如,在最开始学习函数的单调性时,学生对数学语言范式很陌生,因此,教师应该引导学生用自己的语言表达,然后告诉他们规范的数学语言,而到函数的奇偶性、最值、周期性等性质时,则可放手学生自主探究。

(2) 教学中需要让学生对函数的概念与性质有整体性的理解

基于数学抽象的函数单元的整体性体现在两个方面:第一,不同函数内容对数学抽象的过程的聚焦,需要引导学生从数学抽象的角度整体上认识和理解函数的概念及其性质,建立不同内容的联系;第二,从整体上理解“什么是函数的性质?”,这并非是学生头脑中已有的具体的函数性质,而是关于函数性质是在研究函数局部与整体的规律,因而先从整体上了解函数的性质,需要研究随着自变量的变化,因变量变化中的不变规律有哪些,然后再进入到局部进行更加细致的探究,建立数与形的联系,用精确的数学语言描述外在图象直观变化的内在本质。

(3) 教学中引导学生逐步强化数学抽象的方法

在单元教学中,特别是在最初的几节课中,教师需要借助学生的学习经验,教授数学概念抽象的基本方法。比如,如何抽象出一个概念,初中和高中是从哪些方面研究不等式的性质,如何表达数学对象之间的关系,如何给概念下定义,如何对一个概念进行精致化,然后在单元整体设计框架下,逐步放手,让学生自主探索。在本研究中,实验组的学生就逐步体会和理解了分类与识别、分析与建构、归纳与概括、定义与表征以及概念精致化的方法。

以数学抽象作为主题建构函数单元,围绕概念形成模型,进行整体教学设计与实施,取得了一定的效果,但仍然需要在更多的课堂教学,更大的单元内进行研究、实践和检验,使得数学科学核心素养在课堂教学中更加有效地落实。

附　　录

附录一　测试题

已知5个具体函数如下：

(1) $f_1(x)=|x+1|, x\in(-2,0)$；

(2) $f_2(x)=\frac{1}{x}, x\in(-\infty,-1)\cup(1,+\infty)$；

(3) $f_3(x)=x^2-2x+2, x\in(0,\ 2)$；

(4) $f_4(x)=x+\frac{1}{x}, x\in(0,\ +\infty)$（如附图1）；

(5) $f_5(x)=\frac{1}{x^2}, x\in(0,\ 2)$（如附图2）。

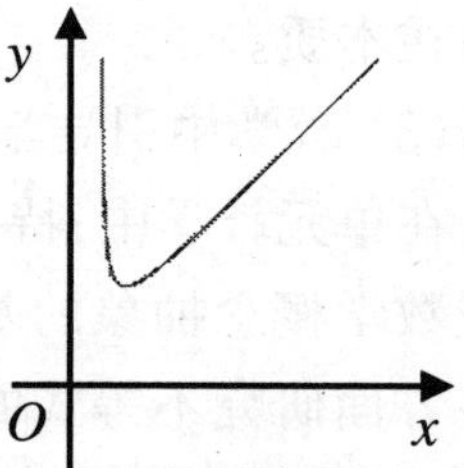

附图1

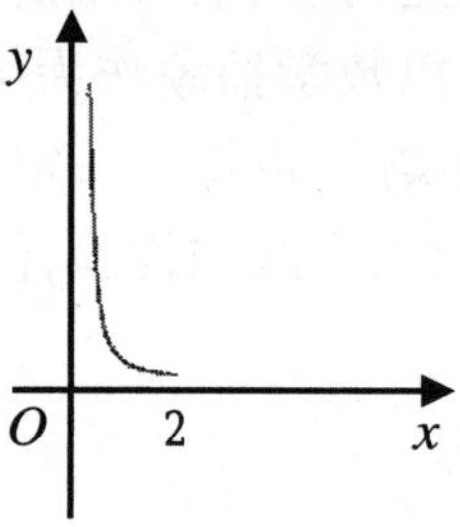

附图2

请类比研究函数单调性、最大(小)值、奇偶性的方法，先将上述函数进行适当分类，然后选择一类函数，并研究这类函数具有的一个新性质.

① 你选择的函数是____________________________________。（写出序号即可）

② 对于1中选择的这类函数，请给你发现的新性质起个名字：________________________。

③ 请给你发现的新性质下个定义：

④ 请描述你发现这个新性质的过程：

⑤ 能否再举一个具体函数的例子，使得这个函数具有你所发现的函数新性质？

附录二　测评码流评分表

维度	一级指标	内涵	具体表现及内涵	示例	编码	评分
1.类化（对给定的函数，发现某一类性质并据此进行分类）	完全类化	能够把符合自己发现的性质的所有函数都归为一类	类凹凸性：描述的是函数曲线的单调性的变化趋势，先减后增或先增后减	下折性，变调性；√函数；单调性转折界点；双向性；转折性先减后增，弯折性；增减同性；突变性	11	2
			对称性：描述的是函数想象关于某一条直线或点的对称性	对称性；轴对称性；左右镜像性	12	2
			渐进性：描述的是函数图象无限接近某一条直线	y轴渐进性；极限性；单调趋近性；无限性；贴轴性	13	2
			有界性：描述的是函数值的有界性	有限性，有最小值无最大值；正函数	14	2
			最值：描述的是函数值到原点的距离存在最小值	最小原点距性	15	2
	非完全类化	仅从一个或不完全的函数中进行归纳	单一归纳：只用一个函数揭示某一个性质	绝对值函数	16	1
			不完全归纳： 从不完全的几个函数中归纳出性质	比如，符合渐进性的函数有3个，但只写了2个	17	0

续表

维度	一级指标	内涵	具体表现及内涵	示例	编码	评分
	没有揭示新的性质	利用已经学习过的性质进行分类	单调性;奇偶性;最值等		18	0
	归纳浅层次的性质	浅层次归纳;	仅描述函数定义域或值域的特点	定义域都大于0,值域大于0.	19	0
	空白				10	0
2.命名(核心特征概括)	准确命名	命名能揭示性质的核心特征	无	突变性;对称性;下折性;贴轴性等,双向性	21	2
	命名相对准确	命名能大致揭示性质的核心特征	无	先增后减或先减后增	22	1
	随意命名	命名与核心特征无关		耿氏性质	20	0
3.定义(给发现的性质进行定义语言描述)	3.1 定义表述范式	定义规范	定义要素较为全面:对象、范围、关系,名称等	对于函数$f(x)$,其定义域为D内,任意的$x\in D$,存在x_0,使得函数经过该点后,y值变化率改变或大小改变,则称$f(x)$为突变函数	311	3
		定义不完全规范	定义要素中除了核心关系外,还涉及到其它要素,但不全面	略	312	2
		定义不规范	定义要素不全,仅提到核心关系,没有交代函数、定义域以及自变量的变化范围	函数图象关于某一条直线对称	313	1

续表

维度	一级指标	内涵	具体表现及内涵	示例	编码	评分
		空白或表述错误			310	0
	3.2 性质关系的表达	数学语言表达	能够结合文字语言,用符号语言正确表述性质所体现的核心关系	略	321	2
		仅文字语言表达	仅用文字语言描述核心关系	图象与x轴越来越接近	322	1
		没有表达出核心关系	描述没有反映出归纳的性质的核心关系,或表述不正确	略	320	0
4. 归纳过程	清晰表达	能够清晰表达发现性质的过程,表述出如下的过程:画图、观察、分类、比较,发现,概括等		略	321	1
	简略表达	未清晰表达自己发现性质的过程		略	322	0
	空白				320	0
5. 理解举例	5.1 举例正确	能够举出符合自己归纳性质的函数解析式或图象		画图;观察可得	51	2
	5.2 举例不恰当	举出的例子不符合自己归纳性质		略	52	1
	举例错误或空白				50	0

参考文献

[1] 弗赖登塔尔．作为教育任务的数学[M]．陈昌平，唐瑞芬，等译．上海：上海教育出版社，1995.

[2] 亚历山大洛夫．数学：它的内容，方法和意义[M]．孙小礼，等译．北京：科学出版社，2001.

[3] 菲里克斯·克莱因．高观点下的初等数学：第一卷　算术代数分析[M]．舒湘芹，陈义章，杨钦樑，译．齐民友，审．上海：复旦大学出版社，2010.

[4] 菲里克斯·克莱因．高观点下的初等数学：第二卷　几何[M]．舒湘芹，陈义章，杨钦樑，译．上海：复旦大学出版社，2010.

[5] 波利亚．怎样解题[M]．涂泓，冯承天，译．上海：上海科技教育出版社，2007.

[6] 柯朗，罗宾．什么是数学：对思想和方法的基本研究[M]．左平，张饴慈，译．上海：复旦大学出版社，2005.

[7] Lorin W. Anderson．布鲁姆教育目标分类学[M]．蒋小平，等译．北京：外语教学与研究出版社，2011：51-52.

[8] 项武义．基础代数学[M]．北京：北京师范大学出版社，2004.

[9] 项武义．基础几何学[M]．北京：北京师范大学出版社，2004.

[10] 项武义．基础分析学之一：单元微积分学[M]．北京：北京师范大学出版社，2004.

[11] 史宁中．数学基本思想18讲[M]．北京：北京师范大学出版社，2015.

[12] 史宁中．数学思想概论：数量与数量关系的抽象[M]．长春：东北师范大学出版社，2008.

[13] 史宁中．数学思想概论：图形与图形关系的抽象[M]．长春：东北师范大学出版社，2015.

[14] 方企勤．数学分析[M]．北京：高等教育出版社，1988.

[15] 张奠宙，沈文选．中学几何研究[M]．北京：高等教育出版社，2006.

[16] 张奠宙，张广祥．中学代数研究[M]．北京：高等教育出版社，2006.

[17] 林崇德．发展心理学[M]．2版．北京：人民教育出版社，2009.

[18] 曹才翰，章建跃．数学教育心理学[M]．3版．北京：人民教育出版社，2014.

[19] 钱珮玲，邵光华．数学思想方法与中学数学[M]．北京：北京师范大学出版社，2008.

[20] 喻平．数学教学心理学[M]．北京：北京师范大学出版社，2010.

[21] 皮连生．学与教的心理学[M]．上海：华东师范大学出版社，2009.

[22] 鲍建生，周超．数学学习的心理基础与过程[M]．上海：上海教育出版社，2009.

[23] 章建跃．数学教育随想录[M]．杭州：浙江教育出版社，2017.

[24] 章建跃．核心素养立意的高中数学课程教材教法研究[M]．上海：华东师范大学出版社，

2021.

[25] 郭玉峰,刘春艳,程国红.数学学习论[M].北京:北京师范大学出版社,2015.

[26] 汪晓勤.HPM:数学史与数学教育[M].北京:科学出版社,2017.

[27] 刘春艳.考试改革背景下数学关键能力进阶培养研究[M].合肥:中国科学技术大学出版社,2018.

[28] 中华人民共和国教育部.义务教育数学课程标准(2011年版)[M].北京:北京师范大学出版社,2012.

[29] 中华人民共和国教育部.普通高中数学课程标准(2017年版)[M].北京:人民教育出版社,2018.

[30] 史宁中,王尚志.普通高中数学课程标准(2017年版)解读[M].北京:高等教育出版社,2018.

[31] 课程教材研究所,中学数学课程教材研究开发中心.义务教育教科书数学[M].北京:人民教育出版社,2012.

[32] 人民教育出版社课程教材研究所中学数学课程教材研究开发中心.普通高中教科书·数学(A版)[M].北京:人民教育出版社,2019.

[33] 人民教育出版社课程教材研究所中学数学教材实验研究组.普通高中教科书·数学(B版)[M].北京:人民教育出版社,2019.

[34] 王尚志,保继光.普通高中教科书·数学[M].北京:北京师范大学出版社,2019.

[35] 林崇德.论学科能力的建构[J].北京师范大学学报(社会科学版),1997(1):5-12.

[36] 史宁中.试论数学推理过程的逻辑性:兼论什么是有逻辑的推理[J].数学教育学报,2016,25(4):1-16,46.

[37] 郝乐,马乾凯,郝一凡,等.数学教育与逻辑思维能力的培养[J].数学教育学报,2013,22(6):9-11.

[38] 陈彩虹,赵琴,汪茂华,等.基于核心素养的单元教学设计:全国第十届有效教学理论与实践研讨会综述[J].全球教育展望,2016,45(1):121-128.

[39] 吕世虎,吴振英,杨婷,等.单元教学设计及其对促进数学教师专业发展的作用[J].数学教育学报,2016,25(5):16-21.

[40] 张丹,刘晓."问题引领学习"的构建及单元教学研究[J].数学教育学报,2018, 027(5):42-47.

[41] 章飞,顾继玲.单元教学的核心思想与基本路径[J].数学通报,2019,58(10):23-28.

[42] 喻平.数学单元结构教学的四种模式[J].数学通报,2020,59(5):1-8,15.

[43] 朱成万.函数概念的教学解构与建构[J].数学教育学报,2011,20(4):100-102.

[44] 李祎,曹益华.函数概念的本质与定义方式探究[J].数学教育学报,2013,22(6):5-8.

[45] 陈兆华,梁亚鹏.手持技术与高中函数教学整合研究[J].数学教育学报,2011,20(6):44-47.

[46] 贾丕珠.函数学习中的六个认知层次[J].数学教育学报,2004,13(3):79-81.

[47] 崔雪.基于数学学科核心素养的"函数"的单元教学研究[D].天津:天津师范大学,2020.

[48] 李昌官. 现代认知观下的数学概念学习与教学理论研究[D]. 南京:南京师范大学,2002.

[49] 李红霞,赵思林. 高中函数的单元教学设计[J]. 内江师范学院学报,2020,35(12):4.

[50] 杨晓喆. 基于发展数学抽象学科素养的"函数概念与性质"单元教学策略研究[D]. 大连:辽宁师范大学,2021.

[51] 刘春艳. 聚焦核心素养的单元教学设计[J]. 数学通报,2021,59(7),49-54.

[52] 刘春艳,冯启磊. 基于数学抽象的概念形成:模型与案例[J]. 数学通报,2021,60(6),20-25.

[53] 罗德建,刘春艳. 基于数学抽象的"函数性质"单元教学设计[J]. 数学通报,2021,60(7):43-46.

[54] 吴颖康,邓少博,杨洁. 数学教育中学习进阶的研究进展及启示[J]. 数学教育学报,2017,26(12):40-46.

[55] 李昌官. 数学抽象及其教学[J]. 数学教育学报,2017,26(4):25-28.

[56] 马兰. 整体化有序设计单元教学探讨[J]. 课程·教材·教法,2012,32(2):23-31.